上海社会科学院文学研究所学术研究文丛
上海社科院城市文化创新研究院智库文丛

城市软实力研究系列
主编 徐锦江　执行主编 包亚明

全球城市
文化维度与国际经验

上海社会科学院文学研究所国际文化研究室　编

上海人民出版社　上海远东出版社

图书在版编目(CIP)数据

全球城市:文化维度与国际经验／徐锦江,包亚明,上海社会科学院文学研究所国际文化研究室主编. —上海:上海远东出版社,2021
(城市软实力研究系列)
ISBN 978-7-5476-1749-6

Ⅰ.①全… Ⅱ.①徐… ②包… ③上… Ⅲ.①城市文化—研究 Ⅳ.①C912.81

中国版本图书馆 CIP 数据核字(2021)第 194904 号

责任编辑　李　敏　陈　娟
封面设计　徐羽情

上海社会科学院文学研究所学术研究文丛
上海社科院城市文化创新研究院智库文丛

城市软实力研究系列
　主编　徐锦江　　执行主编　包亚明

全球城市:文化维度与国际经验
上海社会科学院文学研究所国际文化研究室　编

出　　版	上海遠東出版社
	(201101　上海市闵行区号景路 159 弄 C 座)
发　　行	上海人民出版社发行中心
印　　刷	上海中华印刷有限公司
开　　本	635×965　　1/16
印　　张	23
插　　页	2
字　　数	320,000
版　　次	2021 年 10 月第 1 版
印　　次	2021 年 10 月第 1 次印刷

ISBN 978-7-5476-1749-6/C・53
定　价　89.00 元

上海社会科学院文学研究所学术研究文丛
上海社科院城市文化创新研究院智库文丛

指导委员会

主　任　王德忠
副主任　王　振　干春晖
委　员　邵　建　高子平　汤蕴懿
　　　　　于　蕾　杜文俊

编辑委员会

王为松　徐锦江　王光东　郑崇选　曹　建
任　洁　包亚明　任一鸣　汪幼海　刘　轶
袁红涛　毕旭玲　冯　佳　任　明　陈云霞
杜　梁　金方廷

总主编　徐锦江
总策划　王为松

致谢与编写说明

特别感谢本书各位作者在城市软实力研究方面贡献的卓识,特别感谢各位作者慷慨授权支持。

本书由任明负责统筹、编选和版权联络,国际文化研究室同仁任一鸣、饶先来、任明、李艳丽、曾澜、张瑞燕负责推荐稿件;全球前沿部分的综述和编译由金方廷完成。

上海社会科学院文学研究所国际文化研究室

2021 年 10 月

总 序

《毛诗序》中最早出现"城市"二字:"文公徙居楚丘,始建城市而营宫室。得其时制,百姓说之,国家殷富焉。"《共产党宣言》说:"资产阶级使农村屈服于城市的统治。它创立了巨大的城市,使城市人口比农村人口大大增加起来,因而使很大一部分居民脱离了农村生活的愚昧状态。"城市社会学家亨利·列斐伏尔说:"离开了城市生活和城市社会的实现,人类社会的进步,将不可想象。"城市规划理论家刘易斯·芒福德说:"这城市,象征地看,就是整个世界。这个世界,从许多实际内容来看,已变为一座城市。"

今天,全世界已有超过一半人口生活在城市。在中国,城镇化率也已在2020年达到了63.89%,尽管城市起源仍然众说纷纭,尽管中国一些原始城邑遗址仍被含混地称为"文化城",但这并不妨碍我们进行深入的城市研究。作为解开这个世界和我们自身之谜的一个途径,为了让城市更美好,为了实现人的全面发展,城市文化研究已然成为拥有智慧的人类必须承担的使命。

创建于1979年的上海社会科学院文学研究所(以下简称"文学所")一直以文学研究为己任,但随着社会发展和学科发展,以及所属的上海社会科学院在2015年成为首批国家高端智库试点单位,文化研究也逐渐成为文学所的重要科研方向，并形成了学者辈出的研究团队。而身处全球超大城市上海的区位优势，也自然而然地使城市文化研究成为历任文学所决策层的心之所属，成为文化研究的一个重要方向。2005年，文学所确认"城市文化研究"为重点学科，以此为基础，将城市文化理论研究、城市文化应用研究、文化产业研究、国际文化比较研究互相结合，互通有无，互相促进，使其既具有基础学科的厚实，又具有现实关怀的敏锐，学科建设得以较全面地发展。2006年，在上海社会科学院新一轮重点学科建设中，文学所的"城市文化研究"名列其中，并确立了城市文化理论研究、城市文化现实问题研究、城市文化史研究、城市文化国际比较研究四个研究方向。为了更好地整合研究力量，在文学所中国文学、科技人文、公共文化、城市文化、文化产业、国际文化交流和比较文学、民俗和非遗保护开发七个研究室科研成果的基础上，在国家对外文化交流研究基地、上海文化研究中心等派生机构的先导下，2020年文学所自主增设二级学科"城市文化"申报成功，2021年3月，经上海社会科学院党政联席会议批准，以文学所作为运行主体，正式成立了院属城市文化创新研究院，旨在将文学所多年来积累的包括城市文学、城市科技人文、城市公共文化、城市文化创意产业、国际城市文化交流、城市民俗等学科领域在内的研究力量进一步聚焦整合。用志不分，乃凝于神，持之以恒，期有所成。

城市文化研究在世界范围内的展开历史虽然不是很长，但在西方学界已具备了基本的学术规范和学科体系，并出现了格奥尔格·齐美尔、瓦尔特·本雅明、刘易斯·芒福德、亨利·列斐伏尔、曼纽尔·卡斯特尔、大卫·哈维、简·雅各布斯、莎伦·佐金等一批学界先驱。时至今日，随着中国城镇化和以超大城市为中心的都市圈的高歌猛进，丰富而生动的中国城市创新实践必然呼唤中国特色的城市文化理论。借2021年世界城市文化论坛举办之际推出的《海派文化新论》、"城市

总　序

软实力研究系列"、"海外亚洲汉学中的上海文学研究系列",以及"文学所青年学者研究丛书",体现了近年来文学所和新成立的城市文化创新研究院在城市文化方面的初步研究成果,与历年出版的《上海文化发展蓝皮书》《上海文化》(文化研究版)一起成为所院学术成果的展示平台。在此请益行家里手,并接受社会各界检验,恳请不吝指教,批评匡正。

衷心祈愿城市让生活更美好。

上海社会科学院文学研究所所长、研究员
上海社会科学院城市文化创新研究院院长

2021 年 8 月 1 日于砥石斋

序 言

文化为魂的城市软实力

　　城市软实力,是软实力概念在城市研究中的具体运用,是指区域文化、价值观念、制度机制、城市形象、市民素质等方面所具有的感召力、吸引力、凝聚力和影响力。城市软实力是建立在城市文化、城市环境、人口素质、社会和谐等非物质要素之上的一种合力,这一力量最终通过内部公众(市民)对城市的认可和城市对外部公众(其他地区居民)的吸引而产生作用。城市软实力为城市发展提供了"无形有质"的动力,对城市竞争力具有极为重要的协调、扩张和倍增效应。如果说城市的发展速度和规模是由城市的经济水平决定的,那么城市发展的高度和质量则是由城市软实力决定的。

　　迈克尔·波特(Michael E. Porter)在《国家竞争优势》一书中认为:初级生产要素主要包括自然资源、气候、地理位置、非技术人工及资金等,高级生产要素包括通讯、信息、交通等基础设施,以及受过高等教育的人力、科研机构等。迈克尔·波特认为初级生产要素可以继承或者从外部获得,而高级生产要素很难从外部获得,须通过投资创造而得。随着社会的发展与进步,对初级生产要素的需求逐渐降低,初级生产要素的重要性也因此减弱,而高级生产要素对于获得竞争优势的重要程度日渐彰显。延伸到城市竞争力领域,迈克尔·波特所说的初级生产要素和高级生产要素，分别对应城市竞争力中的硬实力和软实力。在城市竞争力形成和提升的前半程，硬实力的驱动是软实力无法替代的，但在城市竞争力基本成型，特别是向外辐射之时，城市软实力就开始明显发力了，而城市竞争力发展到更高阶段时，硬实力的功效反而较难发挥，城市软实力则能够显著促进城市竞争力的可持续发展。城市软实力服务于城市发展的两个目标：一是推动城市经济社会可持续发展，这就要求形成以创新及其服务、应用等为核心的软实力增长模式；二是助推城市全面融入全球城市网络，在全球竞争中走向繁荣。

英国文化协会在2013年的《影响力与吸引力：21世纪的文化和软实力竞赛》报告中明确了"软实力"与"文化"之间的关联，并涉及传播、教育、企业和政府组织。就城市发展而言，文化本身就是一种资本性的城市竞争力，与经济资源、关系网络一样，是决定一个城市创造力的各种潜力和可能性。文化是一座城市的灵魂和根基，城市文化影响着本地居民的精神面貌与价值取向，城市文化的影响力既有对外的辐射作用，也有向内的凝聚作用。文化既是城市的创造基因，也是城市可持续发展的重要指标和组成部分。英国国家品牌研究学者西蒙·安浩特（Simon Anholt）在其著作《竞争性身份认同：国家、城市与地区品牌创新管理》认为，一个国家、城市或地区形象的改变及品牌竞争力的提升，80%靠创新，15%靠协调一致，5%靠传播。尽管对于具体权重可能有争议，但这至少说明：创新是重中之重，而文化则是城市软实力中最能体现创造能力和创新特色的组成部分。文化堪称城市软实力当之无愧的灵魂。

本丛书是一套以文化为魂的城市软实力读本，是由上海社会科学院城市文化创新研究院和文学研究所共同策划，由文学研究所下属六个研究室通力合作完成的。本丛书共分为六个主题："创意城市：空间生产与城市活力""全球城市：文化维度与国际经验""文学城市：文化想象与本土实践""城市民俗：时空转向与文化记忆""公共文化：城市实践与文化服务"和"文化产业：创意经济与中国阐释"。本丛书的编选框架是：每个主题基本按照理论视野、城市实践、上海经验和全球前沿四个板块进行编选。本丛书确立这一编选思路，是希望从文化的视角审视城市软实力中的重要资源、潜能和活力，并通过理论阐释、城市实践、上海经验和全球前沿四个方面来讨论城市软实力，特别是城市文化软实力提升的重要路径和动力来源。上海实践的板块是对独具地方经验的城市软实力的考察，之所以列入这一相对特别的板块是基于如下的考量：上海作为移民城市，本身并没有现成的完整形态的文化传统，许多文化现象都是随着移民文化逐渐形成的，这在后发展国家的城市发展进程中颇具代表性。上海城市文化是在江南传统文化的基础上，融合开埠后源于欧美的近现代工业文明而逐步形成，这使得上海城市文化既有江南文化的古典与雅致，又有国际大都市的现代与时尚，明显区别于中国其他区域文化。开放性与创新性，既是上海城市文化与生俱来的鲜明特质，又是自成一体的独特品味与精神气质。上海城市文化的创造"力度"，正在缔造富有活力的城市生活和精彩纷呈的创意城市。

城市文化软实力是城市直面挑战、干预复杂社会结构、重新配置社会网络、创建可持续发展社区、推动社区参与、推广文化创意的内在驱动力。城市文化软实力为经济社会和文化创新发展注入了城市活力，不仅关系到城市空间的变迁、城市面貌的焕新和GDP发展水平及增速，也关系到对城市现代化程度的认同度和城市发展生命力的认同度，"生机"和"活力"已经成为全球新增长城市的共同特征。文化与创新合璧是城市未来发展的双引擎。独特的创新精神和强大的文化力量，代表着城市独特的软实力，将持续驱动城市未来的发展；文化特色的认知水平、文创类产品与服务的购买、世界文化遗产的认知水平、居民参与文化活动的程度等构成的文化实力,塑造了强大的城市软实力,彰显着城市最卓越和最充满魅力的一面。

上海社会科学院城市文化创新研究院执行院长

包亚明

目 录

总序 ……………………………………………… / 1
序言 ……………………………………………… / 1

第一部分 理论视野

"他者的"遗产：城市文化、市民社会与城市展望
　　……………………… 沃尔夫冈·卡舒巴　安德明/ 3
全球化时代的国际城市理论 ……………… 姜　芃/ 18
网络社会视域下的全球城市理论反思与重构 ……… 张鸿雁/ 30
21世纪西方城市研究的"城市化"转向 ……… 肖俊　李志刚/ 58
日常都市主义理论发展及其对当代中国城市设计的挑战
　　……………………… 陈　煊　玛格丽特·克劳福德/ 80

第二部分 城市实践

全球视野中的都市文化建设 ……… 上海图书馆课题组/101
城市化进程中的城市文化保护与发展
　　——美国与欧洲城市景观文化取向比较 ……… 徐和平/122
城市文化空间塑造的国际经验与启示
　　——以伦敦、纽约、巴黎、东京为例
　　……………………… 魏　伟　刘　畅　张帅权　王　兵/131

巴黎全球城市战略中的文化维度
　　………………………… 杨　辰　周　俭　弗朗索瓦丝·兰德/161
世界创新型城市建设模式比较：三个案例及其对上海的启示
　　……………………………………… 李靖华　李宗乘　朱岩梅/175
西方城市更新中的文化策略
　　——以伦敦和悉尼为例 ………………………………… 陈　洁/190

第三部分　上海经验

全球城市的理论涵义及实践性 ………………………… 周振华/215
上海：作为世界城市的文化自觉 ……………………… 黄昌勇/234
全球城市视域中上海跨文化交往能力研究 …………… 杨剑龙/241
历史、制度与策略选择：国际比较视野下的上海文化发展战略研究
　　…………………………………… 朱　揆　侯　丽　李敏静/261

第四部分　全球前沿

全球城市、韧性城市与智慧城市：前沿综述 ………… 金方廷/281
比较城市学：打造都市理论的新地理与新文化
　　………………………………………………… 金方廷　编译/307
当代城市概念的政治前提：全球城市、可持续城市、韧性城市、创意
　　城市和智慧城市 ……………………………… 金方廷　编译/319
国家文化与都市韧性：关于城市韧性的案例研究
　　………………………………………………… 金方廷　编译/331
智慧城市发展的动力和障碍 …………………… 金方廷　编译/338

全球城市：文化维度与国际经验

第一部分

理 论 视 野

"他者的"遗产：城市文化、市民社会与城市展望

沃尔夫冈·卡舒巴　安德明[①]（译）

今天，无论是在欧洲还是在全世界，所有的大报、杂志以及有关近年来人口调查的报告中重复率最高的头条信息，是这样一句既简单又平常的表述："在全世界，城市化的浪潮方兴未艾。"——当然，我对中国读者引述这句话，简直就是"把大米带到中国"[1]，有些多此一举！

不过，从全球范围来看，这一表述可谓既陈旧又富于新意。说它陈旧，是因为早在五十年前人们就已经用这样的话语来描述当时的现象；说它富有新意，是因为与五十年前不同，城市化的浪潮已经使全世界超过一半的人口居住在城市当中。据推测，到2030年，全世界会有2/3的人居住在城市。

所以，就目前的这种城市化浪潮来说，最值得注意的并非它的基本过程，而是它实际进展的时间、新的发展方向及高度剧烈化的强度——一句话，是正在变化的因素。众所周知，在现代历史上，正是城市充当了促成大规模移民、集中生活与大众文化等多种现代性表现形式的场所。不过，这种现代城市，在19世纪和20世纪，却始终是按照

[①] 沃尔夫冈·卡舒巴（Wolfgang Kaschuba），1950年出生，德国柏林洪堡大学欧洲民族学研究所所长；安德明，中国社会科学院文学研究所研究员。原载于《民间文化论坛》，2015年第4期。

富有意义的空间、社会与文化的秩序来建立的。作为经过历史发展而来的一个概念,"城市秩序"为大众生活与大众文化的伟大历史性、社会性实验提供了特定的框架与方向,从中可以看到有关城市的三种理念:即把城市视为一个"多元化"的场所,一个"开放城市",以及一个"市民社会"(civic society),这实际上也就是促成"城市"文化和文明的特定理念。所以,持续进展的城市化浪潮所带来的压力,实际上是对这种宏大的城市"文明化事业"(civilising project)的威胁,因为它可能使明天的城市变成一个无组织的空间——人口过剩,社会无序,文化上不定型。

我知道,我们民俗学者或民族学者的学科传统并不关注城市文化(urban culture),也没有那种预测学或未来学的操作视角。但是,如果我们今天不得不加强对城市的关注和研究——我认为这是作为民间文化和大众文化研究者不可回避的任务——我们就会看到,至少从目前开始,城市的过去、现在和未来将代表着全球化时代所有社会中有关文化景观(cultural landscape)的核心问题。同时,我们也会看到,城市的过去、现在和未来始终是一种特殊的"文化资本"(cultural capital)——包括老传统和作为城市核心遗产的新兴市民文化。我也知道,如果我在这里把"文化遗产"(cultural heritage)和"城市文化"结合在一起来讨论,就会存在概念上的问题,因为这两个概念过去似乎属于民俗学和民族学中两个不同的研究范畴:"文化遗产"代表着有关历史和传统的观点,"城市文化"则代表着有关社会变革与未来的视角。不过,我认为,受日益加剧的全球化、人口流动与移民,以及知识与文化的数字化等影响,这两个概念将会越来越密切地交织在一起,而这种全球范围内空间与文化的震荡与混合,也为我们的民族志工作创造了新的条件与挑战。

以上我简单地解释了为什么我们民俗学者和民族学者现在必须"收养"自己的第二个孩子:过去关注"村落",现在是"城市";过去关注"农民文化",现在是"城市文化";过去关注"古老的乡村传统",现在是"他者"(other),是"现代遗产"(modern heritage)。这正是为什么我要讨论欧洲与中国的"城市遗产与未来"问题及我们民族志学者在这一领域的研究的原因,也是为什么我要集中讨论城市"文明化"问题的原因。因为这种文明化既代表了历史遗产,也代表了城市的未来资本,而这两个方面都应该是我们的话题。下面,我会首先简短地介绍一下现代城市的初始情况——我的范围和例子都来自我所生活并熟悉的欧洲。然后,再介绍我对从今往后十五到二十年城市与市民文化的一些片断式的思考:正在发生的是什么?谁将拥有城市的明天?谁将"生活"在城市?在这些过程中,我们研究者又能够发现什么样的任务?

一、现代城市遗产:异质的(heterogenous)与文化的(culturalized)

从前面的介绍来看,大家可能已经感受到我有欧洲中心主义的倾向,因为我所讨论的城市类型及其市民文化,主要限定在发达国家,特别是欧洲国家。这直至今天似乎都是一种必然趋势,因为在欧洲,城市不仅代表着工作与生存的场所,同时也以新的方式代表了人们居住和热爱、消费和娱乐的"有吸引力的"的地点。因此,"欧洲城市生活方式"在今天首先预示着有关"好生活"的观念,也就是生活在社会安定、文化多样、知识活跃、经济上成功、政治及性观念宽容的环境当中。我们知道,这些有关城市的想象并不总是能正确反映所有城市的状况和日常生活的经验,但它们却描绘了我们共同的愿望,同时也对不断增长的城市化浪潮具有解释作用:因为人们都希望能够获得城市的优越生活。

在一些相对贫穷的城市,情况又很不一样。在那些地区,比如非洲、南美和印度,向城市移民往往意味着离开农村的家园,意味着家庭的分离,意味着找工作的巨大压力,意味着居住在贫民窟,意味着妇女遭遇的暴力,意味着在孟买、墨西哥城一类超大城市中面临的恶劣生存条件。但在中国和美国,城市发展走的是跟欧洲相似的道路。不过,我们还是不该忘记,并非所有城市居民都能够享受"现代生活",比如流动工人、受教育程度较低的人以及流浪者。

总体而言,欧洲和中国还是处在领先的状态,而且我们城市的历史也比较悠久。这使得城市获得了更多的经验和长久的传统,并发展出了有助于辨别城市发展过程中所遭遇的机会与威胁的特定知识文化。但是今天,这些城市又不得不面对许多严峻的问题,比如关于城市经济与劳动力市场的发展,有关交通、能源和气候等问题的生态观念,关于融合与公平生活机会或关于城市增长和收缩,等等。这些问题的解决,将取决于城市的社会文化"实力"(substance),而不是专家或政治。城市的未来,将主要依赖于城市中的实践者(actor)和城市自身确立的文化,依赖于社会空间和环境,依赖于文化和人的因素。

如果我们结合欧洲城市现代化的历史、从历史溯源的角度来看,这一点就会变得更加清晰。历史上的大城市都是由于人员、货物和思想的移入发展起来的,它们是运动和遭遇的结果,因而也是"他者的""陌生的"地方。由于存在于其间和即将发生于其间的一切都富含变化,因此,它的差异与融合为城市创造了充满活力的潜能,也即文化的异质性(cultural heterogeneity)。[2]

确切地说,这种社会文化矛盾能够产生"创造性的"(creative)、"认同的"(identitary)力量,并因此促成"身处(in)城市的社会认同"和"作为(as)城市(人)的地方认同"。它能够创造一种特定的有关实践、风格和礼仪的地方知识,也能够塑造一种特有的"城市精神"(urban ethos),即有关当地生活方式的共同价值观与富于自豪感的想象。这种当地的生活方式,例如柏林或北京方式,构成了市民文化的基础,它们是日常实践,是社会行为与象征观念的轨范。

与精英群体相对较小、社会环境相对独立的19世纪的城市相比,如今的城市更为巨大,更具有异质特性,甚至可以说已变成庞然大物。在过去的许多年间,它们发展出了大量新的空间结构和文化形态,而这些新进程也为市民文化的产生提供了新的土壤。下面我将对这方面的四种主要趋势进行介绍:

第一种趋势告诉我们,今天的城市景观正在以一种崭新而显著的方式被"文化化"。建筑与城市设计、博物馆与美术馆、城市公园与城市中的人造海滩,以及音乐会和街头咖啡馆,等等,持续不断地塑造着城市外观与对城市的利用。这是一种朝向开放的、多样形态的城市"冒险社会"的文化转向,它是由旅游者与当地人、城市场景与商人一道创造出来的,所引起的结果就是城市空间与风格日益增强的审美化、绅士化(gentrification)和商业化。这样,城市或"我的城市",就既是一个具有历史文化内涵的象征性标志,又是一个排他性的居住与消费场所。

第二种趋势是城市居民在确认自己社会认同之时越来越多地参照城市文化的"形象与象征"。当地人、移民和旅游者,都把城市空间当成表演的屏幕和舞台,并因不同的背景扮演着不同的角色,这些背景,既有一般社会化的情境又有特定民族性的情境,既有同代人的平台又有亚文化的平台,等等。借助印有诸如"我热爱北京"或"做柏林人"一类话语的T恤衫,他们是要表达自己的地方认同,也是要以城市为基本支持来"提升"自己的个人认同。对他们而言,他们的城市作为时髦的城市,也是"身份(或认同)的实验室"(identity-labs)。[3]

第三种发展趋势是新的城市"共同体化"(communification)状况获得了越来越重要的位置。这种状况,包括各种有组织的运动,也包括城市居民基于共同兴趣而在公共空间的临时聚会,人们通过这些新旧不同形式的共同体来展示自己的公共表达与表现。与以往的地方俱乐部、社交会、教堂等终身会员制团体的传统组织不同,目前处于显著地位的往往是非正式的、流动性的组织形式,例如政策与教育举措、特别行动队与信息网络、有关城市与社会发展的圆桌会议、移民委员会与非政府组织,等等。通过广泛使用博客、论坛和社交网络等互联网技术手段,这些新的形式,在组织共同体的同时,也制造了城市空间,并把它们转变成了以新的文化形态与模式组织起来的地方市民文化的重要媒介。

第四种趋势是城市中新的干预主义或参与性活动得到了越来越多的发展。公共姿态需要有关于多种形式的"公共空间"的声明和干预,例如,在柏林、巴黎或维也纳,"圆桌"与"人链"(human chains)、艺术表演与快闪党(flash mobs)、街头游行与"市民人潮"(civil crowds),等等,都在鲜活地展示和表达着干预主义文化。这些活动通常表现为聚会的形式,看起来是无害的,但它们也可能获得动态的发展,发挥一种消解性的作用,因为它们没有真正的中心和级序,却又经常能够干涉地方事务。[4]

以上四种倾向,或多或少可以描述今天那些更为优越的国家中的城市。但我相信,它也可以描绘明天世界各地城市文化的特征,因为城市的社会空间景观将会被这种"城市的文化转向"重新设置为新的方式,而全世界城市移民和大众的愿望都集中在关于被电影和媒体所宣扬的城市生活方式的想象当中。

所以,很大一部分城市生活空间似乎真正变成了相关事业与活动的"市民空间",它以当地文化和城市传统为基础,并且创造了新的城市生活环境,包括街区和住宅区、街道委员会和社群项目组、多样化但又植根于草根形式的地方行动主义者的景观。这是真正的"市民意识"中的城市遗产,有三种形态:作为不同社会经验的"再现空间"(representation-space),作为不同文化生活方式的"干预空间"(intervention-space),以及作为不同政治利益的"协商空间"(bargainingspace)。而在这个意义上，按照居民的文化习惯，"市民"（civic）往往转变为"公民"（civil），成为本土参与和实践的一种政治方式。以上是我对"城市"相关问题现状的一些评论。

二、城市的明天：文化资本与展望

我可以肯定地说，在十五或二十年之后，城市将仍然甚至更大程度地被这两个方面的因素塑造：新的"行动的"市民（"performative" civic）和新的"政治上的"公民文化（"political" civil culture）。因为每个大城市都必须找到自己独特的应对未来挑战的答案，而这取决于它的历史传统、经济状况与地方传统精神——也就是城市的社会和文化资本。这一点，又只能依靠当地市民文化的实践及其实践者来实现，因为"当地的"条件与视野同"跨地区"经验、跨文化视角及全球化知识相互交织的复杂状况，这将远非是来自昨天的老派制度化的城市政策所能应付。

这就是为什么城市本身会以地方行动者网络或城市联盟以及市民特别行动队的形式，把自己展示为独立的"行动者"，它本身也因而始终是一种"主体"（agency）。这使得城市成了一个"集合的主体"（collective subject）。这种现象存在于所有的大城市，尤其是世界性城市，也包括中国的一些城市。它们运行于自己的全球城市网络当中，就像在一个足球冠军联赛中一样。对资本流通和游客流动以及城市建筑和城市品牌的控制，要直接同全球的银行和企业总部的"球员"进行谈判，因为现在城市本身也是全球性的"球员"。[5]

而在城市当中，也将发展出新的实践者类型和行动空间，因为在未来几十年间，城市空间的"文化化"将进一步增强。从纽约到北京，建筑与艺术、媒体与消费、节庆文化、私生活的公开展示，它们都会把始终处于更新状态的审美模式和象征实践融入城市空间。于是，城市空间会日益成为一个更加多元化的社会舞台,这样的社会,将更加多样、更为公开地协商它自身、它的需求及冲突。作为一个真正的"舞台",城市空间提供了新的呈现与再现形式,具有调动和整合作用。而这对行动者和群体来说是非常重要的,因为他们并不想进行"穿越传统制度的长征"。

所以,城市文化正在"回到街区"。目前它表现为一种"群众的"形态,因此它主张自己必须是"通俗的""合法的";这样的文化,似乎也是跨越阶级的;它有不断增强的"女性"色彩;同时,它有着高度的情感化、可动员性和集体化的效应——这就是最好的市民文化。

就城市的政治领域而言,这里有三个阶段性的结论。首先,开放的城市会作为全球性的行动者来运作并展示自己;其次,市民文化成功地制造出富有创造力的地方行动者;最后,城市空间以新的方式成为公民政治的舞台——不过往往要借助传统的形式和象征。

但从今往后的二十年间,我们"城市人"将如何生活——在日常生活中,在我们的城市小区和公寓,在我们的轮椅中或滑板上?这里我只列举一些愿景。首先,我们需要一种"本地生活质量"。我们想要生活在一个"稳固"而"有趣"的地区,那里有宽敞的公寓和良好的饭店,有小商店和广场,有处于步行距离的剧院和体育馆。因为我们要把这个城市当作"我的"城市,我们要把城市空间当作延伸的"露天"客厅来享受。

这就涉及私人生活向公共领域的扩张,以及对"绿色城市"的利用。这种"绿色城市",有装点了多彩植物的街道,有广场和公园,它们均按照生态理念来开发,遵照传统来重建,按照时尚来运转,并因此成为全年任何可能时候都适合跳舞、餐饮和聚会活动的"露天景观"。尤其值得一提的是,这种多形式的公共"聚集"往往会向我们展示具有移民传统的"文化遗产",例如公园里和街道上形式多样的聚餐、烧烤、音乐和游戏,等等。而这些都是由来自土耳其、亚洲和非洲的人们"输入"到城市文化中的。所以,"城市遗产"始终是杂糅的、混合的,因为它的实践者和使用者是完全不同的。

因此,在"我们"的城市我们需要获得个人安全感和被自己所在社区接纳的感觉——也就是社会化层面的"家乡"感。但同时,在自己街区不远的位置,还应该能看到文化多样性和差异性,因为生活不能缺少具有吸引力的替代品,而我们的需求中至少也包含着"容忍"。至于认同和服装,一切都是可能的——从"民族着装"到"中性化服装",从"假扮"到"裸露"。这就是为什么要判断谁是游客、谁是当地人已变得几乎不可能,因为当地人也已经成为自己城市的游客,他们经常会去街上寻找"异国情调",以及"熟悉"的东西。

尽管我们有各种各样的本国文化,尽管有新媒体和互联网,但我们却仍然经常"外在于"明天的城市。一方面是因为我们的工作场所和工作条件的变化很快,也因为现在的工作时间变得更加灵活——尽管并没有缩短;另一方面是因为我们仍然按部就班地继续着过去的义务和老步伐——学校里的家长会,庭园中的烧烤,公园里的高级摇滚音乐会,体育场的足球比赛,或者是我们的脸书群成员每月的定期会面——这种"群"的组织可称为"网络社区社会"(net-corner-society)而不是昔日的"街区社会"(street-corner-society)。

所以,"明天的城市"将首先是一个"文化景观",是这样一个空间和社会:在其中"生活"意味着社会互动与干预、文化多元和多样、政治透明和整体参与,以及象征性的开放和宽容!

三、哪座城市?谁的城市?以及我们作为城市民俗学者的任务?

现在,让我们暂停这种有关未来生活的想象。大家可能已经发现,这种设想其实具有反讽意义,它描绘的是那种并不怎么吸引人的城市中产阶级的田园牧歌,而其中的图景在今天欧洲和中国的一些大城市早已大量存在。与一些未来学家不同,我自己并不相信我们生活的基本社会文化条件将在今后二十年里全发生巨大的转变——拥有发电站的房子、自动驾驶的汽车、声控厕所,或者各种新的因特网服务,这些并不能使我们的生活发生真正的革命。

从社会属性和文化特征来思考城市的话,城市未来的日常生活会变得越来越充满矛盾和冲突,它会受到日益发展的商品化和商业化对城市空间和居民建筑的挤压,同时还会受到日益加剧的社会两极分化和文化差异的强烈影响。这就使得回答下列这种有关城市未来的关键问题变得格外困难:二十年后,谁会居住在城市的什么地方?在社会与文化意义上,谁将"拥有"这一城市?[6]

迄今为止,我们人文学者并没有对此提出太多实质性的观点,不过有三种当下比较重要的讨论,都涉及这些问题。这些讨论是围绕"创造型城市""移民城市"和"分裂的城市"三个概念展开的学术与政治的争鸣。下面对此做一个简要的介绍。

第一种讨论:受理查德·佛罗里达(Richard Florida)有关美国城市未来发展分析的影响,他提出的"创造型阶级"(creative classes)的概念,近年来引起了许多关注。佛罗里达是经济学家,同时对文化有强烈的兴趣。"创造型阶级"主要是指在人文艺术、文化经济和知识产业领域的工作者,在欧美许多大城市中,这类人士占据了城市居民人口的1/3。这些人具有良好的教育背景、很好的资历和高收入,所以他们能够自由流动,根据城市应该具有的"生活质量"来挑选工作地点。这些人更喜欢拥有历史建筑物、具有地方精神传统、有民族与文化多样性以及社会宽容性和世界主义观念的城市,也就是说,他们热爱这三个大写的"T":技术(technology)、才能(talent)和包容(tolerance)。[7]

而那些不符合佛罗里达所论述的标准的城市将会成为落伍者,因为只有创造型阶级才会提供收入、消费、赋税和地方职业等方面不可或缺的"关键要素"（critical mass），这些要素对于城市的长远发展具有保障作用。或者，用佛罗里达一个较为偏激的论断来说，就是没有同性恋和摇滚乐队的城市将会输掉经济发展比赛。[8]

不过他的预言——这现在也是我的预言——只会部分地在十五到二十年间得到确证，因为城市经济和城市社会发展的道路远比预想的复杂，而不同群体的"创造性"方式是如此多样，并非他的简单论断所能解释。此外，受过良好教育的群体确实能够积极参与城市的社会、历史和文化事业，的确能为文化遗产和公共福利的延续发挥积极作用——当然也是为他们自己贡献力量。他们通过积极努力倡导的智能工业和传统建筑，不仅加强了当地的生态平衡，而且也提升了他们自己的户外生活水平——他们看到了自己所梦想的"绿色城市"，有绿树成行的林荫道、街区公园、屋顶凉台和城市海滩。而如今那些第二代的创造型群体，期望得到更多：要住在城市的中心，那里不仅要让他们能随时接触文化又能接近自然，有休闲大厅和湖畔、阁楼和柠檬树，以及作为一个完整社区的绿色生态城市。一句话，创造型人士热爱"生态的大都市"！

另一方面，创造型群体的流动性特征又造成了他们发展的巨大障碍，因为它使得这样的群体成了非常不可靠的居民和市民。他们会经常流动，不能长久地融入当地的社会及社区文化当中，而他们对传统遗产的"浓厚"兴趣，可能只是对时尚的追逐而非严肃的追求。因此，创造型群体中的主体部分并不像真正的"本地球员"，而更像"全球冲浪者"。将来城市的稳定的核心，并没有变成"创造型"人士，而是仍然维持在其中产阶级与下层阶级成员当中。

第二种讨论：在2030年左右，越来越多的移民后代将成为城市中产阶级的一部分。除了一部分属于新移民，他们中的大多数都出生在城市，上过必要的语言课程并完成了规定的学习。他们现在已经在地方经济和城市社会中获得稳定的位置，特别是成了在文化产业方面的雇员、小企业家、自由职业者和代理人。他们的一些文化传统——与他们的父辈不同——已经整合在城市生活方式和实践的核心里，某种程度上变成了大城市中"国际化"生活方式的组成部分。而这一事实又打破了那种此前影响他们父母辈的生成链。当他们的父母辈在三四十年前移居到城市当中之时，他们明显缺乏教育方面的个人努力和公众支持，因此，他们中的许多人目前只能依赖社会福利来生活。

然而，根据我的观察，人们所惧怕的以种族差异和文化"战争"为特征的"移民城市"却并没有出现，而"少数民族企业"则以一种有趣的方式获得了发展。随着城市旅游业及对手工艺品和服务业需求的不断扩大，移民酒吧与商店、画廊和手工艺品，以及医疗保健服务，在数量和分布范围上都得到了极大的拓展。"移民的"也就意味着"民俗的"地域或民族风格，他们都将自己的服务定位于混合的城市社区市场。这是一个在柏林和北京已经显著存在的趋势。例如，从"移民的"餐馆或咖啡店的菜单中，我们经常会发现一段介绍性的叙述文字（也许很短）——讲述有关店主的家庭、有关城市社区或有关所供菜品的地域传统的故事。而这一点，也证明了过去多种形式的"移民遗产"早已成为不断更新和整合的"城市遗产"中的核心——或许是"奇异的"——构成因素。

不过，这会引发同当地环境之间在社会文化上的密切联系，也会影响他们的业务政策，因为工作和业务关系是由社会责任和亲密纽带建立的。由此又会促成一种企业家的社会精神，这种精神受制于一种对城市环境的"地方爱国主义"（local patriotism）。对此，我认为，就城市环境与社区的"秉性"而言，地方文化遗产一定程度上能够保持它特有的、作为"地方共同意识"（local common sense）的凝聚力。

以上两方面的发展导致了地方的市民文化，这种文化已无法区分是属于"本地"还是"他者"的。直到几年前，城市的中产阶级群体，因为感受到威胁，领导了反对所谓生物与文化上的"他者"的讨论。随着上述新的发展，过去那些生物学主义和种族主义话语的"荆棘"已经被剔除。而这，至少是我所希望和乐于看到的现象。

第三个，也是最后一个讨论，是又一个引人注目的预测，那就是，由于移民和底层阶级社会文化的解体，城市可能会进一步在空间和社会上分裂。这等于是宣告了城市发展的真正的危险进程。由于空间与社会的差距的确在加剧，城市中心区的发展与升级也在不断进行，这包括最常见的"绅士化"的表现：一方面，是那些高收入的个人、家庭和企业移居到城市中心；另一方面，则是缺乏教育的低收入群体以及小企业主、文化团队和艺术家被迫远离中心。

这常常是以牺牲文化多样性和城市中心的吸引力为代价的，比如在巴黎或莫斯科，那里的"独特的"内城是大多数居民从来不去的地方。与此同时，另一方面，城市的明显"萎缩"和城区的虚空化现象也正在发生，其根源主要在于经济和人口因素——这是欧洲今天的问题，也是中国未来要面对的挑战。当然，人口流动和生活方式的改变也是重要原因。无论如何，它导致的后果就是整个城市景观的"社会性的荒凉"（social desolation）。只有在个别情况下，某一地区才可能获得"重新焕发城市活力"的机会。

以上两种现象都涉及城市当中以及城市与地区之间的巨大差距，而国家或地方的发展方案往往无法弥补这种差距。于是，有关城市能力与形象建设的新理念脱颖而出——有的地区或城市强调知识和教育理念，以便使当地对年轻家庭和学术界更具吸引力；有的则通过提供特定的基础设施和文化项目、满足对方的特殊需求来吸引老年人，或许还会引用"传统"和"遗产"的母题——这可能是民族学或民俗学的机构提供的；最后，一些城市着力于发展城市旅游，既为那些喜欢聚会的年轻人提供欧洲著名的易捷服务（easy-jet-set），又为"资深创意人士"提供高档的历史文化旅游。

现在来对我关于城市景观问题的简短介绍做一个小结：以上三种讨论的预测，似乎都缺乏说服力。因为它们忽视或低估了所谓"后现代"城市社会的新的文化形式和社会资源。事实上，城市社区、公民自助和地方通讯、城市项目与市民运动等构成的新旧城市网络已脱颖而出，并将出于必要性以及现实的原因，在城市空间和城市社会发展新形式的社会政治"共同体"（community），也即有关城市空间与城市文化想象的"共同"（common）。这一点，确实是我对城市未来的乐观看法！

这一看法也已经包含了我的基本结论："城市遗产""市民文化"和"市民社会"，不仅会在未来继续存在，而且将保证一种朝向"社会"与"文化"形态的公民身份（citizenship）的持续发展，而这是被不断更新的"城市文化"所引导和保障的。通过保存有关城市的共同记忆、协作与交流的古老传统，以及为本地人和移民创造"新"形式的城市参与、整合与认同，这种城市文化代表了城市的本土"精神"。不过，用理查德·佛罗里达的概念来说，这也代表着真正的"创造型城市"，即一个市民和公民自我授权的城市。在那里，有关当地历史传统的活跃知识，以及地方风格与思想的活泼生机，都标志着这是一个"文化上共同"（cultural commons）的地区，而这种共同的文化，则被理解为城市遗产。

所以，我要稍微修改一下佛罗里达的论断——不仅是"没有铜管乐队和同性恋现象"的城市没有未来，而且尤为重要的是，"没有公民文化与遗产"的城市没有未来，因为它们缺乏文化资本和文化认同。

这意味着，他们——即城市居民，以及我们——也就是民俗学者和民族学者，至少应该从现在开始"搜集"和"展演"城市文化资本与文化遗产。我们在认识农村历史的结构之后，还应该学会"阅读"城市文化。也许这是我们在保存和展演大众传统的旧课中的新篇章，它将不仅是历史和博物馆中的保存实践，更是对当今时代与城市生活的科学的社会参与。

参考文献

[1] 这是作者对希腊谚语"把猫头鹰带到雅典"（意为多此一举,因为希腊多猫头鹰）的巧用。——译者注

[2] 参看：Kaschuba, Wolfgang. Die Überwindung der Distanz, Zeit und Raum in der europäischen Moderne（Reihe：Europ. Geschichte）, Frankfurt a. M. 2004.

[3] 参看：Färber, Alexa."Constructing Successful Images of Failure：Urban Imagineering in Berlin After 1989." *Cerda, A.; Anne Huffschmid*/Ován Azuara Monter/Stefan Rinke（Hg.）. Metropolis Desbordadas：Poder, Culturasy Memoria en el Espacio Urbano.Mexiko-Stadt 2011, S. 303—341.

[4] 参看：Kaschuba, Wolfgang. "Reading the European City：Urban Ethnology in and of Berlin." 即将发表。

[5] 参看：Löw, Martina. "The intrinsic logic of cities：towards a new theory on urbanism." *Urban Research & Practice* Vol. 5, No. 3(2012)：303—315.

[6] 参看：Lefebvre, Henri. *Writings on cities*, Oxford 1996：147—159.

[7] 参看：Florida, Richard." The Rise of the Creative Class. Why cities without gays and rock bands are losing the economic development race." *Washington Monthly*, March 2002.

[8] 同上。

全球化时代的国际城市理论

姜 芃[①]

城市史学科是跨学科的研究领域,其研究范围广阔、研究方法灵活,因而,在其他相关的社会人文学科中出现的新思想、新理论会对它产生影响。近年来,在社会人文科学中讨论得最多的恐怕要算是全球化问题了,全球化趋势是当今时代所面临的现实。它既是一种发展趋势,也是一种看问题的视角,或者说一种理论,它已经在政治学、历史学、经济学和其他许多学科中有所反映。毫无疑问,它也必然会影响到城市史学科。

1997年,美国波特兰大学的卡尔拉波特(Carlabbott)在美国《城市史杂志》上发表了一篇文章,题目是《国际城市假说——美国近年城市史的一种研究方法》[1]。在这篇文章中,作者分析了20世纪七八十年代以来世界的全球化趋势给不同规格的城市,特别是超级大都市和次一级的城市带来的变化。他以美国为例进行了考察,认为随着殖民体系的瓦解、依附论的衰退以及世界多元化和后现代理论的兴起,城市史研究领域的"世界城市"理论应该让位于"国际城市"理论,他把这一新的理论作为一种假说提了出来。

概括地说,卡尔拉波特的理论认为现存的这种等级式的城市网络

[①] 姜芃,中国社会科学院世界历史研究所研究员。原载于《史学理论研究》,2002年第3期。

系统是与殖民体系以及依附理论相适应的。随着全球化的扩展趋势和后现代理论的出现，在美国这样的社会和经济活动与世界紧密相连的国家，可以按照城市在复杂的全球化系统中的独特功能，更多地考虑它们的横向联系、多元性，甚至等级关系上的跳跃等特点。他比较了世界城市模式理论与国际城市模式假说所强调的重点的不同，认为前者强调的是城市关系中的等级制和极为有限的几个城市对全球范围内的经济决策权；后者强调的是在复杂的全球交换系统中，每个城市都可以发挥多重的作用和功能。这两种理论还可以有另外一种区分，在广义的社会科学领域提倡结构或提倡机构的区分中，世界城市模式基本是结构主义的，它强调用结构方法来分析世界的城市，认为世界级的城市是世界范围内经济发展合乎逻辑的结果；国际城市模式更多的是从机构方面来考虑问题，它相信人类行为和公共决策在新的时期会具有不同的结果，某些城市的跨国组织和世界性机构可以在全球经济中发挥巨大的作用。

一、关于"世界城市"理论

首先，卡尔拉波特追溯了"世界城市"这一术语及其理论产生的过程。这一术语最早出现在18世纪末，当时，J.F.歌德（J.F. Goethe）把罗马和巴黎描述为世界城市（weltstadte）。到19世纪和20世纪初，德国和英国的作者都用这个词来说明工业欧洲帝国的首都在国际上经济扩展的规模和程度。以伦敦为例，1862年，有人称它为"世界的中心"；19世纪80年代，有人称它为"世界的都市"；1841和1912年有人称它为"世界的城市"。到20世纪中期，美国人认为未来的世界城市不应该位处泰晤士河，而应该在圣路易斯附近。斯宾格勒在《西方的没落》一书中提出了他特别消极的看法，认为世界城市是即将毁灭的世界文化堕落的中心。在英国，这一术语与集合城市的概念一起发展，城市规划师帕德里克·杰德斯(Patrick Geddes)在1915年用"集合城市"去说明城市化过程中地域范围日益扩大的城市，用世界城市去说明国家首都的统领作用(如巴黎、柏林)和商业、交通网络系统中的工业中心(如杜塞尔多夫、芝加哥)。1966年，地理学家彼得·豪(Peter Hall)在对杰德斯的网络体系进行研究以后，用范围的大小和强度两个概念来衡量城市的功能，认为世界城市基本上是欧洲单一工业资本主义经济体系的顶尖级的产物，日本和北美大城市是它衍生的后果。

到了20世纪七十年代末八十年代初，"全球城市""世界级城市"这类术语很快从学者的假说转变成人们的流行语，然而，最普遍的是杰德斯和彼得·豪的术语开始适应了世界经济的等级制模式，也就是适应了由都市从中心到外围实行强制控制的单一经济系统。约翰·福里德曼(John Friedman)致力于解释当代的全球资本积累体系和通过"世界城市"系统来清晰地说明这一理论。国际银行和多国公司总部的集中以及支撑这些机构的专家的集中是世界城市的主要特点。关于资本在世界范围内的使用方式和位置、通过阶梯状组织机构和交通网络进行传送的方式，这些事务都在小一点的二等城市决策。世界城市的作用类似于向全球辐射出一种电能的传导，电力传播的能力越强，世界城市集中控制的功能和权力也就越大。世界城市模式认为外围城市只有有限的自由意志，它们的作用由统领它们的世界城市的政治、经济权力所规定，由国际金融结构和多国公司来行使。二等城市只能就它们在等级制网络中的功能进行解释。为此，有人把这个体系分为世界城市、地区—国际城市和地区—国家城市，也有人称为全球中心、区域中心和地区中心；总之，在这一系统中，外围和附属城市没有什么独立处理事务的机会。世界城市理论致力于一种全球化的中心地点理论，全球城市，例如纽约，位于城市阶梯的顶端，它们分享所有次级城市的功能和活动，同时，它还容纳其他地方所没有的特殊活动。如伦敦的银行家和纽约的艺术商人所提供的服务极为特殊,他们需要以整个世界为市场。

在概念上,世界城市模式也与运用于发展中国家的依附理论相联系。依附理论把发展中国家出现的新的工业中心作为世界一类城市,如伦敦、东京、巴黎和纽约等所制定的秩序的接受者。安东尼·金(Anthony King)认为,殖民地城市为现行的根据西方价值观念、资本主义的商业组织和工业化的生产系统所进行的资本主义世界经济运作建立了空间,因此,世界城市的理论又为实行等级制的控制证实和描述了一种机制和途径,而这种等级制的控制是通过城市发展为世界范围的商业模式来实现的。[2]

从卡尔拉波特的论述中我们可以看出,他所说的世界城市理论,实际上就是自近代以来欧洲以及后来延伸到北美的资本主义经济体系中所建立的等级制的城市网络系统。这一系统,一方面是过去几个世纪历史发展的事实;另一方面也是在城市史学领域被广为认可的理论。

这一理论认为,按照经济、金融、交通、文化等方面的联系及城市的功能,全世界的城市网络可以分为四级:最低一级是地方城市及其腹地,也就是小城市及其周围的城镇和乡村;第二级是地区,可能是一个省,也可能包括几个省,在地区这样一个范围内,有一个大城市,它一方面与上面国家范围内的更大的都市发生联系,另一方面又支配着下属的小城市,吸收着它们的资源,并管理和为这一地区服务;第三级是国家范围内的城市网络,一般以首都或国家最主要的商业城市为中心,上面与世界级的都市发生联系,下面与地区级的城市发生联系;最上面一级是世界级的都市,一般是世界的金融中心,如伦敦、纽约和东京等。这一理论是一个大致的框架,每个国家并不一定都具有三级网络,按幅员和经济的发展情况,可能是三级,也可能是两级。此外,有的国家与世界都市有联系,有的则没有。总之,自近代以来,世界资本主义经济体系逐渐形成了这样一个阶梯状的等级制城市网络。[3]

二、关于"国际城市"理论

从世界城市理论向国际城市理论的转换是由于世界经济形势发生的变化引起的。20世纪七八十年代,世界经济在地域上的重建在有关城市理论方面也有所反映。一些学者强调世界城市发生的新变化,他们试图去了解当今世界经济的多元性与早期统一的跨大西洋世界经济体系之间的不同。在所有的变化中,最明显的是太平洋地区经济的崛起。首先是东亚城市,特别是东京,它已经作为与伦敦、纽约相匹敌的具有竞争性的经济决策的中心而出现;其次是加利福尼亚和澳大利亚,在那里也集中了许多世界城市才具有的新利益。在欧洲,高速公路和铁路的改进更加强了欧盟的联合,一些欧洲城市在欧洲范围或世界上发挥作用。欧洲、北美大陆之间的竞争对原来某些城市的稳固地位也提出挑战,新兴工业的出现为一些城市新的专门化功能的出现提供了条件,为一些城市的崛起创造了机会。总之,从广义上说,世界经济形势的新发展已经引起国际新的劳动分工。在这种新分工下,跨国公司把生产的功能从欧洲和北美东部这些所谓资本主义发展的核心地区转移出来,却把跨国公司的总部留在了这里,使这些地区已发展起来的许多城市专门从事金融业和商业服务业,或者是信息交换技术等新兴工业。这样做的结果会出现一个新的全球化的世界体系,其特征是生产的扩展造成了全球的工业化,而工业化的控制权却掌握在为数极少的分布于全球不同地区的几个关键城市手中。

卡尔拉波特认为,在经济全球化的形势下,世界城市网络的理论为一种新的理论所代替,这就是国际城市理论模式。这一理论是一种宏观理论,是在世界市场的运作中对城市作用及城市之间的关系进行重新考察,即在全球化的新形势下、在更复杂的商业和信息活动中对更具有专门功能的城市系统进行考察。国际城市理论注重研究城市在国际上发挥的作用，它强调国际城市在世界城市网络中的交叉关系和相互影响。此外，它不仅只关心少数几个超大城市，而且关注那些以前不曾受到世界资本波及的中等城市。

其实，对于这样一种图景，美国人文生态学的社会学家早有预见。早在20世纪二三十年代，社会学家罗德里克·麦肯齐（Roderick McKenzie）就最先勾画了国际城市的图景。那时，他思考了日本和东方经济的兴起，指出新的城市"重心"将会出现，也会有新的交流"路线"，他预料到跨国和跨地区疆界的多边交换将变得越来越复杂。他还预料到现代交通手段的进步将赋予个别城市或城市链以发送者和接收者的专门功能，也就是说，他已经预见到城市在信息时代的专门功能。他认为，到那时候，城市间的空白将会消失。[4]

卡尔拉波特从不同方面对这两种理论进行了区别。首先，注意不同城市的不同功能是国际城市理论模式的一个特点。世界城市模式注重城市网络的等级制，即上级城市对下属城市的控制行为，注重某一级城市在它所处的网络级别中的作用，如在地方、地区、国家或世界，一般来说，下级城市不会越级发挥作用。国际城市模式却注重城市的开放程度，国际城市在本质上是对世界市场开放的，是外向型的，它不必严格遵守过去等级制城市网络的次序。此外，等级制的城市网络不是完全建立在真正交换的基础上，有一种强制性的功能。国际城市理论却注重交换城市双方的平等和互惠。在全球化时代，可进行交换的种类大大增加，有实在的商品（包括个人消费品），也有移民、旅游者、商业信息、正规教育等。国际城市模式承认像纽约这样的国际城市在国际金融、商业和移民等事务中的统领作用，也就是它们在世界阶梯状城市网络中处于顶级位置，但与此同时，它还承认城市之间的横向联系。它希望不同的城市，也能像日内瓦、布鲁塞尔或迈阿密那样，在国际经济中发展独特的功能和具有独特的地位。由于在功能和地位上的要求不同,在数量上,国际城市可以比为数极少的几个世界城市要多得多。

其次,由于现代科学技术的飞速发展可以创造经济上的奇迹,因而,国际城市理论承认在一些专门的功能上,一些新崛起的城市可以超越城市网络的原有等级次序,在世界上发挥重要作用。现代信息交流技术的发展和金融、商业、经济机构在世界范围的重组,使世界的经济形势发生了巨大的改观,城市的国际作用也大大加强。世界上许多区域发展的实践表明,现代技术的进步和机构的重组可以使金融和商业产生瞬息万变的效果。由于大量信息的瞬息传播,已经改变了世界城市之间原有的先后竞争顺序,在金融和教育等方面,这一特征表现得尤为明显。因此,国际城市理论在承认世界城市理论的同时,也承认城市次序的多元的、经常性的变化。

城市地位的变化是由于城市所获得的专门功能决定的。在全球化时代,城市功能越来越趋向于专门化,这是进行交流的基础;而交通革命和旅游无疑大大促进了交流的速度。卡尔拉波特认为,按照经济的专门化功能,20世纪后期美国的国际城市至少可以分为三类:一是国际型生产城市;二是国际型通路城市;三是国际型交易事务城市。

国际生产型城市直接为世界市场服务,致力于出口成品的商品、生产的专门化或拥有大国际企业的分厂。19世纪的曼彻斯特和20世纪的底特律是这类城市的典型。由于世界贸易对美国越来越重要,也由于美国有大量的转口贸易,自20世纪60年代以来,美国城市的国际作用大大增强,国际管理的职能和大量的信息活动直接支持着这些生产类型的城市。国际通路城市是指历史上欧洲人进行海外定居的地区和殖民地的一些城市,如美国历史上一些商业城市和19世纪欧洲扩张时一些殖民地城市都属于这一类。这些城市的作用既是文化渗透,也是商业渗透。在美国历史上,这些城市联系着东北的工业中心,也连接着南部和西部的资源。在20世纪后期,除了历史上的交换移民和商品的作用以外,又增加了新的交换内容。国际交易事务型城市,用吉恩·哥特曼(Jean Gottmann)的术语来说,是指向跨国市场提供专业技术、金融服务和个人服务的城市。这些城市是20世纪70年代以来变化最大的地方,吸引了城市研究者和改革家的最大注意力,并在新的世界城市系统中处于最重要的位置。交易事务型城市在经济信息、政治、组织信息,或文化信息方面实现专门化。[5]

为了对城市的国际化程度进行衡量,卡尔拉波特指定了衡量这三类城市的一系列标准,其中包括衡量这些城市进行国际联系的标准、衡量为首的国际城市的标准等。他列表把美国纽约、华盛顿、波士顿、迈阿密、芝加哥、洛杉矶、休斯敦、新奥尔良、旧金山及亚特兰大等城市在许多方面的指标进行了比较,如外国出生的人口、外国银行数量、外国旅游者、新移民数量、进口物资的价值、具有外国领事馆的数量以及与国外建立姊妹城市关系的数量等。经过比较,纽约的确在许多方面名列前茅,当之无愧为美国首屈一指的国际城市;华盛顿由于是首都,在获得国际信息方面独占鳌头;在20世纪60—80年代,美国西部和南部城市的国际作用大为加强,其他地区的城市发展却相对缓慢。作者认为,到20世纪80年代,美国几乎所有的城市都多少具有国际作用,每一地区都有自己专门化的功能和通往国际的通路。

三、"国际城市"理论研究的意义

以上,我们介绍了什么是"世界城市"理论,什么是"国际城市"理论,以及这二者之间的区别。那么,为什么会有从前者向后者的转变呢?

从历史背景上来说,国际城市理论的提出不是偶然的,它是当前时代的产物,是经济全球化的必然结果。这就牵涉两个问题,一个问题是这两种理论有没有本质上的区别?第二个问题是当前的时代与以前的时代有没有本质上的区别？

从根本上说，世界城市理论是与资本主义世界体系联系在一起的。资本主义的发展又是与殖民主义紧密相连的。资本主义首先是从欧洲开始发展的，在它发展的过程中，建立了横跨大西洋和深入亚洲、非洲的殖民主义世界体系。如果按照资本主义的世界体系来说，毫无疑问，在20世纪以前，欧洲是资本主义心脏地区，是资本主义世界体系独一无二的中心，而世界其他地区，包括美洲在内，不过都是这一中心的外围或边缘地区。如果把资本主义世界体系看成一个不断向外扩展的同心圆的话，那么，这个同心圆所包括的城市就处于这一多层次圆环的不同层次上，就处于以欧洲为中心的等级制的世界城市网络的不同"节"和"点"上。而圆心却只有一个，这就是处于等级制的世界城市网络金字塔顶尖的伦敦。

到了20世纪，情况发生了变化，有人说"20世纪是美国的世纪，是看它崛起，看它称霸世界的世纪"。这一说法虽然过于绝对，但不是全无道理。总之，20世纪的发展产生了一个新的现实，如果说在19世纪以前，资本主义世界体系的中心地区只有一个的话，那么到了20世纪，特别是第二次世界大战以后，资本主义世界体系的中心地区就向北美扩展和转移了，虽然欧洲还是最发达的地区之一，但是，现代科技的最新成就通常首先是在美国出现。与这种情况相适应，位于世界等级制城市网络金字塔顶端的城市也就变成了两个，作为北美第一现代都市，纽约成了与伦敦相抗衡的另一个世界中心。20世纪六七十年代以后，以"亚洲四小龙"为首的一些国家和地区经济迅速崛起，日本、中国经济的高速发展，成了继欧洲和北美之后世界上第三个经济比较发达的地区。尽管在中国和印度等地农业人口仍占多数，但是，亚洲地区经济发展的速度是惊人的，大大超出了世界发展的平均速度。这一地区经济之所以能在极短的时间内得到发展，原因是多种多样的——有殖民主义政治体制的瓦解，也有社会主义商品经济的高速发展。但是,不可否认的一点是,资本主义利用跨国公司,把一部分工业生产从资本主义原有的心脏地区转移到这里也是一个重要原因。于是,作为世界上第三个经济发展热点地区的中心,东京成了与伦敦、纽约相匹敌的世界城市。1991年,萨斯齐亚·萨森(Saskia Sassen)出版了《全球城市》一书,对世界城市进行了详尽的分析,认为伦敦、纽约和东京是世界经济三足鼎立的首都,三者各执一个地区,是对全球经济进行管理和服务的金融中心。[6]这种情况表明,世界城市理论并没有过时,它仍然在一定程度上客观地反映着当今世界经济体系的现实。

然而,从另一方面来说,20世纪后期以来,世界毕竟发生了巨大的变化。与过去的时代相比,变化是多方面的。首先,市场经济的世界体系从大西洋两岸向太平洋地区扩展了。

首先,这种扩展给世界等级制城市网络带来的变化是一个顶尖级世界城市变成了三个,于是,其下属的代表世界—国家—地区—地方四级城市的金字塔状网络也就从一个单一的体系变成了三个等级制的网状体系,一元制变成了多元制。这是全球化经济发展给世界城市格局带来的第一个重要变化。

其次,在亚洲,殖民主义政治体制的瓦解对世界经济格局的影响是巨大的。在殖民主义的政治体制之下,商品的交换是不平等的,欧洲对亚洲实行超经济的掠夺。因此,欧洲的世界级城市对亚洲的国家及地区级城市实行的也是不平等的政治统治,没有市场经济的规则可言。殖民主义体系瓦解之后,亚洲各国人民推翻了西方帝国主义的统治,实现了国家独立,各国可以按照自己的意志与任何国家进行贸易,不必非受西方强国的摆布。而且,尽管在与西方国家的经济交往中还存在着种种表面的平等,而实际上的不平等(如对亚洲地区原材料的掠夺;利用亚洲廉价的劳动力;跨国公司把金融、管理和高科技部分留在西方,把工业生产转移到亚洲,这样,既可以获得利润的主要部分,又可以使西方本土不受污染,等等),但是,以往那种超经济的掠夺毕竟消失了,亚洲与西方的贸易实行了商品交换。此外,各种各样国际商贸组织的出现,使亚洲国家可以利用国际上通行的规则不断争取各方面的平等权利。总之,原有的国际经济秩序已经被打破,新的国际经济秩序正在建立。在这样的形势下,随着全球化的进展和国际交往的扩大,原有世界城市网络的等级制统治也随之发生了改变,与等级制并存的权力因素也随之大大削弱或消失。下级的城市不必只能与它的上级城市或它的下级城市发生单向联系,而是可以在同级之间、跨地区之间实行横向的和多向交往,城市关系中出现了更多的灵活性。这是国际城市理论的第二个重要特征。

然而,国际城市理论的现实意义主要不在于实际应用,与后现代主义思潮一样,它更重要的价值在于理论方面。它对现在占统治地位的世界城市理论进行了批判,从而,也就是对现存的等级制式的城市关系进行了批判。后现代主义不是一个新的历史时期,它对现存的国际经济秩序也不能进行根本的改变。但是,它站在一个全新的高度上,从人类更长久的利益出发,对现代社会中许多不合理的现象进行了激烈的批判,提出了新的发展观,因而使人们耳目一新。在批判的同时,后现代主义也为人们指出了一些未来的方向,并采取了一些措施,如环保主义。而这些措施正在被越来越多的人们所接受、所实施。

国际城市理论与后现代主义思潮一样,它的积极意义主要也在理论方面,它启发人们去思考:随着全球化的进展,原有的世界城市格局是否已经改变?与西方资本主义和殖民主义同时产生的世界城市等级秩序是否依然合理?是否能真实、全面地反映当代世界城市的格局?如果说答案是否定的,那么,应该用什么样的理论去描述当前的态势?世界城市格局的未来发展是什么样的图景?我们从卡尔拉波特关于国际城市的理论中可以受到上述启发。总之,国际城市理论的提出,不仅可以使我们改换一种视角来观察第二次世界大战以后全球化的推进给世界城市格局带来的变化,从而推动我们的城市史研究;

同时，也可以使人们根据国际城市理论中的一些新观念，如怎样使城市的发展与国际相联系？怎样利用当前世界城市格局的这种多元性、横向和多向联系的灵活性积极地开展多元的国际交往？等等。

这是当前国外城市史研究中的新视角。

参考文献

[1] Carlabbott. "The International City Hypothesis, An Approach to the Recent History of U.S. Cities." *Journal of Urban History*, November 1997: 31.

[2] Anthony D. King. *Urbanism Colonialism, and the World-Economy: Cultural and Special Foundations of the World Urban System*, London 1990.

[3] 这方面的理论可参考加拿大史学家凯尔莱斯的著作 J.M.S.Careless, Frontierism. "Metropolitanism, and Canadian History." *Canadian Historical Review*, Vol.35.1954; "Metropolis and Region: the Interplay between City and Region in Canada History before 1914." *Urban History Review* Apr.1979.No.3.

[4] Roderick D. Mckenzie. "The Concept of Dominance and World — Organization." *American Journal of Sociology* 33, July 1927. Cited from Carlabbott, op.cit.p35.

[5] Gottman. *Coming of the Transactional City*; Matthew P. Drennan, "Gateway Cities: The Metropolitian Sources of U.S.Producer Service Exports." *Urban Studies 29*, April 1992, Cited from Carlabott, op.cit.p.39.

[6] Saskia Sassen. *The Global City: New York, London, Tokyo*. Princeton University Press,1991.

网络社会视域下的全球城市理论反思与重构

张鸿雁[①]

"全球网络社会时代"的发展,正在深层次地改变着人类的生产和生活。"全球城市"理论与其他事物一样,其内涵与范畴、要素与特点、结构与功能等在某些方面已悄然发生了革命性的变化。从"网络社会崛起"到"网络社会全球化"的社会建构,以及云计算、云机器人、人工智能、区块链、物联网、工业4.0新技术等爆发性的出现,全球网络社会从一体化向全球网络社会智能一体化方向发展,集中体现在"全球网络金融资本"与国际经济贸易、智慧网络物流与网络平台消费、AI 技术与共享经济以及大数据应用等高新技术在生产、生活领域中的广泛应用。这不仅改变着人们的思想观念和价值取向,也改变着人们的生产组织形式、媒介信息传播和全球范围商品贸易的整合营销方式,同时还改变着人们的交往方式、通信方式、交通方式和消费方式,甚至改变着人们的生产组织方式、工作方式、社会关系结构以及人际沟通方式等,几乎所有学科都面临着全球网络社会智能一体化等所带来的新经济革命挑战。现代科学技术发展是一把双刃剑,既带来了社会的进步与进化,也带来了社会问题与社会风险的深化。因此,反思全球城市理论,创

---

① 张鸿雁,南京大学社会学院教授,南京大学城市科学研究院院长,江苏省城市经济学会会长。原载于《探索与争鸣》,2019年第5期。

新理论思维方式,对中国建构全球城市是不无裨益的。

反思一：全球城市指标过度解读误区——创新土壤比创新本身更重要

全球网络社会一体化正在朝着网络智能化方向发展,这本身就在重新定义传统"全球城市"的内涵与范畴。网络社会全球一体化迫使我们必须用创新思维认识这个时代的变迁,20多年前卡斯特对网络社会崛起的预言已经被证实:"作为一种历史趋势,信息时代的支配功能与过程日益以网络组织起来。网络建构了我们社会的新社会形态,而网络化逻辑的扩散实质地改变了生产、经验、权力与文化过程中的操作和结果……在网络中现身或缺席,以及每个网络相对于其他网络的动态关系,都是我们社会中支配与变迁的关键根源。"[1]网络社会全球化催生了新的社会结构的生成与变迁,并改变着全球城市在全球经济秩序中的控制功能和地位。萨森的"全球城市"理论传到中国后,曾引起一股"全球城市"研究与建设的热潮,20世纪90年代末中国先后有180多个城市提出建设"国际化大都市"的构想,后来大多数放弃了这个目标,而近年又兴起了"国际化大都市"和"全球城市"的研究,建设热潮并获得了相应进展。在全球城市的特点与要素、功能与规模、样态与指标等外在因素研究上,既有很强的针对性又有鲜明的应用性,中国很多城市通过对全球城市外在特征的"对标找差",较为清楚地了解了全球城市的要素构成,如北京、上海、成都、重庆、广州、深圳、青岛等城市根据全球城市的存在样态、指标和基础设施规模,制定了所在城市的"全球城市指标体系",强调全球城市的必备要素:有大机场、大马路、大会展、大总部经济、大交通、大量人口等,也强调区位因素及沿海和港口规模等。事实上,中国有些一二线城市硬件设施已经不逊于发达国家,甚至在某些方面还强于一些发达国家。但是,为什么还不具有全球城市功能，更没有相应的全球城市文化认同呢？通过分析不难看到，全球金融中心生成的社会前提不是所有城市都能提供的；而很多政治中心往往成为城市经济衰落的一个重要原因；总部经济之所以在某些城市集聚，不是因为其规模，而是与其国际接轨的政治、法律、政策和国际服务功能及城市的开放度有关。抑或可以说，我们的确应该关注"全球城市"已经出现的外在因素，但是更需要关注"全球城市"生成与发展的内在因素。

分析和归纳国内部分学者研究全球城市特征及指标，主要内容有：①国际化开放程度。包括国际机构数量和参与国际事务能力，世界性组织和国际性机构数量居于前列。城市经济发展与国际关联性强，具有某类国际"信息港"功能。②创新发展程度。高新科技创新居于世界前列，如新技术、新材料、新工艺、新产品等，并具有国际认同的存在方式，成为全球科技创新高地。③金融及金融服务产业集中度。金融产业充分国际化，金融机构和金融服务产业高度集聚，构成世界金融主要中心之一，具有国际资本流动"金融港"的价值与功能。④跨国公司总部集中度。其在某些经济领域具有全球资源要素控制与配置功能。⑤国际高端商务活动数量与集中度。如国际化商业综合体的数量、国际性会展的次数和空间面积居于世界前列。国际商务商贸会展服务业的层次及奢侈品消费的繁荣等。⑥国际化人才集中度。高新技术研发人才和科学技术发明专利数量及高端制造业企业、研究机构的数量等，构成世界高精尖产品的研发中心和高端制造业的创新中心，处于全球产业链的高端环节。⑦世界级交通枢纽体系的中心性和便捷性。如重要国际机场、港口，多元化公共交通运输模式，现代化网络通信系统等。⑧城市人口规模与集中度。包括国际型的社区生活等，有人认为全球城市中心区不能少于500万人。⑨多类型产业创新区的集中度。如多类型国际化交流平台、国际化科技发展平台以及类似硅谷的创新发展区等。这些研究成果对中国全球城市建设是非常有价值的,但比较来看,国内研究全球城市总体表现为:全球城市外在特点、要素研究多,发展内在成因与动力机制研究少;全球城市标准、指标研究多,文化与制度创新研究少;全球城市战略规划与构想研究多,内生动力与政策机制研究少。我们认为,全球城市研究和建构重点应该放在全球城市生长的成因和文化土壤方面,放在全球城市可持续发展的经济、社会、政策、制度、文化等构成机制上,以及由此孕育出的市民社会及契约关系等方面。必须清醒地认识到,"人们自己创造自己的历史,但是他们并不是随心所欲地创造,并不是在他们自己选定的条件下创造,而是在直接碰到的、既定的、从过去承继下来的条件下创造"[2]。全球城市有一个成长过程,追问、探讨什么样的城市社会结构、城市经济结构、城市文化结构最适宜转化、生成为全球城市,这才是解决问题之道。

在全球城市研究上,萨森将纽约、伦敦和东京放在了世界城市的顶端位置并做了集中研究,"这些城市区域的特征是,以从属于直接控制着全球各地的经济活动的跨国银行和公司的金融和商业服务为基础的地方经济"[3]。她把"全球城市"的能级与功能集中归纳为四个方面:"一、世界经济组织高度集中的控制点;二、金融机构和专业服务公司的主要集聚地,其已经替代了制造生产部门而成为主导经济部门;三、高新技术产业的生产和研究基地;四、作为一个产品及其创新活动的市场。"[4]这些表述强调了对全球资源的"高度控制",特别是对金融业在全球城市发展中的主体价值及作用给予了高度评价。她对全球城市创新产品和创新市场区位并成为新社会经济秩序样板等方面的论证,无疑对全球城市研究和发展作出了重大贡献。在此基础上,萨森也论及了"经济活动空间分散与全球一体化的组合,赋予主要城市一个新的战略角色",从中可以看到萨森也关注到了网络社会给全球城市带来的影响,她的理论观点也是伴随时代的变化而变化的。全球城市理论引起关注后,许多学者对萨森的全球城市理论在某些方面也进行了反思性研究。比如,安东尼·奥罗姆和陈向明提出,萨森对全球城市的认识是"全球城市占支配地位的影响与其对当地造成的不良后果始终是共存的"[5]。在某种意义上,萨森全球城市的研究在很大程度上集中在全球"社会秩序"和"支配功能"上,其权力价值甚至超出了国家政策影响。其他学者对萨森的全球城市研究也有诸多质疑:如在金融中心化与"去中心化"问题、全球城市内在经济两极化问题等方面有不同的解释。[6]他们在一些研究方法上也提出了质疑,"萨森甚至更粗枝大叶。她简单假设,曼哈顿可以代表整个纽约城的区域,而该区域实际由三个州构成——纽约、新泽西和康涅狄格——其总人口超过2 000万,同时,她将被称为伦敦城的著名英格兰金融区与大伦敦的实际正在扩张中的巨大区域合而论之。因为这种特殊的概念性错误,对所谓的'全球城市'有其社会影响的分析便是十分令人怀疑的。不幸的是,许多城市学家还在继续犯着同样令人误入歧途的错误。例如,分析家们通常所说的'纽约',经过更近距离的数据调查之后才弄清,却原来只是曼哈顿行政区"[7]。姑且不论学者不同视角的认知与不同知识结构的表达,在网络全球化的前提下,全球城市作为一种城市发展的极化效应正在发展变化,"去中心化"也正在广阔的领域展开。卡斯特很早就提出这样的观点:"每一个城市的辖地都遭受新的紧张和分裂。分野正在加深,存在经济和文化活力的代表城市、活动减缓的和遭受排斥阶层充斥的城市……这些分界并不仅仅表现在空间上,甚至表现在国际竞争和城市活力方面。"[8]上述观点的学术批判意识是值得赞赏的,其价值不仅仅在于做了一种学术性的探索,更重要的是这也提醒我们,对任何理论都应该有一种批判性的理性思维,特别是对外来的学术研究成果不应该采取拿来主义的态度,而应该在研究、分析、筛选、整合、反思、扬弃之后再以创新的方式加以应用。

因此,我们要提出所谓的"全球城市之问",为什么中国没有全球认同的"全球城市"？全球城市生成的内因是什么？什么样的社会结构才能催生全球城市？因篇幅所限，本文仅从网络社会一体化的视角提出三个面向的思考。

首先，培育全球城市创新创业及市场经济关系的文化土壤——全球城市应该成为自由与公平的文化场域。伦敦被认为是"一个充满选择机会的城市"，这是从一般城市成长为全球城市的最直接原因之一，包容与个性发展是其内核。虽然全球城市也是问题最多的地方，但同时也是经济社会现代化发展最快的地方，它能够用相对有效的手段，通过市场经济意义上的"文化综合治理"而成为全球文化认同的城市。创新文化土壤使全球城市构成了某种垄断性的文化价值——"充满创新创业和就业机会的城市"，这才有可能成为金融产业、智能产业、文创产业和哲学思想领域等高端人才的全球集聚高地，因而才能形成具有"全球秩序控制功能"的全球城市。大家熟悉的纽约、伦敦、东京、巴黎、中国香港等，首先是创新创业中心，其次是就业与生活中心……既有鲜明的城市特色竞争力，又有广泛的社会包容性，特别是在营商环境的涵容方面，城市具有吸引力、凝聚力、向心力和"城市文化资本"再生产的能力。事实上，我们也能感受到，仅靠花大钱搞基础建设，贪大求洋是砸不出全球城市来的，关键是城市的文化品质、市民个性的解放、国际化的开放程度和对所有人平等关怀的法制保证。另外，过去我们更多地强调全球城市的综合实力；现在全球网络社会改变了城市效能和能级的创新方法和手段，更应该强调"三力合一结构"的城市价值能级，即城市综合竞争力、城市核心竞争力和特色文化城市竞争力"三力"结合。其中，特色竞争力对大多数城市来说，是创造全球城市的必要前提。

其次，建构与全球城市同步的社会文化治理模式与制度创新机制——市民的平等与尊严、企业的平等与尊严。吉登斯认为，正因为现代资本主义竞争的节奏加快，"时间的商品化启动了工业生产的机制,瓦解了阶级分化社会中特有的城乡分化",使"现代工业的发展并不一定局限在某种特定类型的地区中"。现代城市生存特质是"强调随着时间的转移",要创造"空间的商品化",从而建立一种有鲜明特征的"人造环境"——具有伦理和社会关怀的机制,并由此"表现出现代社会中一些新制度关联方式"[9]。现代网络社会要求城市要有"社区照顾体系",使"城市如家"的理想类型成为可以实现的梦想,这样的城市社会结构和机制最容易放大个体价值,养成创新的生产和生活环境。反之,如果城市市民社会的土壤和社会选择机制不充分,城市的宜居性及让人们能够扎下根来的理由也就不会充分,社会各种要素集聚和创新当然也就不会充分,作为全球城市控制节点的功能也必然不能发挥出来。应该说,全球城市需要一个典型的中产阶层、需要一个有思想的"创意阶层"、需要一个有创新能力的样板阶层。因此,一个城市要能够让优秀的人才群体扎根是需要特定条件的,不仅要满足和创造人们生存的多种需要,还需要创造"灵魂的各种需要"[10],包括城市社会给予的"秩序""自由""责任""平等""荣誉""惩罚""安全""风险""私有财产""集体财产"和"真理"等。而最核心的基本需要是获得个人存在的尊严和个体价值追求的尊重,并把这种尊严和被尊重构建成为一种社会义务,而义务的担当是市民社会个体存在的价值和"集体良知"的一种行为表现。[11]

再次,创造市民社会的契约关系和法制前提下的"集体良知"——国际化开放指数与城市社会文明指数有机结合。"Childe 使用'城市文明'这个术语,因为文明和城市在历史上就是珠联璧合的——拉丁文中的 civitas(城市)就是文明(civilization)的词源。从一开始,城市就一直是人类进步中创造某些最不可思议的突破和发明的试验炉。"[12] 马克思一直把城市发生作为人类文明的发端之一,"市民社会"(civil society)的深刻意涵就是强调文明并且是"历史的真正出发点和舞台",市民社会的理性就是"契约型"社会关系,市民社会的"主体人格"构成了伟大城市的价值所在,正如马克思所说,"交换过程确立了主体间的平等",市场经济越深化,社会法制关系和契约关系也就越进步,而文明正是建立在这种法制与契约关系基础之上的。被萨森确认为全球城市之一的东京,就具有很好的典范性和样板性。比如,仅就东京全城市民垃圾分类的行为来看,就已经是世界城市的样板、法制型社会文化综合治理模式的典范了。市民社会第一要素是由一套经济的、文化的、知识的、政治的"自主性机构组成的",而且具有"一整套广泛传播的文明的抑或市民的风范"[13]。这种观点的核心是市民社会必须有"社会及个体自律""自主性机构"等,由此形成不同类型的社会团体和新的"人造环境"和"新的制度关联方式"。市民社会结构虽然在不同时代有不同的理解[14],但马克思曾强调,"真正的市民社会从18世纪开始大踏步走向成熟的市民社会"[15]。其主要表现在社会契约关系上,在法人资格的意义上,市民社会已分立出多种"权力综合体",如"文化繁衍综合体",像沟通的自由等;"社会整合权力综合体",像保证社会化权力综合体,强调私人关系、隐私权及人身不受侵犯等。"另有两类权力综合体,一个仅位于市民社会与市场经济(财产权利、契约权利和劳动权利)之间,一个位于市民社会与现代科层制国家(公民政治权力和当事人福利权力)之间。这些权力综合体的内在关系,决定着制度化的市民社会的类型。"[16]这是养成全球城市能级的土壤,也是使全球城市具有创新力的土壤。在这一点上,我们还是有些望尘莫及。

反思二:全球城市"社会秩序支配功能"弱化: 从"全球城市"到"全球乡村"

在全球社会网络一体化理论认知视角下,全球城市在经济领域的高度集中和节点控制功能正在发生某种改变,其最突出的是金融中心高度集聚功能的某种改变。美国学者马克·戈特迪纳等对萨森的"全球城市控制功能"概念也提出了诸多质疑：他认为现代全球网络社会的智能化发展,在一定意义上使金融中心"完全脱离了特定城市中金融活动的中心化",譬如"证券交易商协会自动报价系统"(NASDAQ)已经成为世界第四大股票市场。与纽约、伦敦或东京的交易所不同,NASDAQ缺少交易场地（应该翻译为"不需要交易场地"——笔者),而是通过电话和光纤电缆将世界50万商人联系起来。与此类似,巴黎、比利时、西班牙、多伦多等近期都废止了场地,金融从业者的"股东可以处于任何地方"[17]。他还认为"全球城市的命题在许多城市案例中总是会被简单化",因为"新兴的信息经济,以及对各类型的电子通讯的加速使用,即具有去中心化的反向趋势,又为包括多中心的区域增长在内的新中心的发展提供了支持"。这里强调了"去中心化"和"新中心"的发生,新的网络社会科技的繁荣和全球网络一体化,改变的不仅仅是相关理论；还包括改变着人们对世界认知和改造的手段,从广泛的意义上同时获取信息,又以全球远距离管理控制工作的方式,既改变了工作岗位的空间区位定义,也改变了工作时间的定义,还改变了就业关系和企业组织形式。最近在"中国信息化百人会"的"网络经济和网络企业"高层论坛上,卡斯特在演讲中说:"全球化经济的另一个层面是金融市场,金融市场遍布全球,所有的东西都是放在金融的大云当中。而这个云是在以光速不停移动,货币与货币之间,国家与国家之间快速的流动实现了货币价值的最大化。"[18]抑或可以说,全球城市之所以称之为全球城市,其核心价值就是在全球流通中对金融流通的主导性控制,在以往的全球城市理论中,哪个城市成为全球意义上的金融中心,哪个城市必然是全球城市,虽然目前仍然还是如此,但是内在已发生了明显变化,特别是"全球网络一体化金融"和金融网络化的发展大大超出了人类的预期,给人类带来惊喜的同时伴生社会发展的意外。"伴随着许多次级活动被数字化和去中心化……在过去的十年中,伦敦已经见证了金融服务业岗位的大幅缩减。这些岗位将由商业服务的增加所弥补。"显然,中国金融业务岗位的缩减更加明显。更值得深思的是,马克·戈特迪纳还认为,"伦敦经济中的60%的就业岗位要指望地方和国家而非全球市场需求。所以,认为金融交易活动需要那种可形成在'全球城市'中心街区聚焦的同类型的面对面的互动,这种假设现在有可能被高估了"[19]。他们对全球城市金融中心的控制能力与价值的怀疑是直截了当的,现代网络社会带来的工作方式革命,正在检验、校正全球城市的功能与价值,其变革率先出在金融领域并不是偶然的,中国现实生活中普遍的非货币化倾向——穷乡僻壤也可以用手机付费,则从一个侧面反映了这一变化。

丹尼尔·贝尔在《后工业社会来临》一书中曾这样描述后现代社会的城市:"一个大规模的社会的特点不在于巨大的人口数量","过去是通过大量的城市集中,今天是通过大规模的通讯交往,一个大规模社会的特征才显示出来"[20]。从过去的"大量的城市集中"到今天的"大规模的通讯交往"反映的是网络社会的结构性特征,"无定位城市区域正以一套复杂的社会和经济网络体系取代实际上的中心城市。迅捷的交通使设址于中心地带沦为一种选择而不是必须,新的西部城市将采取更为松散、开放的格局"[21]。这一观点始于20世纪70年代,1977年出版的《延伸的城市——西方文明中的城市形态学》作者万斯,描述未来新型城市是没有中心、没有明确定位的。未来城市将"无顶、无底、无形、无际……随机的、迷乱的、未加计划"的。"它的郊区是'不定型的',它是一个'强烈进取的有机体'。"越来越多的城市发展表现了全球城市价值链中高端环节的控制功能,并直接参与了"全球产业新文化分工"。现实的国际经济体系已经不仅仅是国家之间的竞合关系,在某种意义上也是由城市价值链相互联系或由相互贸易依赖形成结盟关系的各种共同体之间的竞合关系,全球构成了以"要素经济为纽带"的全球网络社会体系,"全球秩序控制节点"可能、可以发生在任何大城市,也可能、可以发生在任何中小城市或任何地点。所谓全球网络一体化在某种意义上是网络与智能技术、金融与人才市场、国际贸易与跨国生产,以及某种程度的科技和专业劳动在内的"泛全球化分工",即除了全球城市以外,某个村庄、某个有技能的个体也能够参与全球分工并创造新的控制节点。全球化网络社会体系使经济系统互动可以在全球各层次相互跨界连接,无中心化趋势是网络时代的一个结晶和时代财富,具有不可抗拒性和中心地点的模糊性,正在"创造着一个崭新的、全球性的社会结构"[22],这个"全球性的社会结构"是全球网络社会嬗变的结果,并带来"功能均质化"和中心定位无序化的结果。金融中心在网络上的"区位熵"随时随地可再造,甚至出人预料。网络社会的金融集聚促成了新中心结构并在任何地点都可以发生,虽然这种成长不是极端型的某一空间的发展,但在网络社会已经产生新的功能。长期研究网络社会的曼纽尔·卡斯特对网络社会带来的全球城市变化又有了新的认识,他用网络经济五个相关联的维度说明全球城市功能与价值体系的变化:第一,网络经济是全球性的,"网络经济是基于全球的金融、生产、消费、商务、科学、技术和创新的网络"。全球主要的研究型大学,有90%都是在欧美国家。[23]全球研发比例有75%都集中在欧美的企业和组织当中。这决定了发展速度和科学技术设施的发展状况。比较相关的数据我们知道,全球研究型大学、全球研发中心是全球城市发展"文化动力因"之一,甚至具有某种因果关系,有了这样的内生动力和创新机制,才使得纽约、伦敦、巴黎、柏林和苏黎世等城市成为全球经济秩序的控制节点。第二,全球信息运用的竞争性,以及引入创新用于生产和流程中的能力。第三,网络经济会创造新的组织结构,又叫网络体验。第四,体现在工作流程上——劳动力就业现在已经变得越来越具灵活性。第五,知识和信息的不平等分配。显然,他的第五条观点已经有些过时,网络社会的最大价值在于"知识和信息可以平等获取",因知识和信息不是"被分配的",只要你愿意或在一个公平的社会机制内就可以随时随地获取知识和信息,这也是动摇全球城市垄断基石的根本原因所在。总结卡斯特的观点可以理解为——建构城市内在发展的能动性、创造性和自觉性,应该是全球城市研究的重点所在。

全球网络社会智能化为全球化城市竞争创造了高速轨道,一方面迫使城市发展、竞争必须强化自身特色,寻找差异化定位;一方面又在创造多中心和多元化网络集聚模式,建构广域化"长尾蓝海市场",其结果孕育、催生了国际化意义上"全球乡村"的产生!它与"全球城市"概念构成一对范畴,表现了全球化多中心、多节点、多样态、多极化和去中心化的趋势,全球网络中心节点发生的模糊化和具有不可抗拒性的结果,反证了"全球乡村"发生的必然性。正如吉登斯所说,"全球化不仅产生向上的拉力,而且也产生了向下的拉力,给地方独立带来了新的压力"[24]。而这个新的压力集中体现在:"人类历史上第一次出现了任何东西都可以在世界上任何地方生产并销售到世界各地的现象。"[25]这一现象带来的结果是,使任何地方都可以产生新的经济要素集聚与扩散高地。全球社会网络化在建构"全球性的社会结构"——在传统城市化即农村人口向城市流动的图景下,如今浩荡的"全球乡村"重构或者说在"再地方化"的图景中,全球化网络化将城乡关系嵌入更加复杂的社会背景之中,处于全球关系网络节点位置的乡村与城市一样,以"地方网络行动者的身份"参与全球网络社会的生产分工,这一时代的回响超过任何时候!"网络社会好比摆在我们面前的城建用地,邀请我们设计和建设比特之城(即21世纪的都市)……这将是一个不依附于地球上任一确定地点而存在的城市,其格局不取决于交通的便利和土地的有用性,而受互联性与带宽程度的制约。"[26]以网络身份参与全球分工的"乡村行动者"业已产生结果,在此仅举三例:一是全球范围"国际慢城文化"在中国乡村中的建设推

41

广[27]；二是浙江莫干山"洋家乐"文化的兴起；三是"全球化乡村样板"、全球网络社会一体化的经济范式——中国淘宝村的崛起。2018年,全国淘宝村数量有3 202个,年销售总额超过2 200亿元。被概念化为"全球乡村"[28]的徐州沙集镇2018年淘宝村销售额达110亿元,其下辖东风村1 180户4 849人,3 000多家淘宝网店,销售总额为33亿元。一个村庄的网络集聚成为全球范围某种商品流通的"全球节点",网络社会没有形成以前,这类"全球节点"一定是产生在大城市里,而现在可以产生在偏远的乡村里。信手拈来的案例还有很多,比如广东省狮山镇有30多家500强企业,产值超过千亿元；江苏玉山镇产值达650亿元；江苏张家港永联村,2017年销售收入超过700亿元,等等。很多特色产业小镇的特色产业甚至"垄断"了全球市场,如小提琴、钢卷尺、游泳衣、淡水珍珠……

"全球乡村"节点控制功能有如下特征：一是控制着某类商品信息和价格指数；二是控制着经济领域某些产业的成长、发展和商品的全球流通广度,某种程度上控制着某一类产品的产量、价格和品质；三是控制着市场和商品未来的发展方向,如产品创新的功能和属性等,这就是"全球乡村"在"全球城市"面前的价值与意义。甚至可以说,一方面,在全球新产业分工中,"全球乡村"的"网络行动者"正在分担和分化全球城市的某些功能；另一方面,也在补充和优化全球城市结构性功能的不足。我们认同卡斯特的观点："我们社会中主要支配性过程都连接在网络里,这些网络连接了不同的地方,并且生产财富、处理信息以及制造权力的层级,分配每个地方特定角色和权力,而这最终决定了每个地域的命运。"[29]"全球乡村"使处于区域中心位置的全球城市正在被重新定义,淘宝村的口号是"我们在买世界和卖世界",一个淘宝村可以定义和定位为全球市场,参与全球的产业分工,这也是网络社会条件下"全球乡村"价值之所在。"全球乡村"在某些方面业已产生了与"全球城市"相对应的价值与功能,虽然还处在发展阶段,但是某些产业和行业在全球流通中的"依赖与控制"功能已经显见，"全球乡村"已经成为参与全球城市分工的一个结构化的空间结点和全球城市价值链的一个关键环节。

从城市社会学视角看，"全球乡村"正在重新定义全球城市化与全球城市文明普及率的内涵，城市化就是城市生活方式的普及化。比如，浙江德清的"洋家乐"作为一种特殊的经济文化载体，在深山的村落群里自发形成国际化的"洋家乐"民宿群（散落在十几个村落），通过全球网络直接与世界联通，莫干山周边村庄已经成为国际知名的创业、就业、研学和休闲的"全球化乡村"，可以全球预定并拥有统一品牌、商标、网站、微信账号和整体对外营销形象。在村庄里，既有巴黎人、首尔人和开普敦人开的"洋家乐"，也有中国的上海人、北京人和南京人开的"洋家乐"……一面改变、引导乡村人的生活方式，一面传递、创造城市文明，构建有特色的"全球化乡村"的生活方式。深山民宿的夜晚有来自世界各地的创客和游客聚会，是一个典型的"克里奥耳化"的地方——"全球本地化的另一个同义词就是克里奥耳化，克里奥耳这个术语一般指混种的人，但它已被延伸到'语言的克里奥耳化'这一概念……"其更深刻的意义是，网络社会使全球不同的文化可以在偏远的乡村相遇，并创造一种"全球化与本地化融合的空间"。下面的例子或许可以用来说明这两个概念以及全球本地化的概念："坐在伦敦（或"洋家乐"——笔者）的一家星巴克咖啡店里（现在，它们在那里非常普遍了），伴随美国'海滩男孩'乐队的演唱'但愿她们都是加利福尼亚姑娘'，喝着一位阿尔及利亚的侍者送上来的意大利浓咖啡"[30]。这样的乡村，融合着全世界，一面在创造网络社会时代的城市文明生活方式，一面在创造与世界一体化同步的全球化乡村节点。

全球网络社会改变着"全球城市"，也在建构着"全球乡村"，因应时代召唤，中国淘宝村给我们很多启示：经济增长要素的"集聚与扩散"，已经不以"集中与分散"的方式展开，传统实体空间区位价值正在被新的"网络区位空间"所替代,在全球范围展开——去中心化是一种新的经济革命。用淘宝村村主任的话说:"网络世界让我们在全球范围内随时随地面对面工作与沟通,而不需要到大城市中心去。"

反思三:文化集聚价值决定全球城市价值
——文化认同是全球城市的本质

以往认知中的全球城市,强调的是生产要素和经济要素的高度集中与集聚,在地理区位价值居比较优势的时代,生产要素向某一中心区位"集中"是一种必然,其主要是受限于区位交通与土地级差带来的成本障碍。但是,这是在没有全球网络社会一体化和没有现代化交通体系下的认知结果。在全球网络社会结构变迁视域下,全球城市所具有的"要素集中控制性"功能已经发生了某些改变,文化创意与制度创新要素、金融结算与流通等要素可以在任何地方产生和集聚,"集中"与"集聚"不受实体空间区位的限定。传统城市社会学和城市经济的社会变迁理论认为,"集中"一般代表某种要素向城市"中心区位的集中"进而产生"分散",形成"集中与分散"的动态变迁范畴与概念,这种变迁往往是"集中效应"大于"分散效应",如人才、资金、信息、财富等向城市中心区位集中。然而,"集中"与"集聚"在全球网络社会一体化时代,其一字之差却有很深刻的学理意义。"集聚"不一定在某个区域的中心位置,可以在任何地方展开并带来特定的专业化效应,这种经济与文化要素"集聚"会产生相应的"扩散"效应。在一定意义上而言,"集聚效应"和"扩散效应"具有等值性,甚至通过网络可以是"扩散效应"大于"集聚效应",并在社会网络时代形成"集聚与扩散"的新范畴与新概念。这就是网络时代所提供的网络空间的某种"特质均等化"、信息传递高速化、监管控制远程化和可视化等新公共共享平台的价值及功能,亦如网络流行语所言,"网络时代,我在哪里,哪里就是中心!"

全球网络社会在改变着传统区位观和时空观,实体空间区位在智慧产业、高端服务业、网络金融业、文化创意产业、现代智慧物流业等领域已经不具有决定性影响,传统区位论中"土地级差"理论的影响因子和限制正在减弱。一旦某一生活和经济要素形成集聚节点,就会构成某种"网络集聚动因",通过网络社会一体化的整合,在原来非中心地带快速集结构成新的集聚节点,并可以快速扩散和放大。这一"集聚与扩散"过程与传统的城市生态结构演变不尽相同,"集中与分散"更适应于传统区位观,而网络社会非中心化的"集聚与扩散"在更深层上表现了网络时代的特点,可以重塑和再造"人文区位"。换言之,全球网络社会时代的"全球乡村"的人文区位价值是可以人为创造的。

纵观和比较全球城市生长历史,其影响因子排第一位的是"文化吸引力",这也是网络社会研究者强调的《认同的力量》,我们把它解释为"文化认同的力量"。文化认同既有历史传统的价值与意义,又有建构、塑造、规划的意义,它和历史沉淀下来的"集体记忆"和"集体良知"结合是全球城市"本源价值"和原动力所在,能够成为一线全球城市的无不是具有全球文化认同价值的城市,也是文化软实力能级最强的城市。哈佛大学教授约瑟夫·奈的"软力量"(Soft Power)概念被广泛认同,软力量五要素占第一位的是"文化吸引力";第二是"思想/意识感召力(价值观)";第三是"政策影响力(包括国际政策影响力和国内政策影响力)";其四是"框架(机构体制)约束力";最后才是"跨国公司控制力"。[31]第四项是具有深刻的文化内涵的基础和前提,囊括了思想、机制、政策等因素,然后才可能产生"跨国公司的集聚与控制力"。虽然全球城市必备的要素和功能很多,但是能够形成并产生全球城市的"内生机制"——"城市文化自觉",作为首要因素,但却往往被我们所忽视。不应否定的是:全球城市的"文化认同",也是投资者、创业者、科技工作者的文化认同,同时也必然是全球休闲和高端商务旅游的目的地城市,纽约、伦敦、东京和巴黎等皆大体如此。"文化向来是强者的武器"[32]，非洲研究、开发管理协会创办人和会长提出一个基本命题"文化是制度母"[33]。是什么样的文化养成并造就了全球城市价值？回答是：市民社会的文化场域建构是一般城市能够发展为全球城市的内在"文化动力因"，也是终极"文化动力因"，同时还是文化自觉与自为意义的制度文化土壤。然而，萨森的《全球城市：纽约、伦敦、东京》一书没有论及全球城市文化要素，也没有论及城市所传承的市民社会的契约精神、制度文化等内容，更没论及市民社会体系对全球城市成因的影响。2002年，萨森又主编了《全球网络：相互关联的城市》一书，从全球城市网络的角度研究了大都市的功能与价值，但在"全球城市"网络时代的研究视角上，萨森仍然忽略了"全球城市"的文化传统传承的价值与功能、内生动力与社会体系创新发展原因的研究和表述，忽略了"全球城市"之所以能够成为全球城市的内生文化动力源泉的解析。当然，这一点也不应该苛求，或许只是研究角度或研究范畴不同。但是，我们过度强调全球城市的现状与存在、要素与样态的价值，结果可能会导致中国全球城市创建只能在外部要素上进行装扮与模仿，关键是网络时代的全球城市成长理论研究认知在本质上已经今非昔比了。

我们可以看看纽约、东京、伦敦和巴黎全球城市在特色文化和"城市文化资本"再生产意义上所表现出的文化自觉与自为，特别是全球城市养成的社会与文化土壤创新经验，这对我们探究全球城市的本质是有价值的。

托马斯·科斯纳说："纽约是一座与众不同的城市。当提到波士顿、费城、芝加哥或者旧金山时，人们通常会谈论这些城市里的人们在想什么或者做什么，可是没有人在提到纽约的时候会谈论它的人民，而只会谈论这个城市本身。因为这座城市比它的人民伟大得多！"[34]毫无疑问，在此纽约城市的价值胜过"纽约人"的价值。这一观点虽然有些偏激，但至少告诉了我们：纽约作为全球城市的文化特殊性——

城市已经成为一种文化类型和文化模式。很多学者都认同"纽约始终是一座'文化大熔炉'、一个新旧事物的交汇点、一种将新世界转变成美国所必需的催化剂。"[35]文艺作品所描述的纽约"既是天堂也是地狱",是一个现实与未来空间与时间"折叠"的文化场域,"纽约是最能体现美国精神的城市……容纳着来自地球上每一个国家的人们,这座城市使他们受到同化如此成功,以至于每天有300人宣誓成为美国公民……认为新世纪的挑战会击败这座令人赞叹的城市的想法是十分荒谬的。"[36]对纽约的论断各种各样,充满了作者的认知、感知和偏见,这些至少告诉我们,城市是"改造人类的主要场所"[37],是某种文化认同构成了纽约成为世界城市的土壤,是市民社会的文化养育而使纽约成为"全球城市"并创造了"纽约价值"。

东京在全球城市成长路上一直在刻意独创"东京价值"——一种东西方文化融合、历史文化传承与世界文化融合的价值。在全球城市中,东京首创了"创造型都市产业"体系,其本身就具有深刻的文化与制度创新意义,其发展内核是本地文化与全球文化的相互融合、相互渗透、相互嵌入的典型"东京文化+"的文化再生产价值。新制度经济学代表人诺斯指出:"制度是个人与资本存量之间,资本存量、物品与劳务产出及收入分配之间的过滤器。"[38]"东京文化+"的价值创新策略是"本土自主创新"与"文化拿来主义"融合的产物,典型的"城市文化资本"+货币资本+创意阶层为结构体的"创新型都市产业"。首先,东京的现代发展过程,经济与产业选择重点之一是公共需求型产业的创新,在环境、健康、医疗、福利、文化和危机管理等领域研发新技术和新产品,并将成果重点应用于文化和社会公共需求的各个领域。其次,文化传播型产业的创新。充分利用东京个性文化和感性文化,以动漫创意、设计、时尚等文化附加值高的产业丰富东京的文化内涵,提升东京文化软实力和世界范围的"身份识别"度,如在服装文化引领时尚创新方面可以与巴黎并驾齐驱。再次,建构了创新型的"都市功能促进型产业"政策机制,以"文化＋"促进产品功能叠加并创造新价值,促进城市功能和城市生活方式的更新换代,进而成为世界消费与创新之都,像信息化家电、微型机器人和智能家居服务等。比如,2006年东京公布了"10年后的东京"[39];2009年又公布了"创造型都市产业"[40]和"动漫文化产业活性化计划"等。在城市特色产业发展上,东京的突出特点是充分开放和融合化的国际化开放,强调主动与先进文化嫁接、互动、扬弃、创新、融合和整合。

伦敦作为全球城市典范,在于从工业化以来给世界提供了市民社会的"绅士文化"土壤,全民认同的绅士风度文化养成了独具特色的全球城市——"伦敦风度与价值",甚至成为全球的城市生活和符号化标识样板。一位著名的英国诗人曾满含激情地说:"即便英格兰民族不能给世界留下别的什么东西,单凭'绅士'这个概念,他们就足以造福人类了。"早在19世纪末的维多利亚后期,以伦敦为主的"全民绅士化"文化潮渗透于市民的血液之中。从传统绅士的"诚实、慈爱、自由、勇气、等级、责任",转化为现代绅士的"进取、果敢、冒险、积极",这可以理解为其提供了伦敦成为全球城市的价值理念与文化土壤。2003年伦敦市长公布了《伦敦:文化资本,市长文化战略草案》,提出文化战略要维护和增强伦敦作为"世界卓越的创意和文化中心"的声誉,要把伦敦打造成为世界级文化城市。同样,巴黎、柏林、纽约、东京、首尔、新加坡等全球城市都提出了全新的城市文化发展战略。伦敦这个全球最有文化个性的城市的形成,既源于这个国家的历史传统,更源于这个城市社会文化精英群体的创造,最集中体现在城市个性文化符号——也是这个城市的文化资本构成,全球熟知的"绅士风度"和全球范围可清楚辨识的城市符号:老爷车、红色双层巴士、红色电话亭、红色邮筒、报亭和绅士雨伞、文明棍、礼帽……这个城市既创造了全球独一无二的文化,也创造了全球最具个性的精神理念——"让城市充满选择机会"。如果一个人在城市里有无限可能,这个城市就必然有无限的创新力。伦敦市长文化战略中还有这样一句话:"文化是促进理解、形成城市特征的强大力量。它可以跨越障碍,颂扬差异,激发灵感,带来教益,创造财富。"[41]其中,"跨越障碍,颂扬差异"是很多城市难以做到的。

"某些著名的城市,如巴比伦、罗马、雅典、北京、巴黎、伦敦等城市成功地支配了各自国家的历史……那只是因为这些城市始终能够代表他们民族的传统文化,并把其大部分留传给后代。"[42]我们更要关注这样一种文化价值取向,城市社会历史的发展过程也告诉我们:"最卑微的居民则可以将自己同城市的集体人格联系起来,同城市的权力和光彩联系起来。"[43]"我是纽约人""我是北京人""我是巴黎人"……这是我们建设"城市如家"这一理想家园的本质原因,也是全球城市应有之功能。芒福德强调的城市作为文化的容器,作为一种有教化作用的有机体,是养成全球城市的土壤和机制,而特色文化是全球城市最为显性化的隐喻与特质。所以,全球城市的文化要素和市民要素面向全球城市的优秀传统和文化场域,表达了全球城市的公平与公正及契约精神……这些恰恰是全球城市的真正价值和内在动力所在。这些内容还包括:完整的知识产权保护机制与制度、国际化的法律与工程医疗服务体系、跨国际的研发机构与制度体系、跨文化的物馆创新与运营体系、国际融合化的研究型一流大学、创意阶层与中产阶级的绅士化样板、市民的开放意识与爱国主义情操等。全球城市除了要成为一定区域的政治、经济、金融、商贸、科技、生产、消费和创新中心之外,一定是某种意义上的地点精神、场域精神、历史传统、文化传统体验的创新中心,也是一个国家和民族文明的展示中心。"西方文明已经积累的经验、工业化、城市化、高技术、民族国家生活在'快节奏'之中。他们对现代各种优先权——职业、办公室、个人责任、科层制、自由民主、宽容、人道主义、平等主义、独立实验、评价标准、中立性程序、非人性法则,以及理性化提出挑战。"[44]现代意义上的全球城市要创造全新的文化认识方式,这里要强调的是,目前存在的全球一线城市,面对网络社会产生的"全球城市病",某些功能已经在退化,基于文化认同感而形成的国家认同感"乃是他们个人安身立命最基本而不可或缺的认同所在,是他们赖以为生的社会价值所系"[45]。

解构与重构：全球城市何以可为

全球城市的发展建构关乎"新世界秩序观"[46]。全球网络社会的智能化使全球城市经济发展的控制方式被改变,建构新的全球城市价值体系已经成为一种全球竞争理念。全球城市的控制功能不仅有经济和政治意义,更有文化输出中心意义,并构成大多数全球城市协调社会、经济、生活的一种进化形式与理念。[47]当代全球城市理论研究必须因势而变,获得新的"赋义"和"赋能",厘定新的概念与范畴。我们不得不承认,"全球化不再是一个单纯的经济、政治和社会学问题,它同时也是一个文化认同问题。"全球城市成长与发展的根源研究,也是一个探求真理的过程。因此,我们反思全球城市理论,是对全球智慧型社会网络影响下全球城市价值重构的回应,在新的层面上铸造新的适应网络时代要求的全球城市,赋予全球城市新的意涵并发出新的理论光芒。

对全球城市理论的反思,是一种城市文化自觉与文化自为的文化自信,是应对全球网络社会一体化而引起的高速社会变迁所采取的理论创新行为,是对全球城市理论的学理性与科学性的一种反思。因为"反思可能是纯的或不纯的",但我们应该采取一种方法,即"通过一种涤清(Katharsis)获得的"[48]。这种"涤清"就是对以往的(包括外来的)研究成果加以洗涤和扬弃,摒弃拿来主义的理念和做法,反思是为了更好地理论创新和理论建构。全球城市与世界上所有的事物一样,也存在相应的问题,在哲学意义上,"事物存在的本身就是问题",既存在着共性问题也存在个性问题。而且在网络社会智能化发展的时代，新技术革命也使这一存在出现新的层出不穷的问题且更加复杂深刻，虽然科学技术手段超过以往任何时代，但我们面对网络时代的社会问题，却常常无能为力。

通过反思与比较，在全球城市研究定位与构建上，我们应该把以往被忽略的关键性问题找回来，从探索本原的科学立场出发，找到建构全球城市亟待解决的问题。本文仅从三个层面提出国内全球城市建设的思考：

其一，全球城市建设缺乏世界性与地方性结合的经济与文化融合战略。纽约、巴黎、伦敦等世界一流城市十分重视本身的地方性文化价值再造，通过自身的"有为"，来充实城市的国际性价值。而我们的一些城市，只是一味地迎合而不是进行自身独有的价值创造，在全球化的浪潮中因缺失了地方性文化建设，在本质上丧失了世界性价值，弱化了全球意义上的"身份识别"度。因此，面对全球一线城市文化软实力建设，有四个维度应强化治理：市民社会的文化心理结构需要建构，城乡二元结构文化裂缝要弥合，市民社会文明风尚要纳入法治体系，城市现代文明生活样板阶层要重塑和建构。

其二，全球城市定位缺乏唯一性和创新性，缺乏世界范围的超前、超强和差异化"三位一体定位"的战略，多是模仿或总是亦步亦趋跟在他国的后面，原创价值不足，导致城市价值链缺少国际"网链式"的结构关系，往往处于国际城市产业与文化价值链的低端环节。同时，国内城市定位的雷同化竞争加剧了这一事态，使城市内部和城市之间存在典型的"产业结构空洞"盲目计划与竞争，周期型的产业结构过剩和调整，使城市空间传统价值传承、传统产业文化传承、城市历史荣耀传承和城市政治的文化理念传承等，因人因事因政策或变化或不持续形成文化断裂。

其三，全球城市的国际化开放和世界"身份文化识别"缺乏顶层战略。在体制文化、法律文化和市场文化等结构创新方面，特别是文化综合治理上不能与国际相关领域相互融合，缺少差异化文化的认同与涵容能力，甚至在国内的城市之间也存在多种经济和文化壁垒。因国际文化认同差异较大，国际高端人才和企业难以形成规模化和国际化集聚效应。比如，硅谷模式始终未能在中国发生，其中原因很多，主要是既没有与国际接轨的法权和法人意义上的"城市法人金融体系"，也没有适应全球化的地方城市法规体系（中世纪以来，西方就有了城市法），城市也必然缺乏国际化生活体系的市民社会的创新空间，"国际自由港"的生活体系需要在新层面加以创新。

总之，全球城市的最低文化价值是国际化的文化认同价值，这对于中国的全球城市建设来说是需要深刻思考的。意大利哲学家乔万尼·波特若在430年前就提出了"城市伟大文化"的建构与认知——"城市的伟大被认为是什么？城市被认为是人民的集合，他们团结起来在丰裕和繁荣中悠闲地共度更好的生活。城市的伟大被认为并非其处所或围墙的宽广，而是民众和居民数量及其权力的伟大，人们现在出于各种因由和时机移向那里聚集起来：其源，有的是权威，有的是强力，有的是快乐，有的是复兴。"他还说："要把一城市推向伟大，单靠自身土地的丰饶是不够的。"[49] 抑或可以说，单纯靠基础设施建设是不够的，给予世界的应该是"正义、和平和丰裕"。波特在430年前的观点仍让我们受到震撼。当今，我们必须以突围的方式和超前定位的战略模式，走在世界发展、创新的前列，创造有文化认同的"全球城市"。挖掘传统、创新优势，加长板、补短板、去烂板，建构全球城市竞争的蓝海，强调传承城市传统，立足本地特色，建构全球视野，凸显中国符号，培育文化自觉的创新文化自为主体。

全球城市的养成是一个历史进化过程，我们应从经济与文化价值的"全球文化价值反射"的角度，采取全球城市价值高端介入战略，培育全球城市的内生机制和内在动力。第一层次：培育城市文化资本与区域经济资本的再生产能力，建构吸收与反射全球城市创新要素的"介质"与"界面"。如在政策、法规、人才制度、开放准入、市民契约精神、国际化服务能力等方面，首先是能够吸收，然后才是创新。第二层次：与"全球城市"建构的"文化认同式"文化直接对话，主动吸收、改造、嫁接、融合全球城市创新发展的因子，形成交互式的经济文化对接管理，强化与全球城市同步的价值取向。第三层次：建构适合"全球网络社会结构"发展的国际化创新体系，如国际文化认同意义上的社会诚信体系、与国际接轨的营商环境体系、与国际接轨的"非登记企业"经营模式的创新机制等。从国际经济的反射中心发展为"全球有机秩序节点"，最终成为全球城市——"世界经济文化秩序控制中心"。

以创新获得文化认同是全球城市的基本功能。建构全球城市除了要发展经济、参与全球竞争之外，更重要的是掌控全球城市的"话语权"，建构中国城市的文化首位度、识别度和文化认同度。"21世纪的竞争将不再是意识形态的竞争、经济的竞争、军事的竞争，而是文化的竞争。"[50]全球化带来了对传统文化认同的解构，新的文化价值和文化认同又因为过快的文化更替而缺少生长的稳定条件，导致当下中国社会普遍存在文化认同的"空场"现象。社会学家贝尔指出，"最终为经济提供方向的并不是价格体系，而是经济生存于其中的文化价值体系"[51]。文化认同是全球城市的底色，是产业、人才能竞相腾飞的根本动因，在网络社会一体化时代的地域比较优势，其实质就是城市的人文区位优势，是城市作为地域生产力的集中表现形式，人文精神意义上的文化认同是区位的"质性"价值。区域与国家间的竞争从以往的企业为主体竞争，已经转而为以城市为主体的竞争——即使从价值链的垂直分工和全球空间再配置间的关系看，国家与区域竞争者的空间存在实体形式就是城市。[52]

我们还是用费比恩在剑桥的演讲对全球城市——伦敦的梦想型描述作为结尾：全球城市（伦敦）应该是一个"多侧面"的城市，应该保留"紧凑多中心"的城市结构,而且使乡村得到保护;新的发展方向之一是"有利于公众交往","最大限度地增加人们的接触机会和发展多样性,促进积极的公共生活";仍然要按照国际标准保证城市生活的公正性,成为"人人参与的自治城市,人人都可以公平地享受财富、正义和机会";应该创造循环式的生态城市,做到"对环境的索取和给予相等";城市要有一个开放的胸怀,"能够接纳新建筑思想和容许进行新建筑形式的试验,应该巩固和加强作为一座美丽城市的声誉,让它的艺术、建筑和景观具有迷人的魅力"。这里没有提出大机场、大交通等方面的希望,或许就是萨森所谓"全球城市"养成的社会土壤,恰恰是我们忘却的,也是中国大城市需要建构的。

注释

[1] 曼纽尔·卡斯特:《网络社会的崛起》,夏铸久、王志弘等译,北京:社会科学文献出版社,2001:569,509。

[2]《马克思恩格斯选集》第1卷,北京:人民出版社,1957:601。

[3][6][7][17][19] 马克·戈特迪纳、莱斯利·巴德:《城市研究核心概念》,邵文实译,江苏:江苏教育出版社,2013:50,51,54,51,51。

[4] 丝奇雅·萨森:《全球城市:纽约、伦敦、东京》,周振华等译,上海:上海社会科学出版社,2005:1—2。

[5] 安东尼·M.奥罗姆、陈向明:《城市的世界:对地点的比较分析和历史分析》,上海:上海人民出版社,2005:61。

[8] 安东尼·吉登斯:《失控的世界》,周红云译,南昌:江西人民出版社,2001:8;伊夫·格拉夫梅耶尔:《城市社会学》,徐伟民译,天津:天津人民出版社,2005:111。

[9] 安东尼·吉登斯:《社会的构成》,李康、李猛译,北京:生活·读书·新知三联书店,1998:240。

[10][11] 西蒙娜·薇依:《扎根——人类责任宣言绪论》,徐卫翔译,北京:生活·读书·新知三联书店,2003:1,3。

[12] 保罗·诺克斯、琳达·迈克卡西:《城市化》,顾朝林等译,北京:科学出版社,2009:3。

[13][16] 邓正来,J.C.亚历山大:《国家与市民社会———种社会理论的研究路径》,北京:中央编译出版社,1999:33,203。

[14]《马克思恩格斯全集》第 1 卷,北京:人民出版社,1956:479;第 26 卷,1961 年,第 586 页;第 7 卷,1959:404。

[15]《马克思恩格斯全集》第 46 卷上,北京:人民出版社,1959:18。

[20][51] 丹尼尔·贝尔:《后工业社会的来临——对社会预测的一种探索》,高铦等译,北京:商务印书馆,1984:348,305。

[21] 卡尔·艾博特:《大城市边疆——当代美国西部城市》,王旭译,北京:商务印书馆,1998:135;詹姆斯·万斯:《旧金山海湾地区的地理与城市的演化》,伯克利:加利福尼亚大学,政府研究所,1964 年;梅尔文·韦伯等:《关于城市结构的探索》,费城:宾夕法尼亚大学出版社,1964:79—153。

[22] 曼纽尔·卡斯特:《网络社会的崛起》,夏铸久、王志弘等译,北京:社会科学文献出版社,2003:120;莱斯特·瑟罗:《资本主义的未来:当今各种经济力量如何塑造未来世界》,周晓钟译,北京:中国社会科学出版社,1998:112;尼葛洛庞帝:《数字化生存》,胡泳、范海燕译,海口:海南出版社,1997:213—214。

[18][23] 参见曼纽尔·卡斯特在中国信息化百人会上的发言,"网络经济有五个相互关联的维度,中国需更加关注技术创新",中国信息化协会秘书处发布,2019 年 3 月 4 日。

[24] 安东尼·吉登斯:《失控的世界》,周红云译,南昌:江西人民出版社,2001:8。

[25] 莱斯特·瑟罗:《资本主义的未来:当今各种经济力量如何塑造未来世界》,周晓钟译,北京:中国社会科学出版社,1998:112。

[26] 威廉·J.米切尔:《比特之城·空间·场所·信息高速公路》,范海燕、胡泳译,北京:生活·读书·新知三联书店,1999:25。

[27] 笔者主持了中国第一个国际慢城的《南京桠溪国际慢城的概念规划与策划》(2011 年),目前已经成为世界慢城总部,是全球化乡村的一个样板。

[28] 亿邦动力网:《阿里巴巴2018电商数据:这十个县淘宝村最多》,2019年1月9日。

[29] 曼纽·卡斯特:《网络社会的崛起》,夏铸久、王志弘等译,北京:社会科学文献出版社,2003:509。

[30] 乔治·里茨尔:《虚无的全球化》,王云桥、宋兴无译,上海:上海译文出版社,2006:110。

[31] 约瑟夫·奈:《软力量:世界政坛成功之道》,吴晓辉、钱程译,北京:东方出版社,2005:5。

[32] Anthony D. King (ed.), *Culture, Globalization and the World-System: Contemporary Conditions for the Representation of Identity*, Minneapolis: University of Minneso ta Press, 1997.

[33] 塞缪尔·亨廷顿、劳伦斯·哈里森:《文化的重要作用:价值观如何影响人类进步》,程克雄译,北京:新华出版社,2010:120。

[34] 托马斯·科斯纳:《资本之城》,万丹译,北京:中信出版社,2004年,序言。

[35][36] 乔治·J.兰克维奇:《纽约简史》,辛亨复译,上海:上海人民出版社,2005:1,326。

[37][43] 刘易斯·芒福德:《城市发展史——起源、演变和前景》,宋俊岭等译,北京:中国建筑工业出版社,2005:582,53。

[38] 道格拉斯·C.诺思:《经济史中的结构与变迁》,陈郁等译,上海:上海人民出版社,1995:225。

[39] 参见东京都政府网站:http://www.chijihon.metro.tokyo.jp/10years_after/index.htm#index01.

[40] 参见东京都政府网站:http://www.metro.tokyo.jp/INET/OSHIRASE/2009/01/20j1s400.htm.

[41] 参见伦敦市政府网站:http://www.london.gov.uk/lcsg/what-we-do.

[42] 陈一筠:《城市化与城市社会学》,北京:光明日报出版社,1986:54。

[44] 瑞泽尔:《后现代社会理论》,夏立中等译,北京:华夏出版社,2003:12。

[45] 埃里克·霍布斯鲍姆:《民族与民族主义》,李金梅译,上海:上海人民出版社,2006:5。

[46] 包亚明、Sharon Zukin:《城市文化》,张廷佺等译,上海:上海教育出版社,2006:1。

[47] Allen J. Scott. "Globalization and the rise of city-regions." *European Planning Studies*, vol.9, no.7 (2001): 813—826.

[48] 萨特:《存在与虚无》,陈宜良等译,北京:生活·读书·新知三联书店,1987:217。

[49] 乔万尼·波特若:《论城市伟大至尊之因由》,刘晨光译,上海:华东师范大学出版社,2006:3。

[50] Samuel P. Huntington."The Clash of Civilizations?" *Foreign Affairs*, vol. 72, no. 3 (Summer 1993).

[51] Kogut B., "Designing global strategies: Comparative and Competitive Value-Added Chains." *Sloan Management Review*, vol.26, no.4 (1985): 15—28.

[52] 费比恩:《进化》,王鸣阳译,北京:华夏出版社,2006:84。

21世纪西方城市研究的"城市化"转向

肖 俊 李志刚[①]

一、引 言

进入新世纪,随着新型城镇化成为国家战略,国内学界对于城市化问题予以热切关注[1,2]。根据联合国最新发布的《2014年世界城市化展望》(*World Urbanization Prospects* 2014),目前全球已有54%的居民居住在城市;预计2050年这一比例将达到66%;世界城市人口从1950年的7.6亿增长到2014年的39亿[3]。在此背景下,近年西方城市研究(重新)开始关注"城市化"问题,诸多著名学者和研究团体参与、发表的文章和专题研究日益增加。虽然国内城市化研究所关注的问题与西方有很大差异,但此轮城市研究的新动向与中国相关,值得开展进一步对话。为此,本文拟对此类研究进展予以评述,以此拓展国际视野,推动本土研究发展。

西方新的"城市化"研究如何兴起?关注哪些问题?有哪些主要

---

① 国家自然科学基金(41422103,41130747,41501151)资助。肖俊(1981—),男,武汉大学城市设计学院。李志刚(1976—),男,博士,武汉大学城市设计学院院长、教授、博导,中国城市规划学会理事,国外城市规划学术委员会副主任,本文通信作者。

理论？对于当前我国城镇化与城市研究有何意义与启示？为此，笔者将在后文对相关文献或研究进行解读，聚焦不同研究主体（人物）、流派及其学术渊源；同时，注重将文献联系起来进行解读；此外，此项研究以推动本土研究为出发点，力求从本土化立场出发展开分析。具体操作方法上：主要收集和整理了 *Progress in Human Geography*，*Urban Geography*，*City*，*Urban Studies*，*International Journal of Urban and Regional Research*，*Geoforum*，*Environment and Planning D：Society and Space* 等核心西文期刊，分析其 2010 年以来的有关文献；查阅了 *Implosions/Explosions：Towards a Study of Planetary Urbanization*，*Worlding Cities：Asian Experiments and the Art of Being Global*，*The New Urban Question*，*Urban Constellations* 等专著；此外，访问了哈佛大学的 Urban Theory Lab、苏黎世理工大学（新加坡）的 Future Cities Laboratory、伦敦大学学院（UCL）的 UCL Urban Laboratory 等相关"城市实验室"的网站和移动平台，它们是相关研究成果的主要发布平台。

二、问题缘起

早在 1996 年，联合国人居署就断言人类已经进入"城市时代"：人类历史上首次出现了城市人口超过乡村人口的情况[4]。不过，各国"城市化"水平的测算标准千差万别。那么，城市化水平衡量的效度和信度如何？其测算方法是否正确？城市化能否以国家边界来划分[5]？哈佛大学教授尼尔·博任纳（Neil Brenner）等认为，联合国所提出的"城市时代"其实是一个比较混乱的概念：缺乏理论支撑、在实证方面站不住脚，甚至只是一场数字游戏[5,6]。法国哲学家列斐伏尔（Lefebvre）曾预言 100% 城市化时代的到来，将其视为一场"爆炸"，强调其史无前例的集聚与扩散效应[7]。当城市化拓展到全球的时候，城市化作用已经无处不在，对它的认识必须是"总体性的"[8—10]。列斐伏尔的理论素以抽象著称，如何将其与当前城市化现象相联系，则成为一个当代问题。

经典城市理论认为，存在纯粹的城市空间（城市）与"非城市"空间（乡村），并以此为其认识论基础[6]。社会学家路易斯·沃斯（Lewis Wirth）强调城市的人口和社会属性：城市特征包括人口规模、密度和人口的多元异质性三个方面，用以划分城乡[11]。基于类似认识，芝加哥学派的因子生态学[12]，以及计量革命下的城市空间结构研究[13]，再到基于世界体系理论的全球城市研究[14]，以及洛杉矶学派的后现代主义城市[15,16]，均强调城市和乡村的空间边界，将城市视为以地域边界为基础的、围合的空间单元。进入 21 世纪以来，城乡互动愈加频繁，物质和信息的流动更加快速便捷，城市空间更加具有动态性、流变性，已经很难找到纯粹的乡村地区。由于城市化力量的无处不在，以及各种要素流动性的空前强化，城市理论所继承的传统——也就是以"人口""行政边界"为划分基础的方法论——就出现了适用性问题。也就是说，不能再将空间理解成某种固定不变的空间单元，用城乡二分或者"城市—非城市"来做简单的空间区分[17]。

第二，目前，越来越多的城市研究表现为实证研究或案例研究，研究面临沦为城市现象的单纯记录的问题，尤其在方法论和认识论方面需要创新。面对城市的复杂性，很多研究只是将差异化的城市空间现象归因于背景差别（制度、文化、历史等），或者强调具体的、现实的、差异的现象描绘，往往忽略总体性的理论建设[18]。总体上，新世纪的城市研究面临着理论匮乏的危机。

第三，从文化角度看，传统城市理论多以城市代表先进、以乡村代表落后。因此，从农村、城郊到城市，既是一种空间划分，也是一种演变过程或历史过程：从落后到先进，从传统到现代，从边缘到中心[7,19]。相似的逻辑出现在所谓"北半球"与"南半球"之间，现代历史被描绘为落后国家(发展中国家和第三世界国家)复制和追赶发达国家的过程,在城市化方面也是如此。这种逻辑存在两个方面的问题。一方面,传统城市理论多建立在西方经验之上,以欧美为中心,而当代城市化的主要发生之地是在发展中国家,经典理论不一定适用[20];另一方面,在一个城市化普遍存在,设施状况、知识水平愈发扁平的时代,欠发达国家的城市并不一定延续发达国家的城市化路径,可能更加进取、更加创新,发展中国家并不甘于只做知识生产体系中被边缘化的"学生"。正是基于这样的背景,21世纪西方城市研究开始表现出对城市化问题的(重新)关注,具体表现在三个方面——尺度转向、比较转向和后殖民主义转向。在研究视角、研究对象和立场方面,出现了新发展和新变化(表1)。

三、尺度转向

该领域的核心人物包括亨利·列斐伏尔(Henry Lefebvre)、尼尔·博任纳(Neil Brenner)、克里斯蒂安·施密德(Christian Schmid)、安迪·梅里菲尔德(Andy Merrifield)等。就理论脉络而言,多属西方新马克思主义者,研究方法倾向于政治经济分析,延续着列斐伏尔、大卫·哈维(David Harvey)、曼纽尔·卡斯泰尔(Manuel Castells)等人的政治经济分析脉络,尤其关注"城市问题"[21,22],其讨论主要围绕"全域城市化"展开。具体而言,"全域城市化"早年由列斐伏尔提出,指的是全球尺度下的城市系统,意味着远离传统城市地区的外围地区已被全面纳入城市体系,甚至一般意义上的自然空间如丛林、山脉等也都已经进入城市运作体系,成为其中的一部分[7]。建立这一视角,目的是超越传统的城乡二分观念,进而实现城市理论范式的革命。这是因为,基于全球化、信息网络的影响,城市、乡村已经发展出愈加广泛的普遍联系,因而对当代城市化的解读,已经不能局限

表 1 20世纪以来西方城市研究的发展进程

阶段划分	时间段	主要理论	关键词	研究方法	主要人物
第 1 阶段	1920—1970	城市社会学	空间结构、城市生态学、空间行为	参与观察、因子生态学、空间计量	芝加哥学派(1925) 帕克(Park)(1925) 沃思(Wirth)(1925) 佐尔博(Zorbaugh)(1929)
第 2 阶段	1970—1980	马克思主义	城市问题(urban question)、资本、土地市场、阶级斗争	政治经济分析	哈维(Harvey)(1973) 卡斯泰尔(Castells)(1972) 列斐伏尔(Lefebvre)(1970)
第 3 阶段	1980—1990	女权主义	性别、不平等、种族	民族志、质性研究、扎根理论	马西(Massey)(1991) 麦克道尔(McDowell)(1983)
第 4 阶段	1990—2000	全球城市	世界体系、全球城市、全球化	政治经济网络分析	弗里德曼(Friedmann)与沃尔夫(Wolff)(1982) 萨森(Sassen)(1991)

(续表)

阶段划分	时间段	主要理论	关键词	研究方法	主要人物
第5阶段	2000—	尺度政治学(Scale)	尺度、尺度重构(rescaling)、国家、管治	政治经济	博任纳(Brenner)(1999) 科克伦(Cochrane)(2006) 哈维(Harvey)(2007) 杰素普(Jessop)(1997)
		比较城市化(comparative urbanism)	南半球、比较、联系、世界主义	文化研究、政治学、民族志	罗宾森(Robinson)(2006) 罗伊(Roy)(2011)
		世界的城市(worlding city)	后殖民主义、贫民窟、庶民	政治学、人类学、文化学	罗伊(Roy)与王(Ong)(2011)
		集合城市化(assemblage urbanism)	集合(assemblage)、流动性	行动者网络理论	麦克法兰(McFarlane)(2010) 王(Ong)与科利尔(Collier)(2004) 萨森(Sassen)(2008)

资料来源：根据参考文献[33]整理而成

在纯粹的地方、区域或者国家范畴之内,20世纪70年代后的城市化理论需要"尺度"转向,将其分析上升到全球尺度,视其为全球尺度的经济、政治和社会空间转型的呈现。具体而言,"全域城市化"表现包括四个方面:第一,城市化的尺度空前扩大,已经拓展到巨型城市走廊、"城市区域"或城市群;第二,城市中心功能日益分散化,扩散到城市外围地区;第三,自然界和乡村地区成为这一"城市社会"的"后台",为其提供支持;第四,完全意义上的自然界已经终结,无论是沙漠还是雨林,都已经被纳入到城市化的影响之下[5,17]。因此,城市化无处不在,表明资本主义的"空间修复"已经在全球尺度上完成[23]。要理解当代社会,就必须理解城市化及其在全球尺度的无限拓展,这就需要将城市化置于与工业化、现代化、民主化等概念同样重要的地位,用以解析现代资本主义社会及其本质[7]。由此可见,作为一种视域,"全域城市化"的目的在于强调将城市化现象置于理解当代社会的中心地位,用以解析当代社会运作机制及其空间逻辑。具体而言,目前主要有两种逻辑的全域城市化研究,分别体现为"过程"逻辑和"政治"逻辑。

一种是过程逻辑,强调对传统上基于城市及城乡边界的城市理论的解构,将城市化现象由静态转向动态分析,把握跨越各种边界、尺度的城市化现象的动态性、流变性。这方面的代表人物包括博任纳、施密德等,以博任纳在2014年出版的 *Implosions/Explosions: Towards a Study of Planetary Urbanization* 文集最为典型。如果城乡边界不再是界定城市的认识论基础,那么该如何定义城市?博任纳认为,城市化研究包括"表象"(nominal essence)和"本质"(constitutive essence)两种认识论(图1):前者重在描述空间现象、格局,后者重在研究过程、机理。全域城市化研究强调对后者的关注[6],认为"集聚"与"扩散"并非固化的空间形态,也并非割裂的时间序列,它们既相互联系又相互冲突。类似的逻辑出现在由"全球城市"向"全球化城市"研究的转向中,前者强调的多是"全球城市"在全球尺度的管理、协调和控制功能(主要是经济);后者则更注重过程,进而展现全球化下城市空间重构的过程性、复杂性和多样性[24]。借鉴列斐伏尔的物质空间、"再现空间"和"空间再现"等三类划分,全域城市化研究主要关注三种(空间)生产:物质生产(建成环境的生产)、知识生产(管制与再现)和意义的生产(社会化与传播)[5, 19]。在具体研究方法上,主要表现为苏黎世联邦理工大学(ETH Zürich)的施密德教授等对瑞士的研究,他们探索了"去边界"的空间可视化表达方式[25],提出新的分析方法[10]。全域城市化研究的发展方向主要有三个方面:(1)城市景观的"创造性毁灭"问题——不同地方、不同尺度、不同国家的情况如何,新变化与旧格局如何互动,其背后的政治经济机制如何;(2)城市化的地理学——集聚与扩散是如何相互联系和演化的,城市化扩散在何种程度上服务于当代社会演进,资本主义扩张在何种程度上影响或阻碍城市化进程,这些因素对未来人居环境有何影响;(3)政治运动问题——城市化对社会空间、社会环境、社会运动乃至日常生活的政治有何影响,在各种空间变化之下,新的政治局面是否会形成,等等[6]。

另一种是政治逻辑,强调全域城市化所带来的政治可能性,尤其与近年的"占领华尔街"运动相联系,将全球"城市社会"的到来视为资本扩张的极端形式,在社交媒体和互联网影响下,全球底层政治觉醒的条件已经具备,孤立的个体将被普遍动员,类似的社会运动将在各地复制[23, 26]。列斐伏尔认为,城市是"具体的抽象"(concrete abstraction),由"抽象空间"和"差异空间"的矛盾所决定[10];城市是权力博弈、协商和斗争的核心所在[19, 27]。在此基础上,列斐伏尔提出所谓"城市权利"的概念,强调城市居民(空间使用者)所拥有和行使的权利,通过集体行动以推动社会变革[26, 28]。在全域城市化时代,信息、媒介、知识、实践的地区联系空前加强,城市政治、利益博弈、空间权利的争夺将进入新的发展阶段,传统政治理念面临挑战[29]。从这一角度来看,城市化的全域性提供了新的政治可能[30]。例如,贾菲·威尔逊(Japhy Wilson)对墨西哥的区域规划项目进行实证,展现其区域重构进程中的政治斗争与博弈,反思规划所具有的"抽象的权力"(power of abstraction)[31]。格雷格·查诺克(Greig Charnock)等对巴塞罗那的城市重构进行研究,对相关概念如"全球竞争力""创意城市"进行批判,实证列斐伏尔对城市升级、绅士化、城市再生等方面的批判[32],等等。总体上,全域城市化是一种新现象,也是一个新概念,同时作为一个新的研究框架而推出。这一框架大体延续的是列斐伏尔的政治经济分析和大卫·哈维对于将空间纳入马克思主义理论体系的努力,力图超越原有城市化理论和研究范式,突出"全球"这一研究尺度,强调空间所具有的普遍联系、去边界化,以及空间在尺度内涵(比如政治)方面新的变化趋势。其次,面对越来越"后现代""人文科学化"的城市研究,学者们开始强调对空间及其规划研究和技术手段的重视,希望通过制定新的研究框架,实现对于当前碎片化的城市理论或技术手段的"统筹"或协同。最后,这一框架具有明显的政治经济分析及结构主义立场,体现当代西方学者特别是新马克思主义学者对于理论化和"宏大叙事"的一贯追求。不过,全球尺度的城市研究在实证方面的困难不小,在方法论方面也还不够牢靠[33];而且,在解构和建构之间,此类批判城市理论多长于解构,对于新范式的建构仍在进行之中[34];此外,从女权主义视角来看,此类研究还具有明显的"男权"特征,其推动者也多数是男性[20]。

四、比 较 转 向

相对于以结构主义和政治经济分析为内核的全域城市化研究,也有学者转向比较的视野,尤其关注欧美经验之外的发展中国家或第三世界国家经验,也就是对所谓"南半球"(global south)城市化的研究,以此对已有理论进行修正。该领域的主要研究者包括伦敦大学学院（UCL）的地理教授珍妮弗·罗宾森（Jennifer Robinson）、开普敦大学的苏珊·帕内尔（Susan Parnell）、曼彻斯特大学的凯文·沃德（Kevin Ward）等。总体而言，比较城市化理论的出现，体现的是研究者对于"主流"城市理论的不满，目的是缝合经典城市研究与当代城市化发生之地——南半球（发展中国家）的城市现实[35]。

城市化研究历来不乏进行比较分析的传统[36]，但以往的对比多限定在同一背景：如相同制度、文化或经济发展背景，较少进行跨国比较或对差异较大城市进行比较研究[37,38]。更为重要的是，西方人文科学传统上将西方视为正统，而将西方之外的社会实践要么视为后来者，要么视为异常或边缘化的"他者"。因此，传统城市理论具有"欧美中心主义"色彩。具体而言，城市理论的知识生产体制存在两方面问题：一方面是以欧美城市历史，特别是工业革命以来的历史为蓝本；另一方面是其结构表现为一种"理论核心—实证边缘"的生产体系，也就是说，这一体系主要以西方（主要是理论）为核心，以其他国家（主要是实证）为边缘，在传播上表现为有利于"北半球"而边缘化"南半球"经验。例如，城市理论如城市政体、城市增长机器、绅士化、新自由主义等，均以西方背景为基础，不管其适用性如何，近年得到广泛传播并成为"主流"；反观发展中国家或第三世界国家，其发源的普适性的、具有广泛影响的概念或理论寥寥无几。总之，这一机制将多数非西方国家视为数据来源地，而非理论生产之地[39]。

进入新世纪以来，随着城市化进程在发展中国家的大幅拓展，教条式的城市化理论与南半球丰富的城市现实之间的距离愈发明显，理论解释力缺位的问题突出；已有城市理论在社会、经济、权力、文化方面的重视无可厚非，但在发展中国家寻求发展、进步的背景之下，则显得不合时宜；在应用、实践与政策对策方面，已有理论与现实脱节的问题更加明显[40]。例如，"新自由主义"近年广受关注，被视为一种普遍

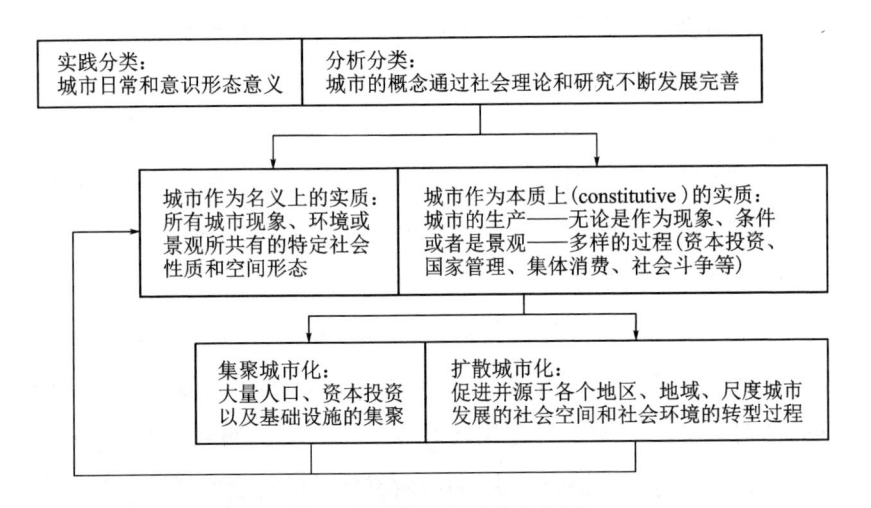

```
┌─────────────────────┬──────────────────────────────┐
│ 实践分类：          │ 分析分类：                   │
│ 城市日常和意识形态意义│ 城市的概念通过社会理论和研究不断发展完善│
└─────────────────────┴──────────────────────────────┘
        ┌──────────────────┬──────────────────────────┐
        │ 城市作为名义上的实质：│ 城市作为本质上（constitutive）的实质：│
        │ 所有城市现象、环境或 │ 城市的生产——无论是作为现象、条件 │
        │ 景观所共有的特定社会 │ 或者是景观——多样的过程（资本投资、│
        │ 性质和空间形态      │ 国家管理、集体消费、社会斗争等） │
        └──────────────────┴──────────────────────────┘
            ┌──────────────┬────────────────────────┐
            │ 集聚城市化：  │ 扩散城市化：            │
            │ 大量人口、资本投资│ 促进并源于各个地区、地域、尺度城市│
            │ 以及基础设施的集聚│ 发展的社会空间和社会环境的转型过程│
            └──────────────┴────────────────────────┘
```

图 1　全域城市化理论的特征

资料来源：参考文献[6]

适用的框架或话语体系,以至于当代所有城市现象均被视为与之相关,不同地区在"新自由主义"方面的差异只是因为其政治、经济背景不同而已[41]。但是,比较而言,新自由主义与发展中国家的城市现实其实并无太多关联:对亚洲而言,新自由主义不是政治经济运行的规则,而只是一种"例外",更应关注这一语境之外的人群,如贫困群体、工人阶级等[42]。相较新自由主义,贫困问题或地方政府角色等话题与发展中国家的现实可能更为贴切[40]。因此,城市比较,特别是南北半球城市的比较十分必要,用以理解多样化的城市现实。比较的目的,在于建立更为世界主义(cosmopolitan)的城市理论,突破以西方为中心的知识传统,强调"非西方"的城市经验[40,43,44]。具体而言,比较城市研究一方面强调检验单个城市规律的适用性[45],从而打破一元化的理论逻辑;另一方面,则是强调所谓"联系性的比较",包括:第一,将城市视为各种联系(社会、经济、文化、政治)发生的场域,是开放而不是封闭的系统;第二,城市空间是一个社会建构的"尺度",其特征由经济、政治、社会联系所决定;第三,比较的目的是建立已有理论和新的实证对象（如南半球）之间的联系，从而在理论上"回应"（theorizing back）前者[46]。

比较城市化研究多采用质性研究或"民族志"（ethnography）的研究方法，其"比较"不仅是一种方法，更是一种思维方式[47]。基于这一立场，学者们进行了诸多尝试。例如，尼克·克拉克（Nick Clarke）研究了英国城市与南半球城市结成"友好城市"的情况，认为南半球城市对北半球的学习带有其自身的目的性，呼吁进行"实际存在的比较城市化"[48]研究。保罗·韦利（Paul Waley）比较了中国和日本的城市化，强调区域背景对比较研究的重要性[49]；尚克（Shank）和纳加尔（Nagar）对美国明尼阿波利斯和印度锡塔布尔（Sitapur）地区居民的身份认同进行实证，揭示其城市化机制方面的共同之处[50]。其他主题包括对"政策流动"的比较[51]，对绅士化的国际比较[52]，对跨国移民的比较[53]，对城市社会运动的比较[54]，对城市文化、艺术活动、建设活动等的比较[55,56]，等等。

五、后殖民主义转向

同样基于所谓"南半球"的城市化经验，学者们通过借鉴文化研究领域的"后殖民主义"发展了新的研究领域。珍妮弗·罗宾森指出，已有城市研究忽视了"非西方"经验，造成一种研究上的"后殖民化"[57,58]。就发展中国家而言，它们不是全球化的被动接收者，而是主动参与全球资本循环的重要节点。后殖民主义转向的目的，是要实现城市化理论的"去殖民化"，拒绝把南半球经验视为"例外"或"他者"，转而关注城市文化、日常生活及其演进过程，从而抵抗南—北、现代—传统、发达—落后的二元划分。其研究多基于后殖民理论、女权主义、文化理论等，希望通过发掘不同于经典理论的城市化过程，进而改造城市研究本身。其主要学者包括加州大学洛杉矶分校的地理教授埃里克·谢泼德(Eric Sheppard)、规划教授安纳亚·罗伊(Anaya Roy)、人类学家王爱华(Aihwa Ong)等。

具体而言,后殖民主义城市理论多采用批判哲学如"后殖民主义"、爱德华·萨义德(Edward W Said)的"东方主义"、佳亚特里·斯皮瓦克(Gayatri C Spivak)的"庶民"(subaltern)理论等,批判殖民文化的宰制地位[59];同时,借鉴"德勒兹主义",否定历史的宿命论、目的论(例如,发展中国家发展的目的不是为了赶超西方)、强调未来的无尽可能性[60]。他们一方面反对二元划分,强调发展路径创新的多样性;一方面反对把西方视为现代性的模板或标准,反对将东方和西方的差异绝对化,进而强调对已有的再现或表征方式(研究方法)的反思和质疑。此外,后殖民主义对知识循环及其所表现的地理进行解析,强调知识生产的地点对其传播、功能和影响的重要意义,认为相同的知识在不同地区、不同时间会有不同的影响和结果[61]。

阿明(Amin)和格雷厄姆(Graham)指出,传统城市研究存在两种错误倾向:一方面倾向于将部分个别城市经验视为范式模板,进而强调其普适性,例如芝加哥、洛杉矶或纽约;另一方面则过于强调特定空间、场所或者特殊时期的局部经验,例如对CBD、金融区、高科技园区的研究,常常忽略这些地区所处的特定背景、区域、国家环境,而将其抽离出来进行探讨(或参考学习)。这两种倾向影响了人们对现实的把握[62]。那么,为什么部分城市常常被视为与现代化紧密关联(是发展的模板),而大部分城市则被视为缺乏这种关联,其背后的权力关系如何[63]?

后殖民主义认为,西方主导的知识体系是一种文化霸权。实际上,欧美主流城市理论已经被认为是一种"地区化"(provincializing)的知识体系,并不理所当然地具有普适性[64]。例如,如前所述,新自由主义就是一种"地区化"理论,有其特定的语境和适用范围,并不适合于所有国家[40]。通过强调城市理论的"地区化"特征,强调特定理论的适用时间范围与空间范围,后殖民主义将城市研究推向了新的发展方向[34]。欧美之外的其他地区(如中国)有其自身的路径或历史可能性[59,64]。也就是说,欧美历史是所有可能历史的一种,其他国家完全有可能创造不同于西方的发展路径,例如,安纳亚·罗伊对印度贫民窟及其非正规性进行研究,发现贫困窟居民创造了丰富的生产和生活战略,主动回避国家、资本或集体的影响,进而创造出所谓"贫民窟城市化"[65]。后殖民主义者强调城市化路径的多样性,为"南半球"经验正名。不过,尽管承认了这些主体(如新的城市化模式)的存在,后殖民主义的逻辑仍然落脚在边缘主体如何向中心趋同(例如,从落后向文明转型),并未完全颠覆"核心—边缘"的知识体制[59]。而且,虽然这些研究认识到了城市化路径的多样性和差异性,但仍然多以有色眼镜看待这些地区,将关注的焦点落在贫民窟、城中村等问题上。

为了打破这一格局,学者们呼吁关注"世界的城市"(worlding city)[66]。这一概念基于海德格尔和斯皮瓦克的"世界"理论;用"世界"的概念来表征第三世界国家或后殖民国家是如何"被带入"世界的,而这一世界是一个传统的、以主流西方国家经验为发展逻辑的世界[59]。在此,城市化就是对世界的一种"想象"形式,被用来抵抗殖民"伤痕"下的"被动的世界化"。西蒙娜(Simone)用"世界中"来界定非洲城市居民的生活状态,强调其特殊性和丰富性[67]。王和罗伊将"世界中"作动词使用,视其为"成为全球(状态)的艺术",并把它作为区别于已有城市研究本体论的抓手。她们强调,亚洲城市具有不同于西方的、多样化的"世界"实践,冀图以此"轰开"西方理论宰制的"铁幕"[35,66]。亚洲的城市化经验与西方经验有很大差别,例如亚洲的城市郊区与北美郊区有天壤之别,而且,很多新的城市实验或建设实践也并不是在西方"开端"的,相反,亚洲城市有时更加大胆、更具开拓精神,所以亚洲不是复制西方的城市化,而是在创造全新的世界经验。例如,在亚洲的城市化过程中,四个概念值得关注:边缘(peripheries)、非正规性（informality）、特区（zones of exception）、灰色空间（gray spaces）[65]；存在三种风格的"成为全球（状态）的艺术"：模式化、相互学习以及维稳机制[66]。这类尝试的目的，在于将后殖民主义视为一种新方法或新视角，希望通过对殖民文化体系的批判、通过打破已有理论的地理"想象"，为发展中国家和第三世界谋求理论生产的地位，从而传播更符合地方实践的城市理论和知识。

不过，后殖民主义视角下的城市化研究尚缺乏扎实的方法论基础，过于强调案例、实证以及对结构主义的否定，以至于被视为一种"新特殊主义"（new particularism）[33]。类似的，最近兴起的所谓"复合城市化"（assemblage urbanism），聚焦对城市现象的万花筒式现实的描述，往往忽视结构力量的作用[68]。

六、讨论与结论

列斐伏尔曾提出疑问，如果一个城市化的星球无法为其居民提供城市化的生活，那会如何？[29]面对今日中国快速城市化下出现的严重环境问题、经济压力和社会矛盾，列斐伏尔的疑问的确并非空穴来风。新型城镇化国家战略的推出适逢其时，表明国家力图通过健康的城市化实践，实现新发展和新跨越。2000年以来，对城市化的讨论开始充斥西方城市研究领域，出现了对于"城市化"（urbanism，urbanization）、"全域城市化""比较城市化""后殖民城市""地方城市化""世界的城市"等的广泛讨论，21世纪的西方城市研究正在经历一场"城市化"转向。随着史无前例的城市人口激增、发展中国家的大规模城市化、全球环境变化与社会运动，城市化（重新）成为城市研究关注的焦点。

综述表明，当前西方城市研究出现了尺度转向、比较转向和后殖民主义转向等三个方面的研究转向。总体上，这场以"城市化"为命题的研究转向，表现为认识论上的二元化。一方面，对于全球尺度的重视被视为未来城市研究发展的新方向,城市化的概念需要重新界定,用于取代工业化、现代化等宏大叙事;城市化成为一种总体性的全球变化,它是一场"城市革命";同时,新马克思主义下的"全域城市化"命题,天然带有政治经济分析的意味,强调革命性和全球变革的可能性。另一方面,"比较城市化""后殖民主义"则将目光投向南半球的城市化经验,强调发展中国家经验,希望通过对比和创新,推动观念革命与方法革新。当然,任何理论都不乏反对的声音。例如,著名地理学家艾伦·斯科特(Allen Scott)和迈克尔·斯多波(Michael Storper)最近撰文,明确反对"全域城市化"理论对城市尺度的否定,反对后现代主义视角下城市研究对特殊性的过分强调。他们坚持认为,城市依然是一个适合的研究尺度(而不是全球),尤其强调对空间集聚(极化)和对城市土地机制的关注,强调城市研究与一般社会文化研究的差异[33]。

进入新世纪,在社会学、人类学和历史学等出现"空间转向"的同时,城市研究也正出现了新的"认识论"转向。理论化是其关键,表现为城市研究与传统和当代哲学思潮的对话、互动与结合。反观当今中国的城市研究,在理论化和哲学对话方面,在对哲学思潮、社会思潮的关注方面,都还稍显不足。第二,全域城市化研究的主体仍然是欧美著名大学的教授、学者,来自南半球的声音仍然弱小,如同斯皮瓦克所言:"庶民仍然不能发出声音"。就本土而言,理论化一直是当前中国城市研究所面临的难题,在城市研究的本土化与国际化道路选择方面,也一直存在争论[69]。一方面,中国城市化在理论建构上多数还是延续了欧美经验的理论基础,缺少真正建基在本土经验上的、有广泛影响的、真正属于自己的理论贡献。进入全域城市化时代,中国已经处于城市化实践的中心地位,理应处于世界城市化理论生产的中心,未来中国的城市研究不应只是世界城市研究体系中几近无声的"实证"。诺贝尔奖获得者、经济学家科斯有句名言,"中国的奋斗,就是世界的奋斗。"这同样适用于当前中国的城市研究、规划与建设实践。

（伦敦大学学院巴特莱规划学院吴缚龙教授、中山大学地理科学与规划学院邱婴芝对本文亦有贡献，在此一并致谢）

参考文献

［1］顾朝林、于涛方、李王鸣、等:《中国城市化：格局·过程·机理》,北京：科学出版社,2008。

［2］吴缚龙:《中国的城市化与"新"城市主义》,《城市规划》,2006,40(8)：19—23,30。

［3］United-Nations. *World Urbanization Prospects：The 2014 Revision*. New York：United Nations,2015.

［4］UN-Habitat. *An Urbanizing World：Global Report on Human Settlements*. Oxford：Oxford University Press, 1996.

［5］BRENNER N, SCHMID C. "The 'Urban Age' in Question." *International Journal of Urban and Regional Research*,2014, 38（3）：731—755.

［6］BRENNER N. "Theses on Urbanization." *Public Culture*,2013,25(1)：85—114.

［7］LEFEBVRE H. *The Urban Revolution*. Bonnono R, trans. Minneapolis, MN：University of Minnesota Press, 2003.

［8］GOONEWARDENA K, KIPFER S, MILGROM R, et al. *Space, Difference, Everyday Life：Reading Henri Lefebvre*. New York：Routledge,2008.

［9］MERRIFIELD A. *Henri Lefebvre：A Critical Introduction*. New York：Routledge,2006.

［10］MORAVÁSZKY Á, SCHMID C, STANEK Ł. *Urban Revolution Now：Henri Lefebvre in Social Research and Architecture*. Surrey; Burlington：Ashgate Publishing,2014.

［11］WIRTH L. "Urbanism as a Way of Life." *American Journal of Sociology*,

1938,44(1): 1—24.

[12] PARK R E, BURGESS E W, MCKENZIE R D. *The City*. Chicago: Chicago University Press,1925.

[13] POON J P H. "Quantitative Methods: Past and Present." *Progress in Human Geography*,2004,28(6): 807—814.

[14] SASSEN S. *The Global City: New York, London, Tokyo*. 2nd ed Princeton, N J: Princeton University Press,2001.

[15] DEAR M, FLUSTY S. "Postmodern Urbanism." *Annals of the Association of American Geographers*,1998, 88(1): 50—72.

[16] DEAR M J,DISHMAN J D. *From Chicago to L A: Making Sense of Urban Theory*. Thousand Oaks,Calif;London: Sage Publications,2002.

[17] BRENNER N. *Implosions/Explosions: Towards a Study of Planetary Urbanization*. Berlin: Jovis Verlag,2014.

[18] 科勒布鲁克 C:《导读德勒兹》,廖鸿飞译,重庆:重庆大学出版社,2014。

[19] LEFEBVRE H. *The Production of Space*. Oxford: Blackwell,1991.

[20] DERICKSON K D. "Urban Geography I: Locating Urban Theory in the 'Urban Age'." *Progress in Human Geography*,2015,39(5): 647—657.

[21] CASTELLS M. *The Urban Question*. London: Edward Arnold,1977.

[22] WEBSTER F,DIMITRIOU B. *Manuel Castells*. London;Thousand Oaks, Calif: Sage Publications,2004.

[23] MERRIFIELD A. "The Urban Question under Planetary Urbanization." *International Journal of Urban and Regional Research*, 2013, 37(3): 909—922.

[24] MARCUSE P, VAN KEMPEN R. *Globalizing Cities: A New Spatial Order?* Oxford: Blackwell Publishers,2000.

[25] DIENER R, HERZOG J, MEILI M, et al. *Switzerland: An Urban Portrait*. Switzerland: Birkhäuser Verlag AG,2005.

[26] HARVEY D. *Rebel Cities: From the Right to the City to the Urban Revolution*. New York: Verso,2012.

[27] LEFEBVRE H. *State, Space, World: Selected Essays*. Minneapolis, MN: University of Minnesota Press, 2009.

[28] BRENNER N, MARCUSE P, MAYER M. *Cities for People, Not for Profit: Critical Urban Theory and the Right to the City*. London; New York: Routledge, 2012.

[29] WACHSMUTH D, BRENNER N. "Introduction to Henri Lefebvre's 'Dissolving City, Planetary Metamorphosis'." *Environment and Planning D: Society and Space*, 2014, 32(2): 199—202.

[30] MADDEN D J. "City Becoming World: Nancy, Lefebvre, and the Global: Urban Imagination." *Environment and Planning D: Society and Space*, 2012, 30(5): 772—787.

[31] WILSON J. "The Violence of Abstract Space: Contested Regional Developments in Southern Mexico." *International Journal of Urban and Regional Research*, 2014, 38(2): 516—538.

[32] CHARNOCK G, PURCELL T F, RIBERA-FUMAZ R. "City of Rents: The Limits to the Barcelona Model of Urban Competitiveness." *International Journal of Urban and Regional Research*, 2014, 38(1): 198—217.

[33] SCOTT A J, STORPER M. "The Nature of Cities: The Scope and Limits of Urban Theory." *International Journal of Urban and Regional Research*, 2015, 39(1): 1—15.

[34] SHEPPARD E, LEITNER H, MARINGANTI A. "Provincializing Global Urbanism: A Manifesto." *Urban Geography*, 2013, 34(7): 893—900.

[35] ROY A. "The 21st-Century Metropolis: New Geographies of Theory." *Regional Studies*, 2009, 43(6): 819—830.

[36] 贝利 B J L:《比较城市化：20 世纪的不同道路》,顾朝林、汪侠、俞金国等译,北京：商务印书馆,2010。

[37] MCFARLANE C, ROBINSON J. "Introduction-Experiments in Comparative Urbanism." *Urban Geography*, 2012, 33(6): 765—773.

[38] NIJMAN J. "Place-Particularity and 'Deep Analogies': A Comparative Essay on Miami's Rise as a World City." *Urban Geography*, 2007, 28(1): 92—107.

[39] CONNELL R. "The Northern Theory of Globalization." *Sociological Theory*, 2007, 25(4): 368—385.

[40] PARNELL S, ROBINSON J. "Theorizing Cities from the Global South: Looking Beyond Neoliberalism." 2012, 33(4): 593—617.

[41] BRENNER N, PECK J, THEODORE N. "Variegated Neoliberalization: Geographies, Modalities, Pathways." 2010, 10(2): 182—222.

[42] ONG A. *Neoliberalism as Exception: Mutations in Citizenship and Sovereignty*. Durham, N C: Duke University Press, 2006.

[43] ROBINSON J. "In the Tracks of Comparative Urbanism: Difference, Urban Modernity and the Primitive." *Urban Geography*, 2004, 25(8): 709—723.

[44] ROBINSON J. "Cities in a World of Cities: The Comparative Gesture." *International Journal of Urban and Regional Research*, 2011, 35(1): 1—23.

[45] NIJMAN J. "Introduction-Comparative Urbanism." *Urban Geography*, 2007, 28(1): 1—6.

[46] WARD K. "Towards a Relational Comparative Approach to the Study of Cities." *Progress in Human Geography*, 2010, 34(4): 471—487.

[47] MCFARLANE C. "The Comparative City: Knowledge, Learning, Urbanism." *International Journal of Urban and Regional Research*, 2010, 34(4): 725—742.

[48] CLARKE N. "Actually Existing Comparative Urbanism: Imitation and Cosmopolitanism in North-South Interurban Partnerships." *Urban Geography*, 2012, 33(6): 796—815.

[49] WALEY P. "Japanese Cities in Chinese Perspective: Towards a Contextual, Regional Approach to Comparative Urbanism." *Urban Geography*, 2012, 33(6): 816—828.

[50] SHANK S, NAGAR R. *Retelling Stories, Resisting Dichotomies: Staging Identity, Marginalization and Activism in Minneapolis and Sitapur*//Peake L, Rieker M. *Rethinking Feminist Interventions into the Urban*. New York: Routledge, 2013.

[51] JAZEEL T, MCFARLANE C. "The Limits of Responsibility: A Postcolonial Politics of Academic Knowledge Production." 2010, 35(1): 109—124.

[52] LEES L. "The Geography of Gentrification: Thinking through Comparative Urbanism." *Progress in Human Geography*, 2012, 36(2): 155—171.

[53] SCHILLER N G. "A Comparative Relative Perspective on the Relationships between Migrants and Cities." *Urban Geography*, 2012, 33(6): 879—903.

[54] PECK J. "Liberating the City: Between New York and New Orleans." *Urban Geography*, 2006, 27(8): 681—713.

[55] HARRIS A. "From London to Mumbai and Back Again: Gentrification and Public Policy in Comparative Perspective." *Urban Studies*, 2008, 45(12): 2407—2428.

[56] WEINSTEIN L, REN X. "The Changing Right to the City: Urban Renewal and Housing Rights in Globalizing Shanghai and Mumbai." 2009, 8(4): 407—432.

[57] ROBINSON J. *Ordinary Cities: Between Modernity and Development*. London; New York: Routledge, 2006.

[58] ROBINSON J. "Developing Ordinary Cities: City Visioning Processes in Durban and Johannesburg." *Environment and Planning A*, 2008, 40(1): 74—87.

[59] SPIVAK G C. *A Critique of Postcolonial Reason: Toward a History of the Vanishing Present*. Cambridge, Mass: Harvard University Press, 1999.

[60] DELEUZE G, GUATTARI F. *A Thousand Plateaus: Capitalism and*

Schizophrenia. Minnesota: University of Minnesota Press,1987.
[61] SIMONE A. *City Life from Jakarta to Dakar: Movements at the Crossroads*. New York: Routledge,2010.
[62] AMIN A,GRAHAM S. "The Ordinary City." *Transactions of the Institute of British Geographers*,1997,22(4): 411—429.
[63] ROBINSON J. "Global and World Cities: A View from off the Map." *International Journal of Urban and Regional Research*, 2002, 26(3): 531—554.
[64] CHAKRABARTY D. *Provincializing Europe: Postcolonial Thought and Historical Difference*. Princeton,N J: Princeton University Press, 2000.
[65] ROY A. "Slumdog Cities: Rethinking Subaltern Urbanism." *International Journal of Urban and Regional Research*,2011,35(2): 223—238.
[66] ROY A,ONG A. *Worlding Cities: Asian Experiments and the Art of Being Global*. Chichester,West Sussex; Malden,MA: Wiley-Blackwell,2011.
[67] SIMONE A. "People as Infrastructure: Intersecting Fragments in Johannesburg." *Public Culture*,2004,16(3): 407—429.
[68] MCFARLANE C. "Assemblage and Critical Urbanism." *City*,2011, 15(2): 204—224.
[69] 刘云刚、许学强:《中国地理学的二元结构》,《地理科学》,2008,28(5): 587—593。

日常都市主义理论发展及其对当代中国城市设计的挑战

陈 煊 玛格丽特·克劳福德[①]

引言：城市设计的人本内涵

1938年，路易斯·沃思（Louis Wirth）在其著作中对用城市物质空间来识别城市主义进行了评判，强调城市主义作为一种生活方式的重要性，从而引发了数十年来关于城市设计定义的讨论。这些定义用尽了所有学科发展中用于描述城市形式的词汇，如库克（Cook）将城市设计作为实现视觉、功能、环境、城市体验品质的过程；林奇（Lynch）的五个表现维度；本特利（Bentley）对城市七个品质的理解；威尔士（Wales）亲王的十大原则等等。这一切都起源于视觉和体验，目的仅仅是寻找一个理想化的美丽英国田园，这一愿景后来发展成为英国城市设计控制和美国分区控制的主要目标[1]。而后以新城市主义者为代表的实践者认为回归传统"社区混居"规划模式可以解决公正问题，

[①] 国家自然科学基金：基于自建街市及其邻域功能动态特征的协同规划方法研究（51808205），2019年湖南省普高等学校教学改革研究（湘教通[2019]436），湖南大学本科教育教学改革和教材改革专项（中央高校基本科研业务费专项资金资助）（531111000002）。陈煊，加州伯克利大学环境设计学院博士后，湖南大学建筑学院副教授；玛格丽特·克劳福德，加州伯克利大学环境设计学院终身教授，美国城市与区域规划史学会主席。原载于《国际城市规划》，2019年第6期。

并意图依赖当地衍生的、统一风格的建筑，以及美国小镇标配的复古审美、技术指标等重构物质形态，进而统筹城市设计。这一切恰好适用于当时城市设计工作中所需求的"控制理论"[1-2]。另一方面，自20世纪70年代开始，后现代都市主义举旗批判控制理论下所形成的国际风格缺乏人文内涵，建筑师发现人们越来越需要"第三场所""第四景观"所形成的特殊性场所文脉和地域性文化来倡导城市多元性、差异性等精神内容，但其并没有指出行为体验所应蕴含的场所结构体系。它带有含混的消费文化指向，最终成为设计师个人的实践，因日益脱离公众而遭遇失败。直至1999年由约翰·蔡斯（John Chase）、玛格丽特·克劳福德（Margaret Crawford）、约翰·卡利斯基（John Kaliski）所著的《日常都市主义》[3]出版，日常都市主义、新城市主义、后现代都市主义共同构成了西方对现代城市设计的批判路径，并回应了政治经济导向下的美国城市的城市化问题[4]。三种城市主义学派代表了城市发展的必经阶段和固有的几种类型——非正规地方的、正规经典的、前卫革新的，它们分别激发了人们对人文、传统文化、差异的关注。

2017年住建部颁布《城市设计管理办法》，明确提出了开展城市设计工作应尊重城市发展规律，坚持以人为本逐步推进的方针。在当下增量规划向存量规划转化的时代语境中，城市设计的主要研究内容是城市空间形态的建构机理和场所营造[5]。其在人文、社会、艺术交互空间的作用将日益凸显[6-7]。通过传统的城市设计方法对城市空间进行整合和谋划变得越来越力不从心[8]，"以人为本"也常常在"综合设计"的过程中沦为口号[9]。在过去十年间，中国自己的城市设计理论开始浮出水面，尤其在生态技术、计算机智能技术、网络平台等方面取得巨大突破且领先于世界的背景下，试图回应形体"美学语言"与人类集体生活的"空间逻辑"整合路径[5,8]。然而从"上帝视角"转向"蚂蚁视角"，人本主义的城市设计需反映城市在地域文化、风土民俗、生活习惯上的差异[10]，亟须增强对中国城市公共空间的关注[1,11-15]。

这些内容如何通过城市设计实践来完成？我们的答案是需进一步加强对日常都市主义的理解。

一、当代中国城市设计对城市日常生活的摒弃

从思想研究和实践活动整体发展来看，中国当代城市设计经历了从新中国成立初期的都市计划、苏联模式到欧美模式，再到本土实践、制度化等等一系列宏观历程[9]。结合其引介欧美思想的本源来看，价值维度始终绕不开空间美学语汇，并与现代技术理性发展息息相关；与此同时，公共空间的一部分又被普通民众参与创作。因此想要理解我们自以为清楚看到的真实场景，需要基于上述"技术—价值"维度，并将其嵌入欧美思想源头去阐述其中的缺失。

（一）城市设计聚焦审美目标与地域性生活产生冲突

梳理中国历年来品目繁多的城市设计类型，如总体城市设计、片区城市设计、地块城市设计，发现它们包括了大量基于空间美学语汇的内容，如天际线、景观风貌、历史风貌、色彩、界面、视线廊道、景观大道[16]等，其形式包括了概念设计、提质改造、景观修复等。从这些项目包含的语汇可以窥探到，中国历经二十年的城市设计一直承载着城市设计师对空间美学揣测的梦想。然而事实却是中国城市依旧在逐渐失去其特色并变得日益陌生，继大轴线、大广场、大马路之后，越来越壮观和集中的购物街、大型商场、主题公园，以及耗费巨资、标新立异的公共文化建筑等随之而来。这些千篇一律的城市设计组织起了壮观的城市空间，却忽略了城市设计应基于人的尺度进行细腻的创造，其快速、简单的逻辑使地方政府愈加将城市设计作为吸引资金的手段，且备受认可[17—18]。它们当中有一些成功了，但大部分失败了，因其无不展现出设计思想越来越偏离城市设计公共性的本质内

涵,且一味地摒弃了民众的日常生活实践[10],使得民众熟悉的日常生活空间被严重割裂和破碎化,将中国灿烂的地域性生活文化隔绝在固定的美学空间模式之外,而在现实中,这些城市公共空间实际上在不断地被居民以新的方式重新居住、重新利用、重新创造,并以一种自我建设的方式参与到设计之中。例如那些秩序井然的广场、人行道等都可能成为老百姓的迷你公园,大学城附近的街巷总能成为极具学生气质的街道,而大多数普通住宅区里都存在非正规的菜市场。

自19世纪晚期以来,设计师开始试图将城市中的趣味性直接转化为城市设计固定原则、标配式城市美学语言、纯粹概念等。直到20世纪中期,多数观点仍支撑了"城市设计在很大程度上是一个美学问题"这一观点,如"城市设计一直是三维的空间艺术"[19],"城市设计涉及城市规划美学的部分"[20],"城市设计决定了城市的秩序、形式和连续视觉作为组织原则的观念"[21],"城市设计是制作或塑造城市景观的艺术"等[22]。这些早期城市设计理论将空间形式与社会内容剥离开来,认为城市设计与其他过程无关,从而饱受争议和批判[1]。当今城市设计所面临的挑战是如何解决人的城市化,而其中地域性生活及其文化特征是最为重要的内容。

(二)城市设计秉持纯理性技术难以反映空间差异

区别于传统的视觉美学,开启现代主义运动的勒·柯布西耶(Le Corbusier)在1935年提出的光辉城市中所期望的乌托邦秩序图景粗暴地废除了城市中的情景节奏,坚定地推行着功能、人群、建筑和自然的严格区分,奠定了之后西方国家广泛采用理性设计方法的基础,专注于开发控制规划和设计指导的监管体系。之后,城市设计纯理性技术也迅速成为主导中国城市可控发展的主要方法,一方面以设计控制辅助分区控制规划来完成各地块的形态指标,建筑群的高度、天际线、色彩等内容基本形成了城市发展的主要形态[23];另一方面交通工程师制定的绝对标准限定了专业实践[5]。2010年后,随着大数据技术的飞速发展,城市设计逐步形成了"社会经济—建筑工程—方法技术"三足鼎立的结构,培育了大量"超级街区""孪生建筑""兵营式城区"等城市空间,其增长的势头似乎难以控制[7],而利用纯理性统计的人本量化、经验量化使得城市设计再次异军突起,将定量研究和定性判断结合起来,包括量化感知、量化历史、量化生活、量化图景等数字化集成术将不同量纲、坐标、单位、格式的数据进行集成处理,得到了用于城市设计的统一时空数据。这一切看似完美无缺,但是如果仅将群体性的大尺度数据运用到个体的治疗方案中,就会再次忽略个体的独立性和特殊性,从而引发一系列问题①。现实的图景是,大量因差异化生活所呈现的空间被冠以非正规或者非法而遭遇整改或驱逐[24—25]。即便如此,城市人仍固守着自己的习惯,数百万普通人的日常生活日复一日的累积,使得彼此独立的隔离空间联系起来,修改着设计师一直逃避的现有城市生活现实[26],反映出差异化的空间活动与体验(图1)。

图1 城市广场白天(左)与黑夜(右)

---

① https://news.berkeley.edu/2018/06/18/big-data-flaws/

二、日常都市主义理论在美国的产生

（一）理论背景

"日常生活"作为一个哲学概念最早由胡塞尔（Husserl）在1936年《欧洲科学的危机及先验现象学》中提出，他认为站在科学对立面的日常生活是欧洲科学危机的解决良药。随后这一概念被马克思主义哲学家兼社会学家亨利·列斐伏尔（Henri Lefebvre）、先锋导演和潜在的革命者居伊·德波（Guy Debord）、人类学家兼史学家米歇尔·德塞图（Michel de Certeau）所关注并发展成为世纪性话题。他们是调查那些完全被忽视的日常生活经验领域的先驱，坚持将理论与社会实践联系起来，将思想与生活经验联系起来。列斐伏尔指出，"正是看似琐碎的日常生活构成了社会体验的所有基础，也是空间争论展开的真正范畴"[3,13]。德塞图更是在无意识重复进行性的日常生活实践中区分出战略和战术，强调日常生活是早已存在于文化中的规则和产品，只是尚未得到认可；并倡导将城市地方文化作为总体规划的另一个方面来考虑，如一个地域性的即兴创作等战术性的努力[3]。玛格丽特·克劳福德将"日常"与"都市主义"这两个词结合起来，为理解城市化打开了一个新的角度，试图与其他众多的都市主义区别开来，用以表达一种地域性城市生活所带来的社会语言和地方文化，也概述了一个广为流传但尚未系统化的城市设计态度。

（二）问题背景

概念涌现源于一个特殊的环境，主要是《日常都市主义》作者本身对20世纪90年代洛杉矶城市空间变化的观察和实践调查——这些设计"完好"的空间不断地被居民以新的方式重新居住、重新创造，作者认为洛杉矶的民众以一种建设性的方式参与其中，似乎在控诉着对现行城市设计论述局限性的不满，挑战着设计的专家和学者。首先，日常生活的空间超越传统意义上边界分明的居住、工作和商业机构等物理空间类型，与公共空间结合在一起，没有定形，甚至难以察觉，却极具城市生活的活力。其次，它是一个能涵盖更多不同活动的概念，而不限于狭义的、规范化的空间控制。我们以每日、每周、每年的常规重复性活动在环境中创造了大量极具美学意义的社会空间，但它们很少成为主流建筑师和规划师的关注焦点。另外，世界各地已有许多建筑师、规划师、学生开始积极关注现有城市的日常生活，并逐步调整他们的设计策略[27]。

（三）理解日常都市主义概念的几个维度

"日常"代表了普通人经验中的元素。在常识层面，"日常"概括了城市居民共有的生活，是我们再熟悉不过的普通行为，如通勤、工作、逛街、购物、吃饭等。日常生活是围绕日常行程按时间和空间组织的，通过工作和休闲的模式，在工作日和周末以重复的通勤和消费的形式发生。列斐伏尔警告我们，日常生活的本质具有模糊性，它难以被解读，但我们可从以下几个维度来分析理解。

1. 平凡和现代的二元关系下潜在维度的挖掘

列斐伏尔区分了日常生活中两个同时存在的状态：平凡和现代。平凡——一种永恒的、谦虚的、自然重复的生活节奏；现代——因物欲和科技产生的不断变化更新的习惯。围绕这个二元性，列斐伏尔构建了他对日常生活的分析，寻找过去被遗忘的潜在维度，努力挖掘仍存在于日常生活中的深刻人性要素。他努力尝试将目光集中到二元论的另一方面，重现那些被隐藏在城市角落和缝隙中的平凡的品质。这些要素的品质常常与日常生活一起隐藏在街道、人行道、城市空地、城市公园或者相交的边界地带。

2. 差异性和模糊性的呈现

日常生活像一个现实屏幕，社会将人们无意识或者潜意识的自发性活动都投射在这块屏幕上,它常常发生在个人、群体以及城市间的交汇点——进行多种社会交易与经济交易的场所,在那里可以积累各种生活的经验。它们的重叠构成了城市中社会交换的主要形式,也常常发生在新兴的具有争议的公共场所,每一个人的行为都有潜能进行调整,从而形成更好、更合乎道德的设计。日常都市主义认为这些差异相互碰撞或相互影响的地点往往就是释放城市生活活力的地点。它体现出城市生活的差异性和模糊性,在中国广泛存在但并未被完全理解或认可。

3. 时间的动态切换

日常生活是与时间紧密结合并通过时间建构起来的,这既包括自然的时间——白天与黑夜的轮转,四季、周年以及气候的循环,也包括被现代性强加的时间表,如工作时间、周期性固定日程、节假日等。它是思想、实践在不同时间灵活的集合,可根据特定的环境重新配置,并通过具体事件得以呈现。在这些日常的行为背后隐藏了由社会实践所建构的复杂领域——具有时空特征的意外、欲望和习惯的结合。

三、美国城市的"日常"实践

(一) 实践场所多主体的参与

日常空间的概念描绘了日常公共活动的物质形式,与一连串的日常生活活动结合在一起,并存在于这些可以识别的物质空间领域之间。如洛杉矶车库销售和街头售货活动所构建的新型公共空间(图2);摊贩非正规地占用街角和人行道边缘以便接触驾驶者和行人,通过他们的商品销售为城市空间带去有地区特征的家庭生活;洛杉矶移民不断发展自己的花园,并丰富了花园的园艺文化内容。丹尼斯·凯利(Dennis Keeley)的专题摄影揭示了罗森塔尔花园的美丽和幽默,二手交易市场用便宜的地毯覆盖了废弃的粗糙铁链,大量悬挂的衣服与明亮图案叠加在一起形成了女性身份的壁画。以上种种定义了一个集体的城市客厅,唤醒了许多场所,建立起了人们内心之间的亲密关系。

图 2　洛杉矶街头销售

资料来源:参考文献[3]

城市活动本身就富有建构空间的内涵,因城市活动而形成的空间是流动且与邻里不断发生互动的。建筑形式相对于永久的形式而言,更多地取决于在实践场所中不同主题的参与再利用所制定和更新的形式。如在表演中构成的新建筑,曼哈顿唐人街街头舞狮队的游行,人们自发活动所形成的空间不同于将城市刻意设置成剧院。近年纽约街道的表演俨然已成为城市空间利用的新形式,街头表演者、摊贩、小孩、城市移民、小型的企业、家庭主妇等都成为其实践的主体(表1)。这些实践主体之间的合作的重要意义在于其跨越了单一的部门和空间,从而使其具有社会的含义。

图3　洛杉矶车库销售
资料来源：参考文献[3]

图4　洛杉矶中央市场改造出就餐空间

图5　纽约洛克菲勒中心改造

图6　旧金山星期天街道计划

（二）打破固有边界的适时积累重组

与大多数城市设计技巧不同，日常都市主义认为，空间在没有自己独特身份的情况下，可以通过适应现实短暂活动来塑造和重新定义。如举办车库销售活动时（洛杉矶限制每年两次家庭车库销售的条例），往日空荡的前院草坪被激活，房屋内部空间被展现在公众眼前，公众可直接购买展示的物品，公共空间与房屋非常私密的空间融合在一起形成了新的交接（图3）。此外，洛杉矶市中心的中央市场改造将原有道路空间局部划分出服务于市中心人们的就餐空间(图4);纽约的商务中心区在洛克菲勒中心开辟了午餐市场计划(图5);旧金山的星期天街道计划在周日这天将旧金山众多的公共交通干道转变为城市生活街道(图6);而洛杉矶海滨自发形成的各种活动空间打破了原有设计对于空间的划分,重新形成了一种新的空间类型。可见,这些尝试首先会打破公私产权边界,或在一定的时间段内重新界定产权和管理边界、社会形态和经济形式,对原有空间再发现,并使其彼此之间发生对话(表1)。它的实践是谦逊的,常常是对已存在的某些区域进行微调,在现有城市环境角落和缝隙中操作并对现有元素重组、重新解释和发明,从而获得不断变化的意义。从小的变化开始积累从而改变更大的城市状况。它不寻求取代其他城市设计实践,而是与它们一起、在它们之上或在它们之后协同工作,进行地方叙事以加强和展示城市生活中更多的普通故事。

(三) 地方集体生活文化的行动呼吁

日常生活是重复性潜在意识活动,可以被理解为当地民众长久以来约定俗成的行为习惯,包含地方文化风俗。它通过行动进行呼吁,如在美国广为流传的民间音乐节,受普通老百姓喜欢的临时性农夫市场和跳蚤市场等(图7),街道和广场的涂鸦等暖化了原来冰冷的城市墙面,表达了当地人们对于公共生活的向往和集体文化的表达,还有为纪念社区重要人物所进行的追忆活动等,开始迈向米哈伊尔·巴赫金(Mikhail Bakhtin)所谓的"对话主义"。城市对话主义作为城市文化分析的一种模式,需通过不断相互作用和影响的观点来形成特定的认知,使其形成具有地方集体生活的文化。我们希冀在现有的规划和监管框架下回应整个社区的多重需求,为那些每天为生计奔波于城市建筑之间的人们创造具有共同价值理念的公共空间。

表1 日常都市主义城市实践的类型、做法与实例

实践类型	空间类型	实践主体	做法解释	频率
车库销售	私宅、庭院	低收入家庭	将前院(私人住宅和公共街道之间的缓冲区)作为家庭物品销售区	季节性
路边摊	街角、人行道	城市移民	对街头贩卖合法化管理	每天
迷你商城	常常与加油站结合	城市移民	简单便利设施(含停车、咖啡、面包、干洗等)的集合为消费者提供一个类似公共空间的城市环境	每日
城市表演与即兴创作	公共、私人空间、小型公园街道	表演者、私人企业、居民	在表演的短期时间段内封闭街道,鼓励节日服饰、节日习俗,使用现有的手段创造、制作和组合	非固定的周期性
城市能人	城市废弃地、住宅	城市里的能工巧匠、城市拾荒者	场地营造:收集城市、社区的废弃物或进行循环利用	每日
城市涂鸦	城市街道、广场	艺术工作者、居民	利用墙面、环境中可利用空间、植物等进行涂鸦创作	非固定的周期性
服务站项目	利用社区小广场或空地	建筑师团队、当地兴趣小组合作	为建筑工、服装工、无家可归者、幼童、老年人、摊贩提供继续学习的站点,作为培训场所、借贷维修站、社区信息站	非固定的周期性
共享后院	私宅、已建成建筑遗产	环保人士、艺术家、居民、企业家	举行小型的展览,学校派对	非固定的周期性

91

(续表)

实践类型	空间类型	实践主体	做法解释	频率
周日街道	城市马路	民间组织、城市交通局	在不同的社区开展周日限时段封街活动,为城市企业、机构、个人提供交流机会	非固定的周期性
午餐广场、街道	城市、私人广场	企业、城市交通局	在中心区局部街道段、空置的广场开展午餐销售,为办公人群提供交流机会	每日限时段
民间音乐节	公园、广场	公园管理局、社区	利用社区不同场所为歌手、乐队提供表演和交流机会	季节性
社区纪念日	街道	社区	挖掘社区故事进行街道装饰,表达纪念	特定时间

四、日常都市主义对当代中国城市设计的挑战

如前文所述,当代城市设计过于标准化从而抑制了城市活力的增长,被抽象成了理性主义的蓝图、网络化的公路运输网、数据化的流动示意图[28]。这很难为当前城市丰富多样的活动创造空间,但城市设计仍然是保持设计处于社会艺术地位的主要方法,并希望在模糊不清、不断变化的世界中创造空间。

(一) 接受"无序"的中间地带,促成城市对话

近年来中国城市公共空间建设内容包含了城市广场、公园、绿地、街道、公共建筑以及私人产权所有者提供的公共空间等等,除街道外它们分别有着清晰的空间边界和明确的行政治理主体。而伴随日常

生活而生的现实公共空间是真实的、琐碎的、丰富的、变化的，常跨越了不同的功能分区、不同的产权主体，并在不断变化的时间中产生或者临时性地存在，因不同城市人群的对话而精彩。而对于这样的中间地带很少有设计理论会涉及，同时在具体的行政治理框架中因找不到对应的行政责任主体而无从深入。基于此，接受视觉的"无序"性并不断尝试促进城市对话非常重要。

1. 理解并接受视觉的"无序"性

如列斐伏尔所言，专家和知识分子虽身处日常生活中，但他们更倾向于认为自己在日常生活范围之外，相信日常生活微不足道，无需在意，因而在方案设计中更喜欢使用华丽的修辞和元语言代替"经验的永恒性"，以至于忽略了这些平凡的中间地带。日常都市主义相信在定义城市时，生活经验比明晰的物理形式更重要，因而城市设计的真正任务不是美化城市或创造管理完美的城市，而是服务于普通民众，创造日常生活空间。这种理解批判了那些基于抽象原则建立的专业设计技术成果，它任意大量繁殖的抽象概念设计不仅仅是不断的复制推衍，更是在浅薄地批判人们在日常使用中所带来的无序。不论是定量还是定性，无论出于什么意图，对空间进行日益均质而专业的划分，都无法包容城市真实生活的差异性和视觉上的多维性，包括来自自然、时间、历史的差异以及那些来自不同职业、年龄、性别、人群、种

图7　旧金山跳蚤市场

族的文化差异。这种差异多维性常常被城市设计师理解为"无序",接受并理解这种"无序"需要我们转而面对城市使用的基本需求,以及普通居民在城市中间地带中的挣扎,比如我们熟悉的流动摊贩所面临的挑战。

2. 促成城市对话,而不仅限于城市设计控制

与历史街区、博物馆、城市广场、绿化带等被解释为示范性的公共空间不同,日常都市主义更强调和要求在不同层面形成公开意见表达的场所。这些场所的设计不能套用设计控制、风格引导、历史保护等固有形式,而需要有选择性地回应人们作为不同公共角色的需求,并促使其发生"对话"。这挑战了大多数设计专业人员惯用的概念,而日常生活为这种转变提供了一个良好的起点,因为它基于常识而非权威解释,站在多数人而非少数人一边,是反复出现而非独特的现象。这要求城市设计师彻底重新定位,将专家权力转交给普通人,或者说普通人对于空间的话语权不仅仅限制在意见征求阶段。城市设计需要从近处解决社会生活的矛盾,追寻并重新研究中国地方民众的行为习惯、习俗节庆所产生的特殊空间形式。如中国城市广泛出现的屋顶晾晒、中心区室外就餐广场、社区菜地、早市、夜市、路边摊、菜市场、学生街批发市场等空间应成为城市居民理解和参与自身环境建设的一种媒介,让普通民众得以交流、休憩、共享、团聚等。忽略这些日常活动,努力尝试进行规划控制或管理在现实看来不可靠且徒劳。关注当下的城市生活,关注如何通过城市设计促进其获得合理的空间形态,并在社会活动中寻找存在再造的机遇,需要让城市居民成为周边环境的主要设计师、转译员、演绎者。这些类型的城市设计创作没有固定的形式,在操作的过程中也常常跨界,对中国城市设计的思考逻辑提出了巨大挑战。

(二)固定的空间设计框架无法积极发挥人的动态能动性

城市设计涉及每个地方独特的历史、文化、社会、政治和经济状

况[12]，在不同发展阶段的表达方法和内容大不相同。现实中不管城市规划发挥或不发挥作用，城市始终在那里并呈现渐进发展，但这个过程可能并不被认为是城市设计。区别于一般城市设计的简要框架，日常都市主义认为城市设计的共同基础应该是人，并要求设计师研究人们如何生活、工作，图绘（mapping）出城市的社会地理形态，将其作为设计的起点去建构设计的维度，寻找普通场所未被预见的可能性，通过创造释放日常生活中已经存在的创造力和想象力，并将设计重新连接到人类、社会和政治关怀上。

现有固定的空间理想模型常无法支持城市的"自发展"，更遑论创造出高质量的建筑环境。因此城市设计可能需要一个模糊动态的设计框架——根据不同时间和地点作出多样化的反应，其对策首先应消除上下之间一些可以明确看到的界限，其内容应该既是战术性的（非官方授权的行动，不是政府或任何官方权力机构授权的正式行动）也是战略性的（由权力人士自上而下形成的规划），打破城市中独立的、专业化的和等级化的结构。其次需调整固定的设计周期，使得其能适应不同城市设计项目的时间要求。再次将参与设计的主体扩展为广义的社会主体，对其参与城市设计的时间、阶段、内容进行赋权，并通过不同时段的社会行动尝试促进相关利益人交流并达成共识。最后，它可能跨越了常规的界限，因为设计内容和方式不限于单一的正式空间产品，而是既包括能涵盖人、场所和活动的共存所创造的条件和政策，又包括因为文化需求而产生的具体行动策略等等，确保项目在特定城市需求下呈现其不同的生命。

五、日常都市主义在中国的未来

《日常都市主义》1998年出版，2008年再版，一直在积极影响美国城市空间的各个方面和层次。如果说日常都市主义仍然被当作一种设计策略,那么它在极具生活智慧的中国城市却已是广泛存在的,并可以成为未来开展城市设计的切入点。在中国,本研究的目的不是简单指向一项学术研究或评论工作,而是发出对城市行动的呼唤:理解在过去以及当下一直以矛盾的、不稳定的方式发生,尚未定形甚至难以察觉的空间类型,积极面对被社会行动和被社会想象力激活的空间。从这一点来说,日常都市主义实际上可能比任何其他形式的当代城市主义都更有远见,因而也更加迫切需要被引介,尤其是通过对空间"人文"的关注,在实践创作过程中寻到设计项目的特殊含义并为使用者赋权。这需要在中国找到比现有城市设计方法更为灵活的实施机制,允许其在一些地方不受限于原有规划、建筑形式、条例等规范性规定,因为当代中国城市设计所发生的一切故事都告诉我们:灵活性和模糊性是在一个不断变化的世界中运行的根本需要。

注:文中未标注资料来源的图表均为作者拍摄或绘制。

参考文献

[1] ALAN R. "Definitions of urban design: the nature and concerns of urban design." *Planning practice & research*, 1994, 9(3): 179—197.

[2] CARMONA M. "Controlling urban design—part 2: realizing the potential." *Journal of urban design*, 1996, 1(2): 179—200.

[3] CHASE J, CRAWFORD M, KALISKI J. *Everyday urbanism*. New York: Monacelli Press. 1999.

[4] KELBAUGH D, MCCULLOUGH K K. *Writing urbanism: a design reader*. New York: Routledge, 2008.

[5] 王建国:《从理性规划的视角看城市设计发展的四代范型》,《城市规划》,2018, 42(1): 9—19。

[6] BIDDULPH M. "The Problem with thinking about or for urban design." *Journal of urban design*, 2012, 17(1): 1—20.

[7] 金广君:《城市设计:如何在中国落地?》,《城市规划》, 2018, 42(3):

41—49。

[8] 杨俊宴:《全数字化城市设计的理论范式探索》,《国际城市规划》,2018,33(1):7—21。

[9] 刘晋华:《共识与争鸣——当代中国城市设计思潮流变》,《城市规划》,2018,42(2):47—60。

[10] 刘迪、杨保军:《地方本土文化下的城市设计方法探索——以江西永丰县城总体城市设计为例》,《城市规划》,2017,41(9):73—80。

[11] BENTLEY I, ALCOCK A, MURRAIN P, et al. *Responsive environments: a manual for designers*. Abingdon: Routledge, 1985.

[12] DENG Z. "Design control in post-reform China: a case study of Shenzhen's commercial office development." *Urban design international*, 2009,14(2):118—136.

[13] JACOBS A, APPLEYARD D. "Toward an urban design manifesto." *Journal of the American planning association*, 1987,53(1):112—120.

[14] MADANIPOUR A. "Roles and challenges of urban design." *Journal of urban design*, 2006,11(2):173—193.

[15] 王世福、沈爽婷、莫浙娟:《城市更新中的城市设计策略思考》,《上海城市规划》,2017(5):7—11。

[16] 段进、兰文龙、邵润青:《从"设计导向"到"管控导向"——关于我国城市设计技术规范化的思考》,《城市规划》,2017,41(6):67—72。

[17] HARVEY D. *The condition of postmodernity: an enquiry into the origins of cultural change*. Hoboken: Wiley-Blackwell, 1989.

[18] WU F, XU J, YEH A. *Urban development in post-reform China: state, market, and space*. London: Routledge, 2007.

[19] CULLEN G. *The concise townscape*. London: London Architectural Press, 1965.

[20] CUTHBERT A R. *The form of cities: political economy and urban design*. The United Kingdore: Wiley-Blackwell, 2006.

[21] SMITH P F. *The dynamics of urbanism*. London: Hutchinson, 1974.

[22] SMITH P F. *The syntax of cities*. London: Hutchinson, 1977.

[23] ABRAMSON D M. *Obsolescence: an architectural history*. The United States: University of Chicago Press, 2016.

[24] 陈煊、魏小春:《城市街道空间的非正规化演化》,《城市规划》, 2013(4): 74—80。

[25] 杨·盖尔:《公共生活研究方法》,北京:中国建筑工业出版社, 2016。

[26] 吴宁:《日常生活批判——列斐伏尔哲学思想研究》,北京:人民出版社, 2007。

[27] CERTEAU M D. *The practice of everyday life*. London: University of California Press, 1984.

[28] CUTHBERT A R. "Urban design: requiem for an era-review and critique of the last 50 years." *Urban design international*, 2007, 12(4): 177—223.

第二部分

城市实践

全球视野中的都市文化建设

上海图书馆课题组[①]

都市文化建设是世界各国制定新世纪经济社会发展规划和实施现代化建设事业的重要内容。我们就国外都市文化建设问题作初步研究和评介,以期对我国当前加强都市文化建设提供一些借鉴。

一、不同的文化管理模式

都市文化的建设与发展,与一国的文化管理体制和文化发展方针紧密相关。综观世界各国文化的管理,主要有以下三种模式:

(一) 美国模式:分配资金,提供服务

美国政府机构中没有文化部,对文化也不直接干预。美国在1965年和1976年通过国会立法,成立了国家艺术基金会、国家人文基金会和博物馆,作为联邦政府的文化机构,主要负责对非盈利的文化团体和个人进行数额虽小但象征意义较大的资助。各级地方政府下设州、郡文化艺术委员会,但都不直接管理文化艺术团体的行政或业务,它们都以民间形式存在,且各自独立。政府对文化事业只在政策上进行

[①] 本课题组负责人:陈燮君,成员:吴惠族、周玉琴、张尚仪、秦明华、石宏如。原载于《毛泽东邓小平理论研究》,2000年第1期。

调节,依靠各种立法进行制约,鼓励文化艺术团体自由竞争、自行发展、自负盈亏。但在一些文化事业非常发达的大城市,如纽约市设有文化局。纽约市文化局的主要职责是制订城市文化发展政策,帮助文化团体和艺术家筹集经费,在技术和管理方面给予协调和管理,计划和组织各种文化活动。它的主要服务对象是非盈利性的文化团体、公共服务的科学和人文机构,以及各级各类艺术创作人员。它的主要功能是分配资金和提供服务两大项。作为政府机构,纽约市文化局与市内的文化团体之间只是协调与指导的关系,它直接对市长负责,每年或每两年以年报的方式向市长和市民汇报。

纽约市文化局提供的服务主要有六项:①由市文化局审查认可向艺术家发"艺术家证书",持有证书的艺术家可享受该市的一些优惠政策,包括申请居住条件便利的"艺术新村"等。②市文化局与教育局合作向幼儿园至中学的儿童直接传授影视、表演、文学、媒体等文化艺术方面的知识。③市文化局向社区文化组织提供资金,帮助建立社区文化的基建项目,改善向中低等收入市民提供的文化服务。此外,还资助社区添置文化活动的设备,建立公共文化活动网络。在社区文化建设中,尤其注重为残疾人服务、能源保护、减少犯罪行为以及改造和扩大影剧院等。④市文化局与有关部门和私人机构合作,为全市1 500名居住在临时房屋中的青少年开设文学、科学和艺术的教育课程,组织劳动技能培训,为这些无家可归的孩子自食其力创造条件。⑤市文化局与卫生等部门合作,收集重要的艺术捐赠品和被遗弃的办公家具、物品,分配给全市的非赢利文化机构和艺术家。捐赠和受赠双方都以免费为原则。这项工作有效地防止了有价值的艺术品被当作废品处理掉,每年还从中获得了多达400吨的油画、家具、钢琴、计算机等有用物品。每年捐赠品的价值均超过200万美元,受赠单位用其制作布景、戏装、布置展览、更新办公家具等。这种利用社会闲散资源支持文化事业的活动,对艺术家们是一种鼓励。⑥实施"百分之一为艺术"计划。按纽约城市法规定,城市公共建筑资金预算中的1%须用于设置永久性公共艺术品,以装点城市建筑环境,由市文化局负责实施。通过该项计划,将资金投向纽约所有行政区中公园风景点的照明、古旧雕塑的修复,学校、图书馆、社区中心及其他公共建筑物内外部的整饰,还包括购置油画作品、安放新雕塑、铺设水磨石地坪、安装彩色玻璃窗等一些美化环境的措施。

(二)法国模式:大权集中,有序管理

法国的文化十分发达,几个世纪以来一直保持着文化大国的地位。战后法国的历届政府都十分重视文化事业的发展,全国自上而下建立了较为健全的文化管理机构和比较完善的政策扶持及资金投入机制。法国主管文化事务的中央机构——文化部,从全局上集中管理全国文化事业。文化部在每个大区(法国的国家行政单位,也是区域自治单位,如包括巴黎市的巴黎大区)都设有"文化事务管理局"作为文化部的派出机构,而大区的议会也选举成立一个文化部门,负责文化管理。此外,还有一些准官方和非官方文化机构,协助政府统一管理文化艺术,诸如各种文化委员会和文化协会。

法国的都市文化以巴黎为杰出代表。自6世纪起,法国历代政府无不倾尽国力大建与之相匹配的文化设施,许多有抱负的文化团体和文化企业也纷纷云集巴黎以展宏图。因此,无论是艺术表演组织,还是博物馆、画廊、展览馆等文化设施,或是文化艺术教育培训机构,都在巴黎生根开花,使巴黎既拥有极其璀璨的历史文化遗产,又富有现代文明气息,全城充满浓郁的艺术氛围。鉴于巴黎特殊的历史、地理和政治地位,法国政府对该地区的文化建设进行直接的支持,具体表现在:①巴黎拥有一批由国家设立的世界级的公共文化部门,如巴黎歌剧院、科技城、卢浮宫博物馆等,其受文化部直接领导和资助,其中一部分人员为国家公务员;另外还有一些由国家和市政府共同资助的文化团体,如享有很高声誉的巴黎交响乐团等。②巴黎的一些大型文化建设项目为"总统工程",如20世纪70年代建成并投入使用的蓬皮杜文化艺术中心由已故总统蓬皮杜亲自倡议并审定设计方案;密特朗总统亲自选定贝聿铭先生为设计师并审定卢浮宫扩建工程;建造新的国家图书馆设计也是由密特朗总统宣布的。

　　法国政府对文化机构运作的管理,则是总体的、宏观的,主要通过法律的和经济的手段进行调控,严格而有序。为促进文化事业的快速发展,法国政府采用了宽松的文化发展政策。对公共文化部门的管理一般有别于对行政部门的管理。如卢浮宫,虽是国家的文化部门,但拥有很多自主权,允许它有自己的人事制度和自己的收入。政府组织各方面的专家为文化活动提供建议和咨询,但按照国家法律,不干预文化的具体内容和形式。而通过立法,依靠法律法规推动和促进文化发展。法国早在18世纪就颁布了著作权法,是世界上第一个出台保护作者权益法规的国家;法国立法建立文物登记制度,一旦某个建筑物被列为文物登记后,这个建筑物乃至周围的一些设施就不能随便拆除。为了促进现代艺术创作,国家规定在新建大型文化工程项目时,必须有1%的资金用于购买或创作艺术作品等。在管理上,采用经济手段,特别是优惠的税收政策进行调控,并鼓励和支持个人把艺术品捐献给国家,鼓励个人维护文物,鼓励投资电影生产,鼓励社会和企业赞助文化事业等等。

　　为了促进文化事业的共同发展,近年来法国政府推行"文化分散政策",即将文化活动和文化设施分散到全国各地,而不是过度集中在巴黎。为此,政府决定在巴黎之外建设几项大型文化工程。文化部拨巨款在其他29个城市组织大型文化活动,扩建中小城市及郊区的文化设施。

(三) 日本模式:直接扶持,间接管理

　　日本中央政府对都市文化事业主要通过行政预算拨款,实行优惠

税制和实施文化法制等方式进行扶持和管理。

由于日本的行政制度是地方自治制度,中央的文化厅与地方政府的文化课之间没有上下级的行政隶属和制约关系,中央政府对都市的文化管理活动一般不加干预,仅进行"行政指导",即通过向地方政府通报有关文化工作的规划和政策,向地方公共团体的文化设施和文化活动提供资金补助,组织地方行政管理人员参加各种研讨会、座谈会等,对文化工作实行管理与协调。而都市政府对文化事业则通过经济手段引导扶持和法律手段保障制约,对文化团体和文化人的经营和活动不予插手,对文化艺术的流派、内容、概念等也不加限制。但是通过制订政策和经济优惠措施来表达政府的倾向,引导文化事业的发展方向,按照法律法规管理文化事业。有些城市的政府机构中甚至不设专门从事文化管理的机构或公务员,文化设施的建设由政府的企划部和公共财团合作管规划、管投资、管建设,建成后交给文化业务部门使用。

在日本,许多文化活动都以产业的方式进行管理和运作,文化组织通过市场竞争生存和发展,政府则对当地居民负责,提高居民的生活质量,为本地区企业法人和居民的生产和生活创造良好的社会环境,发挥社会服务功能的作用。以东京都为例,都政府"都政职责"中将发展文化事业列为"保障居民生活"的内容。都政府中设立"生活文化局",负责推进东京都的文化振兴。此外,还要制定发展旅游、市民活动、男女平等、青少年健康成长、消费稳定等与日常生活相关的政策。在发展文化事业方面,都政府充分重视社区文化建设,专设了社区文化部。东京都还按人口密度配备基本文化设施,甚至还详细规定了有些设施必须达到的面积标准。日本都、道、府等地方政府对文化建设的投入很大,其中相当大的一部分投向了地方文化会馆的建设,其目标是使文化会馆成为都市文化振兴的大本营。

二、有效的激励和保障机制

综观国外都市文化发展的历史进程,有效的激励和保障机制起着重要作用,主要有以下几个方面。

(一) 政策法规导向

政府制订各类政策法规,是繁荣都市文化的重要前提。日本政府近年来提出适应面向21世纪的新文化立国战略和促进文化艺术创作的新政策,并将文化财政预算增加了近五成,还采取一系列强有力的措施。例如,将交响乐、歌剧、芭蕾、戏剧等确立为艺术创作的重点扶持项目;大幅度增加对自主演出剧目的资助,且持续三年不变;为了加强艺术创作基础建设,资助各艺术团体培养青年艺术家的研修项目及调研活动;创立日本艺术振兴会的辅助基金,以扶持国内优秀创作作品上演等等。新加坡政府在总结经济腾飞经验基础上,积极提倡多元化,特别提倡继承和发扬东方传统、价值观念和推广华语,弘扬中华文化;同时还采取兼收并蓄的对外文化政策,每年都邀请世界各地的优秀艺术团、艺术家到新演出,还举办外国文化节、电影周、文化艺术展览和各种文化讲座、研讨会等。法国对内文化政策中的重要一条是鼓励和支持公众参与文化活动。为此,政府管理的文化设施定期免费向公众开放,巴黎新歌剧院每年国庆节免费公演一场音乐会,每月的第一个星期日卢浮宫免费接待游客。同时各地还积极修建公众文化活动场所。

除了制订政策外,各国的法律法规也对都市文化的发展起基本的保障作用。例如美国国会根据立法,每年向国家艺术基金会、国家人文基金会和博物馆学会拨款,以向美国文艺团体提供资助;美国立法限定联邦政府的任何部门和官员都不能干涉、控制文艺团体的政策和经营。法国法律规定,任何文化场所一经批准开放,不得改为他用或拆除,否则将受重罚。各国诸如此类的法律法规都确保了文化事业的稳定发展。

(二) 多渠道筹集资金

国外都市文化发展的经济来源主要有三个方面:各级政府的直接或间接投入;社会(包括企业和个人)的广泛赞助;文化单位自营收入。在不同的国家和不同的文化机构之间,这三者所占的比例各不相同。以严肃表演艺术团体为例,从这三条渠道获得的收入占全年经费预算的比例大体如下:在美国和加拿大,政府拨款一般只占10%,社会捐助占30%,自创收入占60%;在法国和德国,政府拨款一般占70%以上,社会捐助占20%,自创收入为10%左右;在澳大利亚,政府拨款占36%,社会捐助只4%,而自创收入也达60%左右。

1. 各级政府拨款

政府的资金主要投向四个方面:(1)建造和修缮大型文化设施和"标志性建筑",代表着城市的经济和文化发展水准,如巴黎、伦敦、东京等国际大都市中最著名的文化设施均为政府拨款建造,其中最早的可追溯至1759年英国政府拨款在伦敦建造的世界最大的综合性博物馆——大英博物馆。(2)资助公益型文化单位。如图书馆、博物馆和社区的一些综合性文化设施均对公众免费或低收费。英国政府1994—1995年间的文化经费预算中,投向图书馆、博物馆等公益型机构的占了30%。同样博物馆在美国因其所具有的"公共"性质,所获得的政府资助也大大高于其他艺术门类。(3)用于文化遗产保护和扶持高雅艺术。如意大利每年的文化预算约18亿美元,其中用于文化遗产保护的约11亿美元,占60.7%,其余的主要投向代表意大利艺术水平和优势的歌剧和电影。在意大利罗马歌剧院的全年支出中,各级政府的拨款高达90%,剧院自己的门票收入只占10%。西班牙代表国家水准的舞蹈艺术团体全部经费由文化部拨款。美国的波士顿交响乐团、纽约爱乐乐团、芭蕾舞团等高雅艺术表演团体也均由政府实行经济倾斜政策而得以生存下来。(4)开展对外文化交流和艺术教育。如日本政府专为国内艺术团体参加海外艺术节及双边艺术交流活动而专设援助项目。纽约市文化局与市教育理事会等机构联合出资赞助为中小学提供艺术和文化服务的"艺术展示"计划,提高青少年的艺术素养。

除上述直接拨款外,各国政府还经常采用基金会形式。日本于1990年创立了艺术文化振兴基金,由政府出资500亿日元,民间捐款112亿日元,通过运作收益,援助文化艺术团体的活动。1995年度援助项目达771个,总金额达207.78亿日元。法国电影基金来源于政府财政,电影门票和电视台的税收,以及电影录像出版权转让费税收。该基金会每年用于电影生产及相关的开支相当于国家对电影投资总额的2/3。

在税收上,一些国家对文化事业采取宽松政策,以间接增加文化机构的收入。法国所有的经济企业增值税均为18.6%,而文化企业仅交7%;意大利除食品部门之外的经济企业增值税率均为19%,而文化企业仅为9%。有些国家还对文化实行免税政策,英国对图书报刊实行零增值税已有100余年的历史,文化是与食品和儿童用品并列的为数不多的免征增值税的商品之一,还享有免征进出口税的优惠。这使英语的出版业得到长期稳定的发展。美国规定文化团体若以非赢利服务社会为目的,就可以取得免税地位,这类团体包括交响乐团、合唱团、艺术展览机构、舞蹈团等多种文化艺术形式。英国的一些大学出版社,如牛津大学出版社、剑桥大学出版社的经营全部免税。法国在对公众场所或沙龙中举行有益于公民身心健康的体育聚会和文化娱乐活动予以免税;对于一些新创作的剧目以及新编的古典名著,在演出140场之内,税收减免70%;某些实验性艺术活动和高雅的音乐会也可享受一定的减免税优惠。这些措施都有助于都市文化艺术事业的建设。

2. 鼓励社会解囊相助

美国各级政府对文化事业的直接投入在西方发达国家中是最少的,然而若加上社会、企业的资助,美国每年的文化投入可达60亿美元(其中联邦政府仅11亿美元),雄厚的资金使全美1.5万个文化艺术团体长年活跃在艺术舞台上,而且每年夏初至秋末还举办一千多个不同类型的艺术节。英国每年举办的各种艺术节达500个,其中76%接受企业的经费赞助,一半以上接受企业非经费形式的支持,包括制作宣传材料或节目单,提供设备、场地、奖品、咨询和法律服务等。英国的一些重要文化机构和文化活动,如大英博物馆、大英图书馆、皇家美术馆、爱丁堡艺术节、伦敦国际戏剧节等还得到了日本企业家赞助。

社会对文化的赞助之所以能大获成功,与社会的传统习惯有一定关系。纽约著名的百老汇剧院区和大都会艺术博物馆都建成于19世纪,均为个人或企业投资。美国联邦政府强调政府对文化发展的支持是为了"鼓励和吸引更多的私人和地方的支持"。1917年联邦税法就明文规定,个人和企业向法律指定的一系列文化艺术组织捐赠款物,可享受减免税优惠,这就吸引了许多企业。加拿大不列颠哥伦比亚省为了向社会广筹资金,支持重点文化事业,成立了省文化基金会,凡向该基金会捐助者,可按捐赠者年收入的100%冲税,如果捐赠额巨大,超过目前捐款人的年收入,超过部分可用作下一年度冲税用,最长可顺延5年,这一措施极大地刺激了捐款人的积极性。同时,一些国家对社会资助文化实行严格的管理,设立相应的机构,对资助双方进行监督。英国设有"企业资助艺术协会",由该协会负责制定资助办法,接受研究申请,直至拨款。法国既有全国性的文化资助委员会,也有各大公司和企业设立的专门机构,负责审定资助项目和对象。许多企业都根据各自的特点和发展作出资助,如埃尔夫石油公司面向音乐、造型艺术和文物保护;法国航空公司注重发掘和支持有才华的音乐家、美术新秀和艺术节;法国电力公司重点资助歌剧,其他如巴黎国民银行、法国煤气公司、雷诺汽车公司等都有各具特色的资助目标。

3. 文化机构自创收入

国外文化机构自创收入也是非常重要的。为维护基本的营业收入,大都采用会员制。不但博物馆、图书馆等非盈利性机构有会员组织,一些表演艺术团体也拥有他们的会员。

在美国,"博物馆之友"的会员按社会等级交纳费用,享受不同等级的优惠待遇,会费交纳到一定数额,其名字就可被刻在博物馆最醒目的石碑上。纽约大都会艺术博物馆的这项收入占了全部经费的13%。英国伦敦的学会室内乐团成立了"观众之友协会",入会者交小量会费,可每月收到演出信息,可优先订票,可观看排练,参加乐团的聚会等活动,甚至可自费随团出国访问演出。通过这些活动,密切了与观众的联系,逐步形成基本的观众群,并通过他们影响更多的人。除了正常的经营收入外,国外文化团体还发行公债、搞抽奖、拍卖等。纽约大都会歌剧院通过抽奖活动推销带有附加票价的演出票,曾在6年中筹得100万美元。此外,还有些文化单位开设辅助性服务项目,如开办餐馆、纪念品商店、收费停车场等,以弥补经费的不足。

(三) 科学高效的管理

在激烈的竞争中,文化团体的管理是否科学高效关系到它们能否在市场上站稳脚跟。国外文化机构的成功管理,具有两个共同的特点:

1. 充分尊重文化艺术发展的规律

国外文化团体特别强调领导应是内行,懂得该门艺术发展的特殊规律,使文艺团体能坚持自己的艺术追求,形成良好的艺术风格。美国各艺术团体均由艺术指导和总经理进行日常管理。艺术指导决定该团的艺术风格、上演剧目、演员录用、演员级别的晋升和工资、编导剧目等事项；总经理根据艺术指导的意图和目标，负责艺术团体的各项行政管理事务。艺术指导一般被认为是艺术团体的最高领导，领取最高工资。以艺术指导为主、总经理为辅的管理机构在美国是艺术团体的普遍模式，由艺术家管理艺术团体是美国的主流。法国政府规定，经营剧院或领导戏剧、歌剧及舞蹈巡回演出的经理必须具备下列条件之一：10年中曾写过文学或音乐作品，至少有3部剧本或2部作品上演过；近10年曾任过导演，至少执导过3部作品；近10年当过演员，至少扮演过10个角色，其中5个是主角；近5年来担任过剧院的理事。

2. 人事制度鼓励竞争

国外文化团体的人事管理遵循"优胜劣汰，适者生存"的原则，实行演职员聘任制，这样既便于人才流动，也有利于竞争。例如，演职员与聘用团体签订工作合同，合同规定签约双方的权益和责任，包括工资待遇、社会保险金、每周工作时间等，并规定试用期。美国艺术团体的演员均签署聘用合同，合同以外不发工资，合同期内工资以周计算。伦敦学会乐团的演奏员全部是自由职业演员；合同制，即演出排练时集中，其余时间自谋出路。该团有经常性的演奏员30—40人，称为A组，如演出大型作品，再找候补演奏员，称为B组。乐团领导根据演出需要决定聘用何人，聘多少人，不必考虑如何处置其他人。由于一个位置往往有很多人等着，竞争激烈，演奏员自然会刻苦排练，提高水平，以争取上场。在这样的艺术团体中，人员精干，工作高效。伦敦学会乐团的行政班子只有两个半人，一是指挥兼艺术指导，二是总经理，忙时雇一个秘书。美国文艺团体的行政人员一般只占总数的10%左右，而在行政人员中，筹款人员占了多数。

分配制度能够体现激励的力度。苏黎世话剧院演员的工资在3 000—12 000瑞士法郎之间，差距达4倍。日本演出剧团演员的收入主要视演出场次来决定，而出场费主要根据演员技能水平和表演态度规定为2.5万—5万日元不等,在竞争中自然拉开了演员的收入差距。

(四) 广泛普及的基础教育

广泛普及文化艺术教育,从根本上提高国民的文化艺术素质,也为艺术人才脱颖而出创造有利的环境。纽约文化局以此为己任,为青少年的文化艺术教育进行不懈努力。如有计划地为艺术教育提供资助,组织课堂教学、联合演出、展览等活动。鼓励艺术团体深入学校开展文化艺术教育,提供机会让青年学生与艺术家、艺术团体接触,以便从中发现和培养艺术苗子。该市实施"夏季青年雇工"计划,许多文化团体在夏季接受学生临时参加文化服务,学生的薪金由文化局统一支付。这样,政府不仅间接地资助了文化事业,而且为青年学生参与文化活动创造了条件。纽约的公共文化设施,如图书馆、博物馆等欢迎中小学生利用馆藏资源。图书馆员将指导学生查找图书资料作为一项重要工作,每天下午放学后当大批中小学生涌入公共图书馆时,有些图书馆还派专人辅导学生做功课,使学生从小就学会使用图书馆,让图书馆较好地发挥教育职能。

在日本政府设立的扶助项目中有一项为"艺术欣赏教育",文化厅每年派遣优秀的表演团体赴各地以"儿童艺术剧场""青少年艺术剧场""中学艺术欣赏教室"等多种形式巡回演出,向青少年提供欣赏的机会。为了加强学校的艺术教育,日本各都、道、府、县都发放限于本地通用的"特别教师许可证",鼓励社会上的艺术专业人才到小学授课,在艺术教育中发挥作用。据报道,英国有63%的艺术节组织艺术教育节目和专门为儿童举办教育性活动,教育节目比重越大,政府资助艺术节的费用就越多。

三、注入文化经济活力和推动文化产业的运作

为了研究文化领域中的经济现象,国外在20世纪70年代前后产

生了文化经济学,受到了西方经济学家的重视和关注。都市是经济活动与文化活动的集中地,都市以艺术、观念、时尚等孕育了文化,同时也带动了经济的革新与发展。

(一) 文化活动以提供产品或服务的方式融入社会生产,创造出可观利润

据国外学者推算,在文化产业最发达的美国,包括表演艺术、影视、印刷出版等文化部门,1988年的产值占当年GDP的2.5%。根据美国国际知识产权联盟的报告,美国以文化产业为主的"核心"版权产业,1993年的产值占当年GDP的3.7%,其增长势头远远超过其他产业部门的2.6%。纽约的影视生产1997年是连续破纪录的第四个年头,创造了23亿美元的收入。据调查,南卡罗莱纳州文化的投入与产出之比为1∶1.72,文化对该州的经济支持率达10%—15%,可与它的纺织和旅游业相媲美。

(二) 文化活动创造了就业机会

在法国,各级政府大力修建文化设施。在施工过程中和施工结束以后都吸纳了许多人员就业。英国每年举办数百个艺术节,不仅为艺术家们创造了临时就业的机会,而且为成千上万的人提供了工作岗位。据统计,62%的艺术节雇用了领取工资的工作人员,以从事艺术指导、节目策划、宣传和日常管理等工作。从1981—1993年间,英国在文化产业就业的人数增加了22%,占所有从业人员的比例从0.72%上升至0.84%。而美国以文化产业为主的"核心"版权产业,1987—1993年就业人数的年增长率达2.7%,三倍于同期其他产业0.9%的年增长率。1993年文化机构的就业人数占全美就业总数的2.5%,高于其他任何一个独立的产业部门。纽约市电影业的从业人员在1994—1997年间上升了47.5%。美国商业部1992年的统计更清楚地说明了

这一点。(见表 1)

表 1　美国大城市部分文化产业的从业人数

产业	都市就业人数('000)	全国就业人数('000)	都市占全国的比例(%)
报业	190.6	417.0	45.7
杂志	85.2	116.2	73.3
图书出版	53.2	79.6	66.9
广告电视	102.8	221.8	46.4
电影制作与发展	241.2	249.2	96.8
管弦乐、娱乐业等	58.5	69.0	84.8

注：这里的都市指人口一百万以上的大城市
资料来源：美国商业部统计局，1992 年

(三) 文化活动有力地促进了旅游业、图书出版业、信息传播业和电影业的发展

1. 旅游业

在国外一些重要的文化城市中，光顾博物馆、画廊或聆听音乐会的游客比例很高，而且有相当一部分为外国游客。苏格兰首府爱丁堡市以举办艺术节而名扬欧洲，被誉为艺术节之都，通过艺术节吸引八方游客，1990—1991 年艺术节的收入比 1976 年高出 369%，其中 80%以上来自外地游客。

2. 图书出版业

作为文化产品的生产者——图书出版业，是完全按照市场要求的模式运转的。表现为：(1) 人员的结构偏重于销售。据美国出版协会在 20 世纪 80 年代的调查，出版社各部门人员所占的比例为——编辑 15%，设计和生产 10%，推销 26%，发行 34%，行政管理 15%，推销发行人员达编辑人员的 4 倍，出版公司的总裁也往往来自推销部或发行部。(2) 选题以市场需求为导向。由于每本书都要经受市场的考验，

全球视野中的都市文化建设

许多出版社对选题都通过市场预测和认真的考察,并且非常重视出版物的新鲜风格,以保持产品长盛不衰。(3)对产品作宣传推销。许多出版社在决定出版某种图书时,同时制定推销方案,而且往往在新书出版前几个月,宣传工作已紧锣密鼓。宣传的手段,丝毫不亚于其他商品。(4)开辟多种发行渠道。世界出版之王德国的贝塔斯曼集团发明的读者俱乐部在这方面堪称一绝,该集团拥有全球的读者会员也相当于德国人口总数的1/3,贝塔斯曼由此走上了超级跨国集团之路。(5)高密度设置销售网点。国外许多城市的大街小巷、码头、车站都有书店或书刊摊点。书店的种类名目繁多,有向大型、连锁、超级发展的趋势。

3. 信息传播业

报纸、广播电视等信息传媒是典型的具有双重性质的信息载体,是最有影响力的产业和新的经济增长点。据报道,美国的报纸广告收入占其总收入的70%左右。据联合国教科文组织1990年的《世界传播报告》,加拿大等一些国家的商业性广播电视的广告收入均占其总收入的92%—98%。

传播业中的不同媒介机构也在不断重新组合。究竟是什么原因?美国学者认为,最根本的原因是媒介公司盈利极为丰厚。据调查,1984年美国传播业各行业的平均税前利润超过了同期许多大型产业的利润水平,而且整个20世纪80年代始终保持着这一势态。如此诱人的投资效益,吸引了许多有实力的大财团纷纷涉足传播业,收购和兼并媒介公司。

值得注意的是交叉媒介的所有权的混合化集中,代表了当今传播业发展的未来走向。据分析,美国64家主要媒介公司中,有33%的公司至少拥有两种传播业的媒介,有26%的公司至少涉足三种媒介行业,这一趋势昭示了今后国际传播业运作方式的一大特征。

4. 电影业

电影作为一门产业已走过百余年的历程。在当前许多国家的电

115

影业纷纷陷入困境之时,美国电影却风光依旧。美国电影业,无论过去还是现在都极少得到政府的赞助,而欧洲国家政府每年对电影业的资助总计达8亿美元,收入却不到3亿美元。

在美国电影业的运作过程中,电影的二级市场起着极为重要的作用。据报道,电影院收入尚不足总投入的40%(见表2),其收入的主要来源在其他方面。例如电视就为电影提供了四个市场:全国电视网、地方电视、地方付费电视、付费卫星电视。将影片制成录像带出租也带来了巨额利润。

表2 美国电影业在各电影市场上收入的百分比关系

	1980(%)	1985(%)	1990(%)
电影市场发行总收入 其中:国内发行收入 国外发行收入	78.5 45.8 32.7	47.0 30.0 17.0	38.0 23.0 15.0
有线电视	5.0	17.9	23.0
全国电视网	6.3	4.3	3.0
辛迪加电视和地方电视	9.0	7.8	5.0
家庭录像	1.2	23.0	31.0
合计	100	100	100

资料来源:《电影作为商业》,E.柯卡寥夫著,1991年

预先出售电影放映权,是美国广为流行的筹资方式。所谓出售电影放映权,是事先售出未来影片在电视节目中的放映权或将放映权卖给外国发行公司,使影片预先进入二级市场。在二级市场中还有将跟踪、格斗、追击等电影情节卖给制作游戏机卡的公司,生产和销售电影纪念品、印制通俗影片中的人物肖像和象征物、将叫座的影片改写成小说等等。与此相关的还有预先出售与影片上映有联系的一系列其他权利,如用电子手段放映影片、出售影片的音乐或文学的阐释权以

及片中的人物形象等。由于二级电影市场上影片的买主,如电视台、录像带发行商、出版商等,从根本上重新构建了电影业的财源,它们在某种程度上降低了电影生产基本投资者的风险,因此,有些新的独立制片公司倾向于从签订二级电影市场的合同开始影片方案的设计。二级电影市场这一奇异现象帮助和支撑了美国电影业的稳定和发展。

随着二级电影市场、闭路电视和录像的蓬勃发展,旧影片也成了身价不菲的开发对象。据统计,好莱坞共有14 000部旧影片,每年有50部旧影片在可以盈利的情况下在电影院重映,另有同样数量的旧影片可以在付费的闭路电视上复映,有500部旧影片可以进入录像市场。这样,14 000部旧影片中每年有600—700部影片可以在一级电影市场和二级电影市场上放映,这对制片厂不能不说是一项重要的收入来源,而且其文化意义也不容低估。

在促进产业发展的同时,许多国家都兼顾文化产业领域中涉及的意识形态问题,依法予以处置。美国的《1996年电信法》在广播史上首次对节目内容做出规范。一般国家都禁止传播和宣扬色情、暴力、对青少年成长有害、诽谤他人以及泄露机密等等的内容,但对上述内容的确切判定,由企业自己辨别和掌握或最后由法官裁决。

国外文化企业大多不受政府部门的直接管辖,文化产业中的大多数行业都拥有行业协会、公会、联盟等一类组织,一般是从业机构或从业人员为捍卫自身利益而自愿结合的非官方机构。它与政府保持某种联系,进行行业管理和自律,是产业发展中一个非常活跃的因素。

这种机构的主要功能:①代表行业利益,出面就行业的有关事宜与政府接触、磋商,协调会员与政府的关系,向会员提供信息、组织业务交流和人员培训等;②确立和保护从业人员的合法权益,如报酬、法律地位、社会保障等;③协调和规范行业活动,进行行业自律,必要时举行联席会议,商讨与共同利益有关的问题,并提出对策,保障行业的发展。

经纪或代理等中介人是国外文化产业运作过程中另一个不可或缺的重要角色。经纪代理公司及一些类似功能的中介公司业务遍及全球,他们有较强的市场敏感性和艺术造诣,又有广泛的社会联系和独有的供销渠道,能将文化产品成功地推向市场,因此,受到供、销双方的欢迎。

四、高新技术的支持和影响

以信息技术为中心的高新技术正在加速工业社会向信息社会转变的进程。用高新技术武装文化事业,已被认为是未来若干年内的一种极佳组合。尤其是以信息技术为内容的信息革命的兴起将导致都市文化从形式到内容,以致消费方式都经受一场历史的变革。

(一) 高新技术提升了文化服务的质量和功能

由于数字化、智能化、网络化技术的发展,使电视作为一种传播媒体日趋完美。数字电视的问世使清晰大屏幕画面和高保真立体声伴音成为现实,传播频道的数目大大增加,极大地丰富了电视传播的内容。高清晰度、多频道、交互式等新型电视将大大改变传统电视的传播观念和观众的欣赏习惯,并使电视成为一种更加完美的传播载体。美国的46家电视台已于1999年11月在洛杉矶等23个大城市正式播出数字式电视节目,其中有23家开始在10个城市播出高清晰度电视节目。专家们认为,这标志着新的电视时代的开始,其影响将超越电视工业本身,数字式电视技术将在一定程度上改变人类社会的生活质量和方式。

信息技术革命也为电视传播提供了更便捷、通畅的传输通道。卫星电视、有线电视的发展克服了传统地面传播的局限性,实现了电视信息传播的全球化。在未来的信息时代,电视传输通道将更加四通八达,并将进一步拓展电视的媒介功能,使其脱离作为娱乐休闲工具的简单形象,而成为集电视、电脑、电信三大功能为一体的家庭多媒体中心。

在出版业,以光盘为代表的全球电子出版业发展迅速,出版媒体由单一的纸介质变为纸、磁、光、电等多种媒体,出版资源可以在多种媒体间任意转换,因此,具有广阔的市场和发展潜力。据报道,美国电子出版业,1993年销售额比上年增长了149%。一些大的出版社成立了电子出版编辑部,有的已转为以电子出版物为主。计算机技术进入网络化阶段后,网络出版应运而生,首先体现在电子报纸的出现和报业网上经营。电子报纸实现了与报社的编辑出版同步,比纸质报纸要提早几个小时,因此具有信息领先价值。许多电子报纸还向读者提供各类信息服务、未发表的背景资料,并可以检索以往的图片和报道等。报纸驶上信息高速公路,被称为是一场"静悄悄的革命",这场革命的特色之一是报业通过信息网络和家用计算机,向读者提供电子咨询,拓展了报纸的功能。国外许多专家认为,电子报纸代表着未来报业的趋势,而高新技术是报业健康发展的关键因素。它借助高科技成果,有效地扩大发行范围,如通过通信卫星或海底光缆传输报纸图文信息,都能在转瞬之间完成。

在建立信息高速公路的过程中,单个图书馆的作用将削弱,数字化图书馆的计划和试验正在实施。日本由100多家政府机构和私营公司在关西科学城实施提高数字化网络利用计划,拟在2003年建成国立国会图书馆关西分馆,它将成为日本最大的数字图书馆。新加坡的"图书馆2000规划"项目包括全国公共图书馆上网、建设商业图书馆中心和互联网等。美国除了国家的数字化图书馆计划外,还有许多地区性的数字化图书馆网络试验。这些计划和试验显示出,图书馆的职能通过高科技正在快速增长和延伸,它将与生产、科技、教育、商业等社会组织紧密联系在一起,而不再是一个单独的文献信息服务机构。它将发挥中心环节的作用,进行信息的组合和推广,在经济全球化的大背景下确定自身的文化特点并与世界文化融合。这就需要对图书馆的观念、存在方式、运作机构和社会功能重新定位。高新技术进入娱乐界,使娱乐业收入剧增。美国迪斯尼等大型游乐场利用"虚拟现实"技术推出三维空间幻境游戏,成为最时兴的节目。好莱坞环球制片场的游客超百万,通过电脑和巨型荧幕,游客仿佛置身于未来的神奇意境中,于是高兴地付出了数千万美元。这正是美国娱乐业高度发展的一个内因。

(二) 高新技术冲击着传统的管理和消费观念

随着卫星通信事业的飞速发展,通信卫星和广播卫星已经有相当一部分用于跨国广播电视传播,导致国际广播的概念发生重大变化:一是传统的国际广播特指短波电台的对外播音,而今跨国卫星影像传输在国际广播中占据核心地位;二是传统的国际广播运营机构一般是政府或公共法人,而现在除英国的 BBC 等少数几家外,大量商业媒介涉足这一领域;三是传统的国际广播往往专为外国人或本国侨民特制节目,以介绍本国情况和宣传本国政策为主,而新的卫星电视节目一般不专门制作,大多直播国内频道,娱乐节目占了主要部分。自从数字化和多频道化在卫星电视领域进入实用阶段后,许多国家都纷纷开拓卫星电视事业,使电视的管理和消费发生一系列变革:①电视台概念的变化。传统的电视台为设备和节目、硬件管理和软件制作一体化的机构,而数字化多频道电视大多将两者分割开。如日本将有卫星转发器或有线设施的经营者定为受托广播事业人,制作和提供节目的企业定为广播事业人,其法定责任和义务均不相同。②频道节目编排的变化。数字化多频道电视一改传统的综合频道形式,不再面向未分化的大众。改设各类专门频道,将目标定位于有特定需求、兴趣和爱好的特定受众群,使"广播"变成"窄播",大众传播小众化。③收视活动变被动为主动。传统的电视节目受众完全是被动地适应电视台的节目时间表,而多频道电视要以保证受众在任何时间都能完整地收视节目,能动选择节目的余地大大增加。④经营观念的转变。传统广播电视的经营主要依靠收视率,收视率上去了,才能有较好的广告效益。而多频道电视的经营观念是全新的,即变视听率经营为规模经营,因为多频道电视的经营基础是观众交纳基本收视费,只要签约用户达到一定人数,就可取得相应的经济效益。

(三) 高新技术孕育了新的产业格局

目前世界各国正在开发的重大多媒体工程达 50 多项。然而在一些国家的传统体制下,各媒体市场是相互分割的,并有法律作依据。为了发展多媒体事业,必须打破行业界限,实行行业重组。为此,近年来西方各国都在大幅度修改电信法和相关制度。其目的,一是打破媒体间的壁垒,允许各不同媒体市场的相互渗透和融合;二是放宽所有制限制,促进新的产业的发展。

城市化进程中的城市文化保护与发展

——美国与欧洲城市景观文化取向比较

徐和平[①]

二战后随着制造业外迁,城市经济空洞化,美国与欧洲城市出现了前所未有的衰退与衰败,城市发展蒙上了巨大的阴影,欧美城市采取了不同的应对政策,对城市再发展产生深远的影响。

一、城市衰败及对城市传统景观的侵蚀

城市化进程中,城市衰败不可避免,对城市形象产生巨大的负面影响。早在工业化时期,农村人口大量涌入城市年代久远的旧房里,使贫民窟呈蔓延之势。工业革命时期,英国工业城市利物浦、曼彻斯特等出现了不少拥挤的贫民窟,有碍城市形象。在19世纪晚期,大量的移民挤进了美国城市破烂的公寓及旅馆,致使贫民窟蔓延,环境恶化,损害了城市景观,引起了普遍的关注。[1]

二战后,欧美城市化进入了郊区化的扩散时期,导致城市经济空洞化。随着高速公路网修建,城市外围地区通达性提高,制造业持续

---

① 徐和平,经济学博士,贵州财经大学二级教授。原载于《城市发展研究》,2011年第3期。

向土地租金低的外围分散。在美国的芝加哥,1947年到1982年期间,制造业岗位减少了2/3。[2]富裕人口、零售、办公服务业等也纷纷向外围地区迁移。仅在1963年到1972年,美国的纽瓦克和克利夫兰等城市的零售业就减少了30%。[3]类似的分散也发生欧洲国家,分散直接导致城市中心经济的空洞化,对城市发展产生了消极的影响。

经济空洞化使城市税基大幅萎缩。制造业及传统服务业的大规模外迁,使厂商的营业税收大量流失,从而侵蚀了不动产税的基础。房地产等不动产税是欧美城市极其重要的收入,约占城市整个税收的2/3。富裕人口及产业的外迁,城市不动产大幅度贬值,城市税基也大幅度萎缩。

与此同时,政府开支却大幅度增加,从而增加了城市负担。大量贫穷人口涌入城市中心,使城市失业救济、养老金等费用大幅度增加,成为政府开支最高的地区。1980年,美国的纽约市人均政府开支高出郊区70%,而费城人均城市政府开支则是其郊区的两倍。城市出现了巨额财政赤字,迫使当局广开税源平衡财政收支。[4]到1975年,纽约市征收税收多达22种。名目繁多的税收给城市纳税人带来了沉重的负担,20世纪80年代初,美国城市居民人均税收高于郊区40%。

重税政策加速了旧城区的衰败。重税政策加速了城市住宅的向下淘汰与衰败的过程,同时,城市繁重的不动产税及衰败导致不少富人的放弃城区旧住宅。20世纪70年代初,美国圣路易斯就有一万人放弃了城市住宅,致使一些街区80%的大楼无人居住。[5]城市街区的外在化影响突出,一旦街区某处房屋衰败,就会引发邻近房地产贬值,整个街区甚至社区衰退就难以遏止,城市衰败地区也不断蔓延。二战后,美国城市衰败是触目惊心。20世纪60年代调查,哈莱姆住宅中11%的失修倒坍,33%的破烂不堪。[6]

战后欧洲城市存在一定程度的衰败,但没有美国那样严重。欧洲城市的衰败主要是经历战争的破坏所造成的,随着制造业向外围及其他国家的转移,欧洲城市经济空洞化也引起了部分城市的衰败。英国的西北地区及德国鲁尔地区的工业城市在制造业萎缩之后的衰败都十分明显。

战后,制造业从城市中心分散出去之后,欧美城市将知识经济作为其替代的经济,其中旅游及相关产业占有极其重要的地位。战后城市旅游业的知识含量增加,延伸到会展经济,并带动餐饮、旅馆、零售等服务业。但是,随着衰败地区的蔓延,城市中心古老的建筑群日趋破败,城市特色及文化资源遭到侵蚀,破坏了城市形象,妨碍了城市产业的重组。

面对城市衰败的蔓延,各国城市当局、市民、理论界对城市传统建筑的去留及城市景观进行了长期争论,对城市发展政策产生了重要影响。[7]城市美化、城市更新、城市历史中心保护等成了欧美城市发展的焦点,对城市旅游业及经济发展产生深远的影响。由于城市传统的差异,欧美城市政策也具有很大的不同。

二、欧美城市景观文化取向比较

欧美民族价值及市场经济取向具有一定的差异,影响到对城市景观的文化取向。美国是一个移民的国家,传统文化沉淀不深,但美利坚民族却是一个极富创新精神的民族。早期边疆拓殖过程中,孕育出民族重要的价值"个人主义",进入工业社会后,美国成了自由市场经济国家,政府长期甘当"守夜人"的角色。欧洲拥有悠久的历史,更为注重传统文化的价值,欧洲国家大多采取社会市场经济或福利市场经济模式,政府更多地承担起指导城市发展的责任。民族价值及市场模式影响到欧美城市景观文化创新与传统建筑的保护上,主要有以下方面:

第一,城市更新运动与城市风光。在历史的长河中,城市新建筑对衰败建筑的更新是一个延续过程,但大规模的城市更新运动则是进入20世纪后富有创新精神的美国率先进行的。面对贫民窟蔓延,工业化后期美国人进行了一定规模的城市更新。城市当局着手消除贫民窟,兴建高层建筑群。20世纪初,美国纽约、芝加哥等城市的摩天大厦大楼林立,展现了新型的城市风光。这种新型的城市风光以新的城市文化成为时尚,风靡世界。

20世纪60年代,经济空洞化使城市衰败地区蔓延,美国人实施了规模巨大的城市更新运动。美国人投入数以千亿美元用于衰败地区的重建,政府推出2 000个计划,撤除60万单元的旧住宅,在原地修建了25万单元的住宅;建造1.2亿平方英尺的公共建筑、2.3亿平方英尺的住宅。[8]更新后的城市面貌焕然一新,新建的建筑群更突出了以摩天大楼为主体的城市风光。

第二,城市美化运动与新的城市景观建设。城市美化与城市更新有着密切的联系,着眼于城市景观建设。城市美化运动兴起于19世纪末,影响到20世纪的景观建设。1898年,霍华德出版了《明天的公园城市》一书,提出建立公园城市、花园城市的观点,反映了早期城市美化运动的宗旨。19世纪晚期起,美国城市陆续建立了发达的公园系统,城市通过公园而保护城市生态景观。[9]西雅图模式是这一时代城市美化的典型。经过多年园林景观建设,到1916年,西雅图建成遍布公园和林荫大道的美丽城市,堪称公园城市、花园城市的楷模。[10]

二战后,城市经济逐渐由生产型转向服务型,城市发展依赖于城市使用者提供经济支撑。英国学者马提洛蒂(Martinotii)认为,城市使用者并非本城居民,而是城市旅游者及生意人,他们的活动为城市带来滚滚的财源。[11]通过城市美化吸引城市使用者作用巨大,政府十分重视城市美化的另一种形式——标志性建筑建设。早在1893年,芝加哥博览会展中心"白城"吸引了大量游客,作为这一时代功的标志性建筑被普遍效仿。[12]二战后,美国城市景观建设发扬光大,值得一提的巴尔的摩模式。

巴尔的摩原是著名钢铁城市,政府对衰退的城区进行了重建与美化。20世纪60年代起,该市拆除了衰败地区,聘请罗思等企业家进行产业再发展。企业家将重点放在旅游与休闲产业上,并将私人资本置于公共政策控制下。1976年起,陆续落成了马里兰科学中心、世贸中心、会展中心、海港假日市场、音乐厅、博物馆等标志性建筑,以新的"旗舰文化"形式形成时代特色,带动了休闲、旅游等服务业的发展。[13]

第三,城市传统建筑群的保护。城市更新、城市美化运动在欧洲也有一定影响,但不是主流,欧洲城市文化导向与美国迥然不同。20世纪初,在修建铁路车站、电车轨道等过程中,欧洲一些城市拆除了城墙及古建筑,一定程度上破坏了原有的城市结构。[14]面对二战造成的破坏,欧洲城市曾尝试拆除衰败地区和建立现代建筑。对城市历史中心的破坏,引起了普遍的敌意。[15]战后欧洲选择了与美国不同的景观文化政策。

欧洲具有悠久的历史,城市中心密布着古老建筑群,各国制订了严格法律进行精心地保护,城市更新罕见。城市历史中心建筑拆迁几乎是禁止的,政府还严格限制现代建筑布局在历史中心而破坏城市景观的协调性。这些法规强有力地保护了城市古建筑群的原貌,古色古香历史中心则保持画景般古城风貌。

城市建筑的衰败是必然的,欧洲国家对城市中心的古老的建筑维修也做出严格规定,避免改变原有的城市风貌。维修原则是修旧如旧,这一原则使城市历史中心数百年前的街道保存完好如初。尽管维修费用巨大,但政府与市民则认为是其义不容辞职责。尽管历经20世纪巨大的变迁,欧洲历史中心古老的街道却得以完好保存下来。

三、欧美城市景观文化影响比较

在长期发展历程中,欧美城市景观的取向对城市发展产生了深远的影响。二战后,欧美城市经济空洞化,城市旅游及相关服务业作为重要替代产业带来滚滚的财富,推动城市继续发展。基于这一原则,对欧美城市建筑文化导向的影响进行分析。

城市更新运动影响是复杂的。美国大规模城市更新获得了一定成功,给城市带来一线生机。城市中心成片成片的衰败区被夷为平地,代之林立高层建筑,宽阔的林荫大道,绚丽多彩的城市花园。城市吸引力渐渐增加,重建后的街区房地产略有升值,城市吸引力在一定程度上增加,部分人口与资源重新流入城市,被学者称为"再城市化"。

城市美化对城市文化重塑的影响更为广泛。20世纪初,西雅图模式产生重要的影响,花园城市、公园城市的理念成为时尚。西雅图模式注入新的文化内容,规划者更多地考虑绿色空间,画景城市的理念影响深远,被普遍依效,一些还引入了主题公园,使城市美化发扬光大。

20世纪后期的巴尔的摩模式在景观建设上注入了时代的特色。随着经济日益空洞化,城市着手再造新的经济功能。城市新建系列性标志性建筑,形成城市新的"天际线",以全新"旗舰文化"形式出现,吸引大量的游客观光、旅游,也带来一系列的商业活动。巴尔的摩产业管理费用获得举世瞩目的成功,1983年,来自世界87个城市的4 000名代表来巴尔的摩取经。[16]巴尔的摩模式为美国的波士顿、西班牙的巴塞罗、澳大利亚的达尔文港等仿效,并获得相当的成功。

但是城市更新负面影响也是巨大的。在更新过程中,美国城市街区被大量夷为平地,传统的、古老的建筑大量消失。这些古老的建筑代表各城市的过去文明,有的可上溯到殖民地时代,体现了城市的特色。更新后,代之以毫无地方特色的高层建筑及千篇一律的网格结构,城市历史中心遭到巨大破坏,城市肌理割裂。现代化高层建筑随处可见,缺乏美学价值与文化特色。

西雅图及巴尔的摩模式都是当代人造文化模式,容易仿效,影响很难具有持续性。西雅图遍布公园与林荫大道,但缺乏文化底蕴,公园城市出现在世界各地。当巴尔的摩模式走向世界之时，巴尔的摩本身特色却黯然逝去，进入21世纪后，巴尔的摩风光不在。巴尔的摩在蒙受制造业外迁损失之后，旅游、休闲服务业也受到外部挤压，城市经济不振，失业人口比重大，2000年，生活在贫困下的人口约占总人口的1/3。[17]

欧洲城市将古老的历史中心作为重要的文化资源推动旅游服务业的发展，获得了更大成功。尽管城市更新及美化的成就大为逊色，但今日欧洲城市古老文化却具有不可复制性。欧洲对城市历史中心古典建筑群的保护，保护了城市特色。历史中心的古建筑群记录了城市悠久的历史、重大事件、民族的辉煌，构成了城市文明的"根"，代表着城市传统文化的沉淀及特色，是一部古老而厚重的历史文化，既是一份厚重的文化遗产，也是十分重要的经济遗产。

欧洲闹市区依然完整保留着数百年前的画景似的古城风貌，古色古香。城市建筑遗址有的可上溯到古罗马、古希腊时代。在城市中心附近，中世纪的罗马式圆顶教堂或哥特式尖顶教堂作为城市的天际线，象征着古老的庄严。城市文艺复兴时的巴洛克建筑大量保存下来，建筑内部以雕刻、绘画装饰得富丽堂皇，建筑四周则是华丽的喷泉及古老的雕塑等。通往商业中心狭长的步行街道上保持着中古时期的曲线美，路面的石块经历数百年沧桑；街道两旁则是古老建筑物的长廊，与周边地区的古建筑一起形成闹市区的古建筑群。在这里，古老的商店、酒吧、旅馆、餐馆、戏院、影剧院等鳞次栉比，窗明几净。

古老的闹市区传统的功能世代相传，今天仍保持完整。白天闹市区成了购物和消遣的场所，城市及周边家庭主妇来此购物与交流，退休的老年人则聚集在咖啡馆消散一天时光。夜晚，上班族则去酒吧、戏院及电影院驱散一整天的疲劳。周末和节假日，闹市区更是热闹非凡。大量上班族进入商场购物，有的进入酒吧、咖啡馆与朋友交流。这时民间艺人及马戏团也会来献艺。古老的闹市区富有生气，生意兴隆。

历史中心的古建筑群在城市旅游中扮演主角。在旅游旺季，来自世界的游客涌入城市古老的闹市区。他们到城市历史中心参观，出席会议，光顾博览会，参加训练项目等。一些古建筑群保存完好的城市，更是游人如织，大量劳动力受雇于旅游及相关产业，城市从中获得大量收入，旅游收入成为重要的收入。

瑞士是城市古建筑群保护得最好的国家之一。闹市区建筑历史悠久，展示出厚重的文化沉淀，诉说着城市过去的历史，使人浮想联翩。素有中世纪城市之称的伯尔尼，可视作欧洲城市古典建筑群的一个缩影。伯尔尼老城区保存了大量的中古世纪建筑，这些建筑向东边延伸，狭长街道两旁长长的商店走廊依然保留中古时期的原貌，构成城市主要商业区。闹市区外围则是古色古香的私人住宅群。在伯尔尼街道上漫步，仿佛进入中世纪城市中，感受到古老的城市文明。即使在大学参观，年代久远的建筑也在告诉你，你在参观一个古老的艺术馆。

瑞士拥有美丽的湖光山色，但其最吸引人的、最重要的旅游资源则是城市历史中心的古建筑群。瑞士是欧洲最富裕的国家，其人均国民生产总值排列世界的前列。银行业、钟表业和旅游业是瑞士经济的三大经济支柱。进入 21 世纪后，瑞士旅游收入超过银行业、钟表业，成为瑞士最重要的经济部门。瑞士城市传统文化旅游业是欧洲城市旅游业发展的一个典范。

综上所述，进入后工业化社会后，制造业外迁导致城市经济空洞化，城市出现衰败趋势，欧美各国进行了城市产业重组，将城市旅游业作为重要的产业。美国城市更新及摩天大楼为主体的城市风光风靡全球；城市美化及公园城市理念成为今日世界的时尚；以标志性建筑主题的巴尔的摩模式更是将人造景观文化发展到极致。然而城市更新与美化清除了城市"根"，其人造的作品可以复制，缺乏文化特色，影响难以长久。欧洲对城市历史中心的古老建筑群进行严格保护，使之成为极其重要的文化及经济遗产，其鲜明的文化特色难以复制，有力地推动旅游经济的发展，强有力地推动城市经济的可持续性发展。

注释

［1］ Salins. *New York Unbound* (Manhattan, 1980): 204.

［2］ Robert A. Beauregard. *Atop the Urban Hierachy* (New Jersey,1989): 132.

［3］ Jon C. Teaford. *The Twentieth Century American City* (Baitimore & London,1986): 142.

［4］ Ray Ginger. *Modern American Cities* (Chicago,1969): 211.

［5］ Jon C. Teaford. *The Twenty Century America City* (Baltimore and London,1993): 115.

［6］ Rudie W. Tretten. *City in Crisis* (California,1970): 32.

［7］ Javier Monclus. *Culture, Urban, and Planning* (MPG Book Ltd. Bodmin, Cornwall,2006): 115.

［8］ John M. Levy. *Urbanization of Rural America* (New Jersey,2000): 188.

［9］ Zane L Miller & Patroia, *The Urbanization of Moden America* (San Diego, 1987): 136.

[10] Daniel Schaffer. *Two Centuries of American Planning* (Hopsking University,1988): 130.

[11] Yuri Kazepov. *Cities of Europe* (Blackwell Publishing,2004): 96—100.

[12] Leonard I. Ruchelman. *Cities in the Third Wave* (Rowman & Littlefield Publishers, Inc,2006): 7.

[13] Javier Monclus. *Culture, Urban, and Planning* (MPG Book Ltd. Bodmin, Cornwall,2006): 273—276.

[14] Javier Monclus. *Culture, Urban, and Planning* (MPG Book Ltd. Bodmin, Cornwall,2006): 112.

[15] Javier Monclus. *Culture, Urban, and Planning* (MPG Book Ltd. Bodmin, Cornwall,2006): 117.

[16] Javier Monclus. *Culture, Urban, and Planning* (MPG Book Ltd. Bodmin, Cornwall,2006): 274.

[17] Javier Monclus. *Culture, Urban, and Planning* (MPG Book Ltd. Bodmin, Cornwall,2006): 270.

城市文化空间塑造的国际经验与启示

——以伦敦、纽约、巴黎、东京为例

魏 伟 刘 畅 张帅权 王 兵[①]

一、研究背景

在经济全球化和后工业化的宏观背景下,城市发展逐步由经济增长的单维度目标,向以包容为核心的可持续、繁荣、公平、公正、平等、安全的多维度转变,城市间的竞争也由人口及经济要素为主导,逐步转向以社会、经济、文化、生态等多要素的深度融合为导向。值得注意的是,自1980年以后,西方意识到"城市文化保护的重要性,它不仅是城市确保自身特色的途径,也是振兴经济的有力措施"[1],文化政策与城市文化生活赖以存在的公共空间紧密联系[2],并开展了大量以文化主导城市更新与复兴的探索与实践[3—4]。2016年10月,"人居三"会议发布的《新城市议程》提出"将文化作为城市规划和战略的优先组成部分"[5],同时联合国教科文组织发布《文化:城市未来》(Culture:

---

① 魏伟,武汉大学城市设计学院城乡规划系,教授,博士生导师,系主任;武汉大学中国发展战略与规划研究院,副院长;刘畅,武汉大学城市设计学院城乡规划系,硕士研究生;张帅权,武汉大学城市设计学院城乡规划系,硕士研究生;王兵,武汉大学城市设计学院城乡规划系,硕士研究生。原载于《国际城市规划》,2020年第3期。

Urban Future)全球报告,提出"以人为本的城市空间应以文化为中心、优质的城市环境由文化塑造。城市可持续发展需要基于文化的综合决策"[6]的倡议,承载着文化资源的城市空间逐渐成为城市规划与建设的焦点。

当前我国大城市发展正处于重要的转型时期——改革开放40年以来,我国已经积累了丰富的经济发展与物质建设经验,生态文明建设的大幕也徐徐拉开,但随着社会经济结构的变化与人民生活水平的提高,城市发展的诉求不断从物质层面转向精神与文化层面,人民对于城市公共空间的追求也转向以多层次、多元化、高品质、重内涵为主导。在全球化背景下,城市文化以强大的创造力、驱动力、持续性和特质性凸显其重要地位,对于大城市文化空间的规划与建设,"需要从城市整体发展的角度进一步进行理论指导和体制机制保证"[7],才能发挥文化在城市可持续发展中的动力作用①。因此,在我国新一轮大城市更新改造中,探索如何传承和发展城市文化特色、促进文化对于城市发展的带动作用、营造具有地域文化意境的城市空间、提供公平均等的公共文化服务,具有重要的现实意义。

本文基于城市文化空间塑造视角,选取伦敦、纽约、巴黎、东京四个国际城市为典型案例,在梳理城市文化空间的现状特质基础上,对其塑造手段进行深入剖析,为我国大城市更新、城市文化再塑造、文化空间建设提供可借鉴的发展思路和对策建议。

二、研究现状

(一) 广泛的研究内容及都市文化空间的聚焦

通过 CSSCI 和 CSCD 期刊搜索,以城市"文化空间"为主题的文

---

① 在2015年召开的中央城市工作会议中指出:"统筹改革、科技、文化三大动力,提高城市发展可持续性"。

献达6 000余篇,主要以城市的公共空间、非物质文化遗产、空间设计、权利主体、网络空间、文化设施、地理空间、文化创意产业、地域文化、全球化、历史街区等作为研究主体,通过科学引文索引(Web of Science)搜索,以此为主题的文献接近20 000篇,主要从地理学、教育学、社会学、环境学、艺术学、历史学、文学、城市研究、考古学、建筑学等多层面展开。对城市"文化空间"①进行任何概念界定都难免受到研究视野和学科领域的限定,伍乐平等学者指出:"中外学者从人类学、文化学、社会学、人文地理、都市研究等不同视角出发,对其概念的界定历来存在诸多不同表述"[8]。而基于都市层面的文化空间研究及规划实践,则是当前具有领先地位和创新意识的国际城市所关注的重要话题,黄鹤[9]对文化在当代城市发展中的核心作用、西方城市文化规划的历程、文化规划的方法及实践都提出了全面而系统的观点;对于"欧洲文化之都"②"东亚文化之都"③的评选及相关研究[10-12],推动了文明悠久和文化创新地区对城市文化的热衷和再造;在全球范围内"创意城市网络"④更是指引了文化导向下城市复兴和改造的全新路径[13-15];城市文化是塑造地方特质和提升城市品质的重要资源之一,在全球城市竞争中起到关键作用[16-18]。

---

① 需要特别说明的是,"文化空间"又称"文化场所"(culture place),也作为专有名词在联合国教科文组织保护非物质文化遗产时所使用,定义为"定期举行传统文化活动或集中展现传统文化表现形式的场所,兼具空间性和时间性"。

② "欧洲文化之都"(European Capital of Culture)是1985年由欧盟主导的在欧洲国家间开展的以文化交流和展示为主题的城市活动,截至2019年,已有60个城市入选并在当年开展文化主题活动。

③ "东亚文化之都"(Culture City of East Asia)是2013年由中日韩三国文化部门发起的政府间多边性城市文化活动,截至2019年底,我国已有泉州、青岛、宁波、长沙、哈尔滨、西安、扬州入选。

④ 创意城市网络(Creative Cities Network)是2004年由联合国教科文组织推出的致力于促进将创意视为可持续发展战略因素的城市之间的合作项目,分为手工艺与民间艺术、设计、电影、美食、文学、媒体艺术、音乐7个主题,截至2019年底,中国有哈尔滨(音乐之都)、深圳、上海、北京、武汉(设计之都)、成都、顺德、澳门、扬州(美食之都)、杭州、苏州、景德镇(工艺与民间艺术之都)、长沙(媒体艺术之都)、青岛(电影之都)、南京(文学之都)等15个城市入选。

随着研究的深入和实践的推进,文化空间在全球城市中的作用和意义逐渐得到认可。首先,文化空间是城市各种历史记忆、现代文化、创新思维最重要的载体,满足民众多样化的精神需求;其次,文化空间能够反映城市独特的面貌与内涵,在决定城市的精神尺度与价值追求的同时,也是推动经济发展和社会和谐的主要因素,是国际城市吸引力和竞争力的核心内容;最后,文化空间是城市空间体系的重要组成部分,可以通过规划的手段对资源进行优化配置,从而实现城市更新语境下的城市文化再塑造。

(二)城市文化空间分类的多样化

由于当前城市功能的多样化和市民追求文化的多维度,城市文化空间的类型丰富多元,规划学者们对城市文化空间划分的标准、尺度也不同(表1),这一方面体现了城市文化空间研究和规划的多层次、多角度,但另一方面不利于对文化空间内涵进行整体性辨析,造成以文化空间为对象的规划边界不明确、标准不统一等矛盾冲突。

表1 城市文化空间的现有分类

划分标准	城市文化空间类型
时间顺序	历史文化空间、现代文化空间、虚拟文化空间
需求层次	基础型空间、提升型空间、标志型空间
空间尺度	(1) 文化意象空间、文化分区、文化片区、文化设施 (2) 文化肌理、文化分区、特色风貌街区、文化空间节点 (3) 宏观尺度文化空间、中观尺度文化设施、微观尺度文化氛围 (4) 点状文化空间要素、线状文化空间、面状文化空间、空间景观基底 (5) 宏观文化格局、中观文化脉络、微观文化场景
文化功能	(1) 历史环境、文化设施、文化及创意经济空间、公共空间及开放绿地 (2) 历史文化保护、文化及创意产业、文化设施、文化地区、文化活动、教育培训 (3) 文化产业链、文化产业区、文化旅游、文化活动;公共艺术、文化设施 (4) 家庭休闲、健康和运动、餐饮、休闲、博彩、文化

(续表)

划分标准	城市文化空间类型
文化功能	(5) 公共空间、文化创意产业、艺术工作、历史建筑遗产、公共艺术、节庆及文化活动 (6) 游牧空间(神话)、路径空间(宗教)、广场空间(科学)、领域空间(历史)、街道空间(语言)、理想空间(艺术) (7) 创意文化产业空间、传统历史文化空间、现代演艺空间、文化展示型空间、文化活动空间、信仰文化空间 (8) 公共文化型、商业文化型、文化艺术型、文化产业型、旅游文化型 (9) 多功能乐活空间、科技型创新空间(科创空间)、文化型创意空间(文创空间)、人本化养老空间、生态型居住社区 (10) 城市节点或地标、历史文化街区、文化创意产业园区、文化业态聚集区 (11) 文化创意空间、文化地标空间、文化博览空间、文化生态空间、文化预留空间 (12) 文化生态空间、文化产业空间、文化事业空间

资料来源：作者根据参考文献[9，19—27]整理

三、城市文化空间的塑造层次及方法

（一）国际城市选取及文化空间塑造层次梳理

自萨森提出伦敦、纽约、东京为全球城市[28]，对于最具代表性的全球城市、国际城市、世界城市的研究层出不穷，但"只有四个城市在所有资料中得到了一致认同：伦敦、纽约、巴黎和东京"[29]。在国内较有影响力的几份国际城市排名报告中(表2)，这四个城市也颇具代表性，尤其在有"文化因子"衡量的《全球城市报告》(*Global Cities Report*)和《全球城市实力指数报告》(*Global Power City Index*)中，这四个城市的文化相关指标在所有城市中遥遥领先。本文选取这四个国际城市作为研究案例，探究其城市空间与文化发展的互动过程与演化机制，对于我国城市塑造文化空间、提升城市吸引力和竞争力具有重要意义。

表 2 代表性国际城市排名

成果	发布机构	评价对象	主要评价因子	城市排名
《2019年全球城市报告》	美国科尔尼管理咨询公司	综合实力	商业活动、人力资本、信息交流、文化体验、政治参与	纽约、伦敦、巴黎、东京、香港、新加坡、洛杉矶、芝加哥、北京、华盛顿
《2019年全球城市实力指数报告》	日本都市战略研究所	综合实力	经济、研究与开发、文化与交流、居住、环境、交通	伦敦、纽约、东京、巴黎、新加坡、阿姆斯特丹、首尔、柏林、香港、悉尼
《世界城市名册2018》	英国全球化与世界级城市研究小组	世界城市网络中的地位	高级生产者服务业机构	Alpha++：伦敦、纽约 Alpha+：香港、北京、新加坡、上海、悉尼、巴黎、迪拜、东京
《全球城市竞争力报告2019—2020》	中国社会科学院、联合国人居署	经济竞争力、可持续竞争力	经济活力、环境质量、社会包容、科技创新、全球联系、政府管理、人力资本潜力和基础设施	可持续竞争力：新加坡、东京、纽约、伦敦、巴黎、香港、大阪、洛杉矶、芝加哥

资料来源：作者根据参考文献[30—33]整理

考虑到文化空间不仅具有尺度和时间特征,还兼具功能性和需求度,为形成统一的研究标准,参考表1对现有文化空间各样化分类方法的梳理和辨析,并结合文化规划"从宏观到微观、引导城市整体发展"[21]的多层次目标,本文将城市文化空间界定为城市整体发展、文化功能分区、文化基础服务三个层次(表3),包含文化空间的城市建设物质要素及其所承载的城市文化精神要素。

(二) 国际城市文化空间现状

1. 城市整体发展

① 城市整体文化意象

城市整体文化意象是承载文化要素的城市整体空间所反映出来最具代表性、最具特质、最具认同的城市精神、城市形象。根据《2019年全球城市实力指数报告》,在城市"文化交流影响力"(cultural interaction)方面,伦敦、纽约、巴黎、东京显示出强劲能力,但"每个城市的优势各不相同"[31],具有鲜明的城市文化意象。

伦敦连续8年位居榜首,在文化交流的16个指标中,有13个位列前5名,其中世界级文化活动和文化交流机会领先于其他城市。回顾其发展史,伦敦成功地实现了从"工业之城"向"金融之都""创意之都"的两次完美转型,是其借助辉煌历史树立了历史与现代、人与自然协调统一的国际城市形象。2018年《伦敦市长文化战略》提出坚持"今天以及未来全球创意强城"的愿景。伦敦文化推动着创意产业发展,主要包括电影、时尚和设计以及日益活跃的科技产业,"每年为英国经济创造470亿英镑,雇用1/6的伦敦人"[34],吸引世界级的机构和全球知名人才,为伦敦城市复兴提供了重要的动力。伦敦也以其独特、丰富的文化和遗产资源吸引着数百万游客,并提出构建"所有伦敦人的文化"[35],为伦敦人提供国际、多元、丰富的公共文化生活。

纽约自17世纪以来一直是世界贸易中心,"其经济实力,对思想

表 3 城市文化空间的层次与内涵

塑造层次	内涵	要素	内容
宏观尺度：城市整体发展	城市整体风貌、城市精神、城市意象与城市空间的耦合关系等	精神要素	城市整体文化意象：城市整体空间所表达的城市精神、文化意象
		物质要素	(1) 城市文化空间格局：城市文化各个要素整合与城市整体发展格局的空间耦合； (2) 城市文化轴线：规划强调的线性空间轴线形态
中观尺度：文化功能分区	具有相似文化功能要素的空间集群，表达区域性的文化特质	物质要素	(1) 历史文化保护空间：依托历史街区、各类遗址、文保单位、文物建筑等形成的空间； (2) 教育型文化空间：主要指大学、科研机构等高等教育空间； (3) 创意及文化产业空间：以创意设计服务、影视制作、新闻出版、动漫网游为主导产业的园区； (4) 生态文化空间：大型城市公园、郊野公园等； (5) 特色商业文化空间：具有城市文化特色的商业空间，如城市金融空间
微观尺度：文化基础服务	满足城市居民生活需求的文化基底空间，及其承载城市文化活动、贴近社会生活	物质要素	文化设施及场所：各级公共服务设施（如博物馆、美术馆、音乐厅、艺术中心、图书馆、科技馆、体育中心等）、公共活动场所（公共广场及绿地）、独立的消费文化设施（文化商业综合体、剧院、电影院、书店、咖啡酒吧等）
		精神要素	文化氛围的营造：节日活动、自发性文化组织或活动

资料来源：作者绘制

和移民的开放以及世界级的文化资源成为强有力的城市动力"[36]。《纽约2050,只有一个纽约》(*OneNYC 2050*)提出"公平、增长、弹性、可持续、多样包容"[37]的价值观和建设一个强大而公平的城市,这是对纽约精神的高度概括,也是纽约成为世界金融中心的内在动力。纽约还是"创意产业中心",据城市未来中心2015年报道,纽约市拥有全国8.6%的创意部门工作岗位[36],从根本上巩固了纽约市的经济和社会结构。文化空间和活动进一步提升了城市吸引力和居民生活质量,"所有纽约人都能轻松接触到文化资源和文化活动"[38],"将公民抱负与慈善家联系"[34],建设世界一流的文化空间,"在剧院、音乐厅和创意活动环境评选中占据领先地位"[31]。

巴黎在战争、瘟疫、革命以及工业化、旧城改造中不断受到洗礼,"在这座城市留下大量有形和无形的文化遗产,其本身就是一座蕴藏丰富艺术价值的人文城市"[16]。巴黎极为重视人文历史的保护与再利用,以此打造鲜明的城市特色品牌效应,使巴黎乃至整个法国成为浪漫、时尚、艺术的代名词。巴黎是世界公认的创意文化中心,是世界上最伟大的"文化生活中心"[34]之一,"以其'生活艺术'而闻名"[39],《巴黎市文化政策》提出巴黎市文化规划主题为"遗产、创造和教育"[40]。

"东京起源于江户市,在17—18世纪的江户时期,已然成为日本的商业、艺术和文化中心"[34]。今天的东京是创新与传统相融合的城市,一方面闻名于其历史悠久的神社、寺庙以及表演艺术,是日本传统文化的中心;另一方面"以美食、时尚、音乐、艺术、动画和科教的新趋势崛起,并成为创作者的文化中心"[34]。东京始终秉持着"干练、优雅、合作"[41]的精神,迅速从战后的废墟中振兴,促进城市社会经济文化全面发展。东京紧紧围绕2020年奥运会和残奥会为核心,以建设"世界第一都市"[42]为目标,明确提出"以文化开拓东京未来,建设世界上独一无二的文化都市"[43]。

② 城市文化空间格局

城市文化空间格局是承载文化资源的各层次城市空间与城市整体发展框架的耦合,各层次城市文化空间主要包括各级各类文化服务设施空间、文化遗产资源、教育文化机构、文化产业空间、公共文化活动场所等,强调完整性和系统性。依据2018年《世界城市文化报告》的文化统计指标[44],提取博物馆、美术馆、音乐厅、图书馆、历史文化遗产、大学与科研机构、剧院、电影院、书店、咖啡酒吧、夜店舞厅、美食中心、社区中心、公共绿地及广场等文化空间要素,利用核密度分析法梳理文化要素的空间耦合特征,对城市文化空间布局进行判别与辨析(图1)。

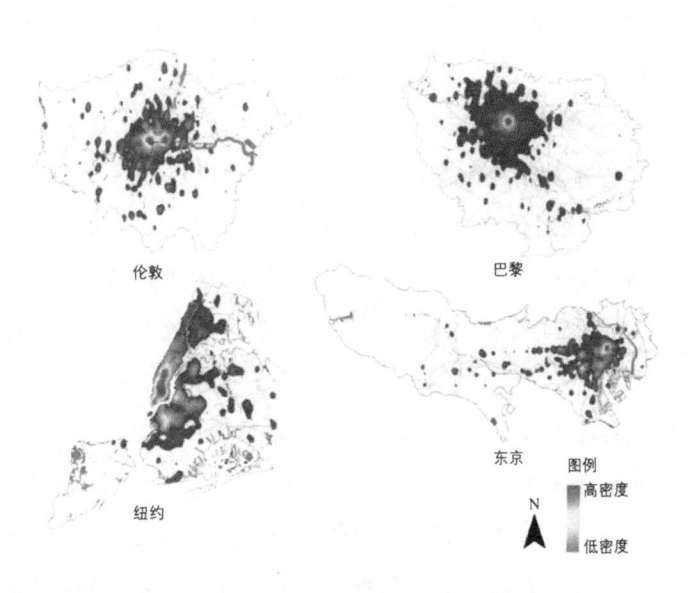

图1 伦敦、纽约、巴黎、东京文化空间核密度分析图

资料来源:作者根据 Open Street Map 开放空间数据分析绘制

伦敦文化空间分布总体上呈现出高强度的向心集聚性,并沿主要道路呈放射状延伸:在中央活动区内形成以伦敦西区和金融城为核心的热点区域,其中伦敦西区集聚了众多剧院、电影院等消费文化设施,金融城形成了以金融机构、企业总部为主的城市特色金融空间。巴黎文化空间丰富且数量巨大,整体上呈现出"中心集聚+外围扩展"的态势,形成以西堤岛为核心的文化空间集聚区,涵盖了巴黎圣母院、卢浮宫、蓬皮杜艺术文化中心、巴黎第五大学等多种文化服务功能,同时在凡尔赛形成小型集聚空间,包括凡尔赛宫、小特里亚农宫等历史遗珠。纽约呈现出"一主多副、多中心"的文化空间分布特征,文化集聚中心位于曼哈顿中城和下城,副中心包括布鲁克林区的威廉斯堡、展望公园以及皇后区的阿斯托里亚等;曼哈顿中城和下城以创意多元文化和金融文化为代表,威廉斯堡以时尚文化为主,阿斯托里亚则充满着纽约典型社区文化的气息。东京文化空间格局受城市规划与铁路网延伸影响较大,以"网络状+带状"形态覆盖拓展,千代田区作为文化核心区域,以传统文化为主、较好地保留了江户时代的文化,新宿、涩谷和品川区集聚多功能文化副中心,共同构成了东京城市文化空间网络。

③ 城市文化轴线

受自然地理环境、历史演进脉络与城市建设的交互影响,城市往往形成线性的文化轴线,引导城市布局,形成富有层次的空间序列;同时文化空间轴线也是城市文化的集中载体,代表了一个城市的精神风貌和独特魅力。

纵观四座国际城市,均形成了独一无二的城市空间轴线(图2),伦敦和巴黎依托自然环境要素形成泰晤士河轴线、塞纳河轴线,纽约和东京以城市道路为载体,打造了曼哈顿第五大道轴线、品川—涩谷—新宿环状轴线。城市轴线不仅连接了实体空间,也能够反映城市文化在时间与空间上的交叠变迁。以塞纳河为例,这条河流自东向西经过了巴黎第七大学、贝西公园、巴黎第六大学、巴黎圣母院、蓬皮杜艺术文化中心、卢浮宫、协和广场、波旁宫、荣军院、埃菲尔铁塔等多种文化空间,其中巴黎圣母院所在的西堤岛是巴黎城的发源地,卢浮宫见证了文艺复兴时期的辉煌,埃菲尔铁塔则是工业时代智慧与技术的结晶,蓬皮杜艺术文化中心展现了现代文化的多元化与市民的多元需求。以文化为核心规划布局城市空间轴线序列,延续城市人文秩序底蕴空间,打造城市战略性文化品牌,激发城市和社会活力。

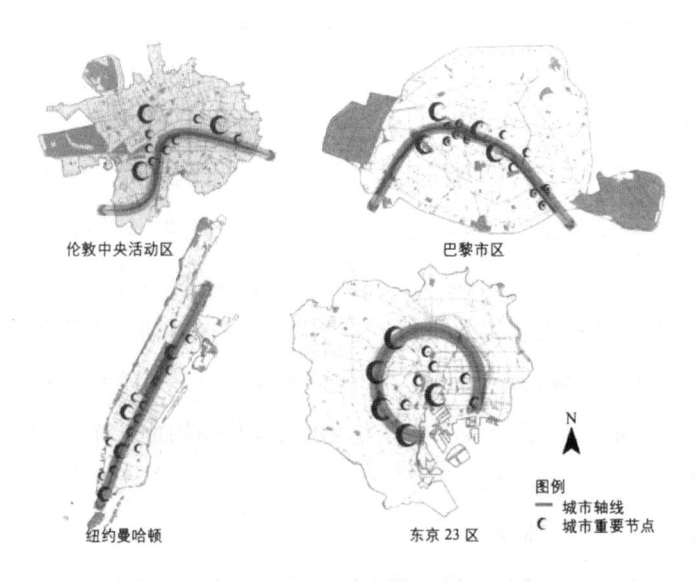

图2 伦敦、纽约、巴黎、东京城市轴线示意图

资料来源:作者绘制

2. 文化功能分区

具有相同或相似文化功能要素的空间积聚,较为集中地展现了分区文化的主导特质,打造出分区乃至城市的标志性名片。四座城市的文化空间功能极为丰富,空间分布具有一定的规律性(图3):在城市核心区以历史文化空间为中心布局,辅之以商业消费空间、创意产业空间、教育空间等多种文化功能;大型生态型文化空间多分布于城市中心区的边缘,既改善城市的自然生态环境,为市民提供休憩娱乐之所,也起到约束城市无序蔓延的作用;"复合功能型文化空间成为国际城市文化空间发展的趋势之一"[21],公共文化设施结合生态文化空间集中布置,教育型文化空间促使创意型文化空间的兴起与发展,消费型商业文化空间与创意文化空间高度复合化布局。同时,城市特色的文化资源禀赋和产业发展素质也引导了特色商业文化空间的自发形成,如伦敦西区和纽约百老汇以剧院为主的消费型文化空间、巴黎香榭丽舍大道与东京银座以时尚消费为主的商业型文化空间、伦敦金融城和纽约华尔街以银行、证券、跨国企业总部为主的金融型文化空间等。

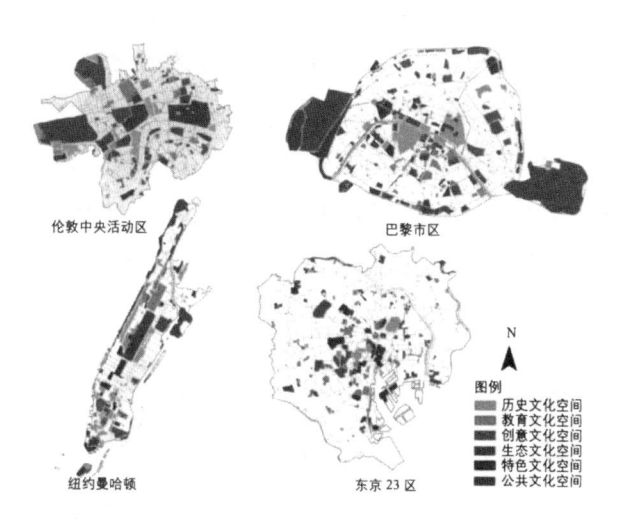

图3 伦敦、纽约、巴黎、东京功能型文化空间分布图

资料来源:作者绘制

3. 文化基础服务

文化基础服务直接面向居民基本文化生活,是满足日常公共文化需求的基底,也是营造城市特色文化氛围的载体。

① 文化设施配置与布局

基础性文化设施及场所是城市居民参与文化生活的保障性公共空间,主要包括各级公共服务设施、公共活动场所和独立消费文化设施等,强调公共性、服务性和保障性特征。从主要文化设施及文化活动的数量来看(表4),伦敦、纽约、巴黎和东京的文化设施总量大、人均占有量高,在全球占据领先地位,同时也保留了各自的文化特征。巴黎在博览文化、阅读文化、表演艺术、影视作品的生产和推广等方面遥遥领先,有博物馆297处(是纽约的2.1倍)、公共图书馆1 047处(是伦敦的3.0倍)、电影院836个(是东京的3.5倍)、电影节190个(是伦敦的3.6倍)[44],这主要得益于其悠久而持续的城市建设,沉淀了浓郁多元的人文底蕴与大量的历史遗产。"纽约和伦敦在音乐表演场所、美术馆、音乐厅方面有明显优势"[44],人口与文化的多元化促进了艺术与创意的迸发。而东京的书店和酒吧数量遥遥领先,其"购物和餐饮选择的吸引力排名第一"[31]。

从主要文化设施的空间分布来看(图4),四座城市均呈现出局部集中、整体分散的布局形态,实现了网络化全覆盖。其中博物馆、美术馆、音乐厅、艺术中心、特色商业中心等重大文化设施分布较为集聚,

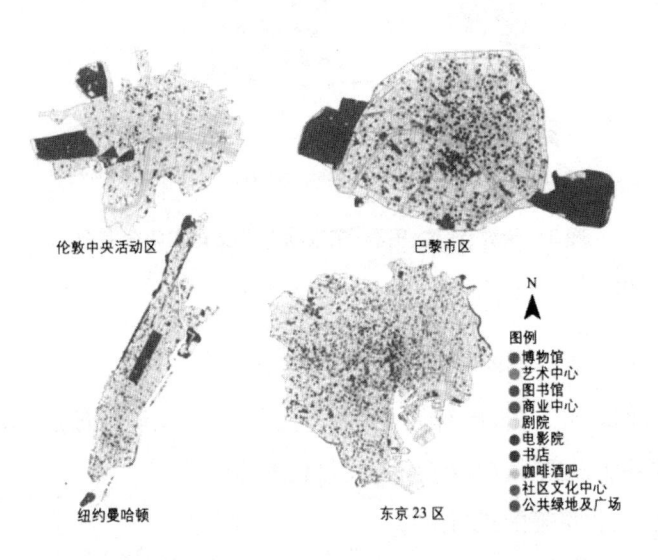

图4 伦敦、纽约、巴黎、东京基础型文化设施分布图

资料来源:作者根据Open Street Map开放空间数据绘制

形成特色功能型文化空间,打造独具魅力的城市形象,而图书馆、书店、社区文化活动中心、公共绿地及广场等基础性文化设施呈分散式均等化分布,保证文化设施的覆盖率与可达性,提高城市文化服务水平。

② 文化活力氛围培育

城市承载着各种有形的物质文化空间和无形的精神文化氛围,更汇聚着人类文明不断演进的历史积淀和社会生活不断丰富的城市灵魂。城市文化空间不仅是城市文脉与精神的物质环境集合,更是贮藏、展示和延续居民价值、情感、记忆的场所。多元的居民背景造就丰富活力的城市文化氛围,纽约每年有3万多场音乐表演活动[44],舞蹈表演数量更是超过伦敦和巴黎的总和。巴黎在节日庆典、电影节、文艺演出等方面领先,东京则是以"相互沟通和文化参与"为原则,将文化活动与生活方式结合,为市民提供了大量的文化活动机会,积极的文化氛围极大地提升了城市吸引力。而对伦敦而言,2012年奥运会作为国际文化大事件,既是伦敦文化的国际展示,又是将国际文化资源带入伦敦的机会,为其经济发展和国际声誉带来积极影响。

(三) 城市文化空间塑造手段

梳理国际城市文化空间现状可以发现,每个城市文化空间的营造既具有独特个性,也具有相似之处,特性源于差异化的城市精神与人文脉络,共性则体现在包容多元的空间形态及其塑造机制。

1. 统筹城市远期发展,制定文化规划体系

城市文化的精神与物质空间塑造离不开政府的科学审视和合理规划,国际城市遵循"多元需求与挑战—城市愿景与理念—分解发展目标—分解文化目标—空间/政策支撑"的规划范式(图5),建立统一全面的文化规划体系,将文化建设放置在一个整体有序的城市总体发展框架下统筹开展。一方面强调文化规划与城市发展规划、空间性规

表 4　伦敦、纽约、巴黎、东京基础型文化空间统计对比

城市	文化与交流实力排名（《2019年全球城市实力指数报告》）	博物馆总数（个）	国家博物馆（个）	影院（个）	公共绿地率（%）	公共图书馆（个）	每十万人图书馆（个/10万人）	书店（个）	每十万人书店（个/10万人）	酒吧（个）	舞厅（个）	美术馆（个）	主要音乐厅（个）	现场音乐表演场所（个）	UNESCO世界遗产（个）	其他历史遗产（个）	音乐表演（场/年）	节日和庆典（场/年）	电影节（场/年）	舞蹈表演（场/年）	剧场演出（场/年）
伦敦	1	192	13	270	33.00	352	4	360	4	3 615	339	478	10	1 056	4	20 557	22 828	197	53	2 236	32 032
纽约	2	140	7	637	27.00	207	2	814	9	2 113	498	1 475	16	453	1	34 000	36 192	263	57	6 292	30 576
巴黎	3	297	28	836	9.50	1 047	9	1 251	10	4 316	173	1 142	16	452	4	4 115	31 375	475	190	1 651	51 070
东京	4	173	9	236	7.50	387	3	1 646	12	29 358	93	618	13	649	2	872	16 699	141	60	2 445	28 970
新加坡	5	54	6	14	47.00	27	1	164	3	660	57	225	5	84	1	72	3 565	9	19	1 035	3 930
首尔	9	201	16	388	27.80	1 077	11	540	6	18 279	154	244	5	104	3	594	7 295	371	121	2 366	88 458
莫斯科	10	261	24	97	18.00	286	2	565	5	1 421	218	40	5		3	4 030	11 024	46	41	372	28 316
伊斯坦布尔	11	71	22	189	2.20	62	0	134	1	304	106	199		106	1	38 292	2 500	150	14	158	12 926
香港	13	40	17	45	40.00	82	1	1 312	18	1 253	104	112	4		0	1 202	2 542	66	40	442	6 520

物质性文化空间　　　　　　　　　　　　　　　　　　　　精神性文化氛围

146

（续表）

城市	文化与交流实力排名（《2019年全球城市实力指数报告》）	博物馆总数（个）	国家博物馆（个）	影院（个）	公共绿地率（%）	公共图书馆（个）	每十万人图书馆（个/10万人）	书店（个）	每十万人书店（个/10万人）	酒吧（个）	舞厅（个）	美术馆（个）	主要音乐厅（个）	现场音乐表演场所（个）	UNESCO世界遗产（个）	其他历史遗产（个）	音乐表演（场/年）	节日和庆典（场/年）	电影节（场/年）	舞蹈表演（场/年）	剧场演出（场/年）
阿姆斯特丹	16	144	6	58	13.00	80	3	136	6	1 516	35	196	5	147	4	14	3 900	350	36	104	
维也纳	17	56	14	26	45.50	104	6										2 350	50	35		6 600
布宜诺斯艾利斯	20	74	18	288	8.90	81	3	690	23	11 189	148	200	4		1	507		86	31	350	4 247
布鲁塞尔	22	93	8	61	18.80	118	10					313		37	3	4 231		247			
悉尼	23	79	1	77	46.00	111	2	258	5	1 743	34	170	4	432	3	1 030	20 598	395	91		8 826
墨尔本	24	44	3	96	10.00	115	2	1 649	34	802	169	162	4	553	1	2 765	73 605	41	1 517	9 688
上海	25	120	95	47	16.20	312	1	3 800	16	2 840	112	770	11		0	2 049	6 130	21	2	258	16 800
米兰	26	90	1	57	12.90	75	5	141	10	2 693	1 330	192	4	53	1	800	1 551	124	16	295	7 986

城市文化空间塑造的国际经验与启示

147

(续表)

城市	文化实力排名（《2019年全球城市实力指数报告》）	博物馆总数（个）	国家博物馆（个）	影院（个）	公共绿地率（%）	公共图书馆（个）	每十万人图书馆（个/10万人）	书店（个）	每十万人书店（个/10万人）	酒吧（个）	舞厅（个）	美术馆（个）	主要音乐厅（个）	现场音乐表演场所（个）	UNESCO世界遗产（个）	其他历史遗产（个）	音乐表演（场/年）	节日和庆典（场/年）	电影节（场/年）	舞蹈表演（场/年）	剧场演出（场/年）
洛杉矶	27	219	2	330	34.70	244	2	474	5	1 644	770	279	6	409	0	580	9 348	532	57	3 144	4 497
多伦多	30	76	0	170	13.00	100	3	365	12	483	483	433	7	60	0	64	14 768	77	121	728	8 879
旧金山	31	132	0	163	13.00	30	3	77	9	469	136	98	4	201	0	223	3 692	168	32	987	4 045
都柏林	32	62	6	29	26.00	51	4	62	5	773		40	3	44	3	2 081	3 016	619	5		2 271
斯德哥尔摩	37	86	29	85	40.00	136	6	70	3	1 500		120	5	1 182	0	193	8 500	150	50	1 000	3 500
台北	42	131	7	167	3.40	48	2	441	16	290		198	8		1	419	1 168	73	6	185	1 086
赫尔辛基	47	76	3	69	40.00	40	6	20	3	1 200	60	100	2	50			4 387	200	9	811	

资料来源：作者根据参考文献[44]整理

划、专项规划的相互衔接与支撑,将文化建设纳入发展战略规划、空间规划、专项规划、城市设计等各个层面,如在城市发展战略规划当中可以从城市精神特质与整体意象着手,定义城市形象与城市未来,在制定城市文化战略时,则需注重将文化纳入空间策略、经济发展、人居环境、区域更新和社会包容等全方位的城市塑造当中;另一方面在文化规划编制中,协调文化部门与发展规划、国土、经济、遗产保护、旅游、教育等横向部门,以及文化机构、社区组织、相关公众团体之间的积极合作,达成文化塑造城市发展的共识。例如在《创造纽约》编制过程中,纽约政府与当地艺术家、文化机构、企业、文化艺术专家、领导、社区居民等进行了为期6个月的资源评估和咨询调查,结合城市总体发展战略确立了纽约市"包容、经济、弹性、社区、教育、公共空间、协调、部门健康"[38]的文化主题,最终形成了综合全方位社会声音的城市文化蓝图。

2. 以文化大事件触媒,实现城市跨越式提升

文化大事件策略日益成为当代城市文化再造、增值和营销的有效途径,与趋于饱和的城市物质环境建设相比,增量扩张更强调存量优化,激发城市公共空间活力,促进社会融合经济转型,实现城市经济、社会、政治、生态等全方面良性再生,提升城市的综合实力和竞争力。为实现文化事件可持续供给的有效性,必须倚赖系统合理的政策策略,将其纳入城市发展与空间策略的考量,制定一致有效的策略目标与实施计划,强调多方的公众参与,以文化大事件为触媒续航城市发展。以2012年伦敦奥运会为例,首先政府开展了大规模的市政基础设施建设与物质环境更新改造,"使得斯特拉特福德成为伦敦东部地区的一个重要的现代化交通枢纽"[46];其次秉持"绿色、可持续发展"的原则,实现"伦敦东部地区转型为集中高技术、高附加值企业和创新部门的生态城"[46]再者鼓励公共机构和私人对其进行长期投资,改善城市物质环境建设;最后利用奥运场馆建设来增加就业机会,公共建

城市文化策略

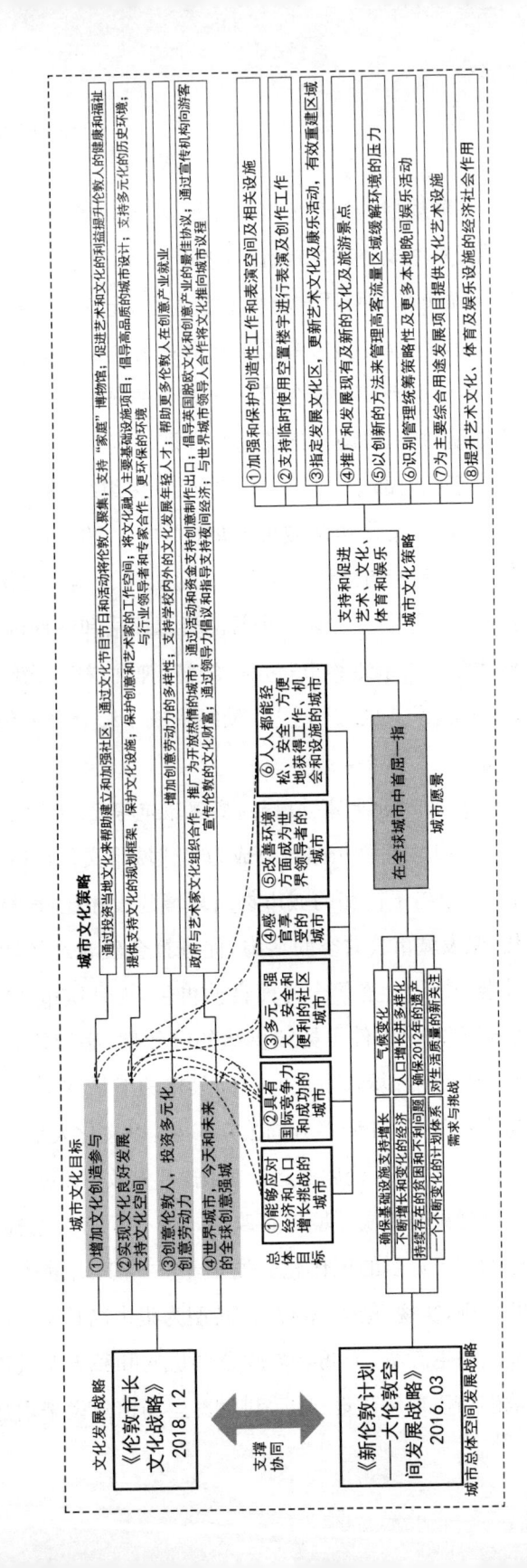

文化发展战略
《伦敦市长文化战略》2018.12

城市文化目标
- ①增加文化创造参与：通过投资当地文化来帮助建和加强社区
- ②实现文化良好发展，支持文化空间：通过文化节目日和活动让伦敦人聚集，支持"家庭"博物馆；提供支持文化的规划框架，保护文化设施
- ③创意伦敦人，投资多元化创意劳动力：提供支持艺术家的工作空间，保护创意和艺术家的城市设计；倡导高品质的文化设施项目；倡导文化融入主要基础设施项目；倡导艺术家的最佳协议
- ④世界城市，今天和未来的全球创意强城：增加创意劳动力的多样性；推广为开放热情的城市；推动活动和资金支持创意制作出口；支持学校内外的文化发展人才；帮助更多伦敦人在创意产业就业；倡导英国脱欧文化和创意产业的最佳协议；政府与文化组织合作，宣传文化的文化财富；通过领导力倡议和指导合作支持文化推向国际经济，与世界城市领导合作支持文化推向游客与世界城市领导机构向游客

支撑协同 ⇕

《新伦敦计划——大伦敦空间发展战略》2016.03

城市总体空间发展战略
需求与挑战：
- 确保基础设施支持增长
- 不断增长和变化的经济
- 持续存在的贫困和不利问题
- 一个不断变化的计划体系
- 气候变化
- 人口增长并多样化
- 确保2012年的遗产
- 对生活质量的新关注

总体目标
- ①能够应对经济和人口增长挑战的成功的城市
- ②具有国际竞争力和成功的城市
- ③多元、安全和便利的社区城市
- ④感官享受的城市
- ⑤改善环境方面成为世界领导者的城市
- ⑥人人都能轻松、安全、方便地获得工作、机会和设施的城市

城市愿景
在全球城市中首屈一指

支持和促进艺术、文化、体育和娱乐的城市文化策略
- ①加强和保护创造性工作和表演及相关设施
- ②支持临时使用空置楼宇进行表演及创作工作
- ③指定发展文化、更新艺术文化及康乐活动，有效重建区域
- ④推广和发展现有及新的文化及旅游景点
- ⑤以创新的方法来管理高客流量区域缓解环境的压力
- ⑥识别管理统筹策略及更多本地晚间娱乐活动
- ⑦为主要综合用途发展项目提供文化艺术设施、体育及娱乐设施的经济社会作用
- ⑧提升艺术文化，体育及娱乐设施的经济社会作用

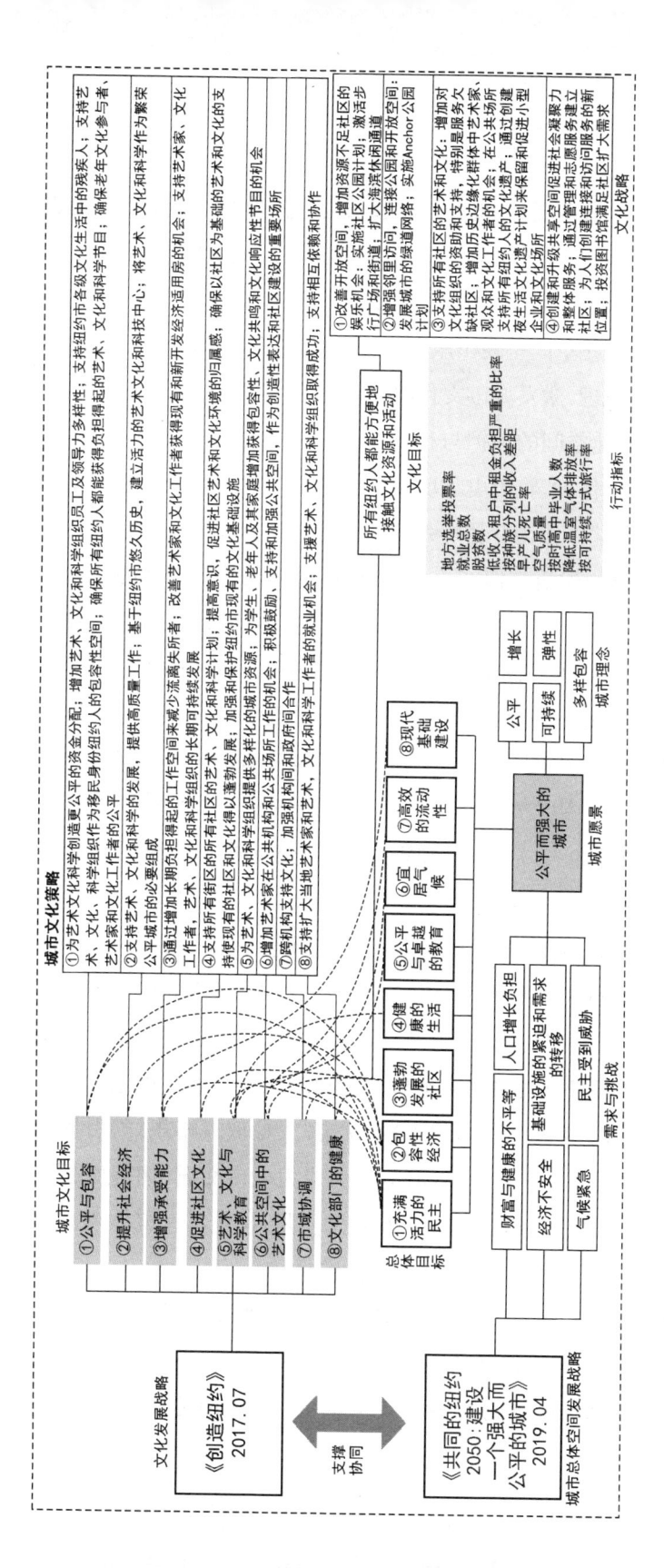

图 5 国际城市文化规划的基本范式（以纽约、伦敦为例）

资料来源：作者根据参考文献[35，37-38，45]整理

设也作为"遗产"服务居民,提升地区吸引力。伦敦奥运会实现了伦敦东部地区的复兴,提升了伦敦的全球形象与综合竞争力。

3. 整合空间服务功能,塑造多样化文化空间

国际城市文化空间呈现出服务多元化的功能性集聚特征,可以依托空间功能的梳理,激发城市文化的创新、交流和供给。

① 历史文化空间的保护与利用。通过制定法律对历史街区进行划定并予以严格保护,将历史环境保护当作城市规划建设中的重要环节,将历史文化遗产作为立体、多维、活力的城市资源进行动态更新与利用,如在巴黎的建筑与遗产价值提升区,通过对遗产资源的挖掘与利用,形成延续性与创新性并存的城市文化价值,并建立由国家和地方政府拨款的资金保障制度,用于资源保护、设施配套和文化活动等。

② 高等教育与科研的集群构建。优质的高等教育和科研集群是国际城市最具代表性的文化标志之一,集群构建有助于科教系统的内部资源整合,形成多层次、差异化的整体发展态势与空间布局,提升城市间与城市内部的人口、能量、知识、信息的交流质量,形成城市软实力的核心竞争力。

③ 生态文化空间的营造。良好的生态环境是城市可持续发展的重要保障,国际城市主要依托于生态环境治理和公共空间建设的紧密结合,激发生态文化与社会活力互动,提高城市文化气质与品质。伦敦以城市更新背景下的泰晤士河整治为典型,通过立法、修建大型下水道、实施水质监控等手段净化水域,制定《大伦敦战略规划》引导协调"公—私—社区"三方利益,将河流拓展成为城市交通、休闲旅游等公共领域的组成要素,维护滨水景观空间质量,构建具有整体意义的开放空间,达到了优化城市空间布局的目的。

④ 特色文化空间的展示。城市特色空间是城市某种文化特质的重要表征,具有地域化特征和不可复制性,是不同于其他城市的魅力所在。根据国际城市的发展经验,应基于空间文化积淀与地域特色,

协调现实性功能融合,发挥社会力量的能动性,通过城市更新或城市设计获得新生。

⑤ 文化创意产业的发展。文化产业作为城市转型发展的催化剂,植根于良好的文化土壤,离不开政策支持与外部环境驱动。文化产业的发展首先依赖于政府的支持与指导,比如伦敦专门成立创意产业特别小组以指引创意产业的发展方向。其次,包容的城市环境是吸引创意人才聚集的土壤。本土与外来文化融入城市,激发城市创造活力。最后,创意产业的成功是多方力量综合作用的结果。东京采取政府联合社会各界广泛参与、多方筹集资金的方式,推动文创产品的创新与发展。在巴黎市政府的支持下,文化机构通过企业资助艺术家公私合作创意项目的方式,使文化既能吸引企业赞助,也能产生经济社会效益。

4. 社会公平主导设施布局,公众参与营造文化氛围

丰富且有层次感的文化基础服务空间,既是城市发挥文化服务功能的抓手,也是营造城市文化氛围的重要载体。

一方面,国际城市以追求社会公平为导向进行文化设施配置,不仅要求设施在空间布局上的均等化配置,更强调以人为本地满足不同群体的需求。多样化、品质化与差异化逐渐成为未来文化设施配置的发展趋势,其根本目的是实现人人共享与社会公平。如伦敦在城市总体规划框架中纳入少数群体的差异化需求,建设少数民族的祷告场所等。

另一方面,在国际城市文化氛围塑造中,社会公众发挥了不可替代的作用,包括文化政策制定、文化事业融资、文化空间服务、文化创新、社区文化氛围营造等全方位事务参与。居民的意志共同定义和塑造城市,城市也同时引导、教化城市居民甚至旅客,最终使城市在不断交融与碰撞中形成其独特气质。如纽约政府与文化机构、非营利组织、社区团体等合作进行社区文化建设,多种族移民背景也为多元文化的孕育提供了优质土壤,"文化活动与特定社区相联系共同定义和激发城市"[34],下东区的意第绪语剧院、布朗克斯的嘻哈和涂鸦、东村的流行艺术和朋克摇滚、哈莱姆区文艺复兴时期的爵士乐和文学以及百老汇剧院文化等日益蓬勃,社区和基层组织在创造文化、定义分区方面发挥了革命性作用。《东京文化愿景》明确提出动员基层政府及部门、企业、非营利组织、相关公众团体和文化机构(包括新闻媒体、教育机构、艺术文化团体、文化设施机构、奥运会、残奥会组委会等),建立"全日本参与体制"[43],全社会力量共同推进"文化都市"建设。巴黎政府组织社区居民与艺术家合作,创造有轨电车线路公共艺术。

四、对我国城市文化空间发展与提升的思考

我国城市文化空间塑造,既要考虑国际城市的经验是否适合我国国情,不能一概沿用,也要正视我国文化规划及相关文化空间建设的现实问题:第一,由于文化管理部门职能的有限性,传统的文化专项规划在目标、策略和实施途径上容易出现与城市建设的脱钩现象,而原来由建设部门主导的城市总体规划、现由自然资源部门主导的空间规划,也往往与文化体系衔接不足,容易忽视文化对于城市经济、社会、生态环境的全面引领作用;同时,文化规划也因缺乏法定地位和标准规范而难以立足;第二,我国多地城市政府依然存在以经济、社会等政绩指标为主导的城市发展思维,致使城市文化建设流于"竭泽而渔"式的短效发展,或"立竿见影"式的形象工程;第三,我国城市规划中的公众参与尚处在摸索阶段,文化规划及其相关内容在编制、实施、反馈、修编等环节中往往出现被动参与和决策的现象,公众参与文化规划决策和管理的机会、话语权和有效性有待提升。

在我国大城市面临转型的重要时期,基于以上现状背景影响与国际城市文化引领发展的前沿经验,本文从规划体系、文化理念、空间

布局和公众参与四个层面提出适应我国城市文化塑造的思考。

(一) 多规合一的文化规划体系,促进城市整体发展

文化规划不应是孤立于城市规划体系的单一部署,而是贯穿于规划体系并推动城市长远发展的核心价值、内在动力与城市愿景。纵向上,我国文化规划体系建设应以发展规划为战略性统领,将文化融入城市长远发展愿景,提出文化与城市发展深度融合的有机路径,提升城市能级与竞争力;以国土空间规划为空间保障,合理配置空间所承载的文化资源,使城市成为蕴藏、创造、传承文化的空间载体,推动城市文化空间塑造和城市更新。横向上,以专项规划为支撑,文化专项规划应注重将文化融入城市规划的经济产业、人文社会、生态环境、公共服务、景观、社区等各个方面,逐层分解文化目标,构建多层级、多部门统一衔接的文化规划框架,以文化引领城市改造与可持续发展。

(二) 整合城市文化资源,全面提升城市文化供给能力

依据地方特质塑造城市形象,厘清文化建设与城市发展的协同关系,为我国城市发展找到自己的"文化通路"文化资源的保护与利用不应是静态、孤立、被动的,而应将其放到以人为本和可持续发展的框架内进行整合,以传承、挖掘、创新等方式提升城市文化供给能力,使文化资源在满足居民需求和促进经济发展层面发挥独特的助推作用。以我国城市悠久的历史文化底蕴及多样的自然地理风貌为底色,营造更具地域特质的物质环境空间,促进新旧元素重组与交融,实现文化资源动态激活与更新;围绕文化创意与资源旅游产业,促进城市活力提升并增加就业机会,带动城市经济多元化发展;积极演绎文化大事件,寻求城市发展"弯道超越"的途径。

(三) 空间功能适度集聚,基层设施均等配置

为顺应当前"高能级文化空间日益呈现多种功能复合化的发展趋

势"[21],我国文化空间建设应采取"适度集聚,基层均等"的发展策略。一方面,鼓励高能级文化功能集聚,提高复合化利用,实现资源共享、多元融合,构建文化功能集聚区,塑造城市文化魅力标志性门户;另一方面,推进城乡一体的基层文化设施均等化全覆盖,结合地区人口布局与城市发展方向,以满足居民现代化需求为导向引导文化设施多层次建设,完善城市文化服务体系。

(四)落实多方公众参与,激发城市文化活力

在文化空间建设中突出人的核心价值,积极调动政府、企业、文化机构、非政府组织和居民创造、参与、传承城市独特的文化环境与氛围。在文化规划编制中,政府应于前期积极探索咨询调查方法,实现与该地区文化机构、企业、专家、居民文化评估互动,寻求地区文化特质,规划也应提出激活地区全社会力量的行动指南,使公众成为规划的践行者,宣传者和监督者;在文化创新和资金扶持方面,鼓励企业发挥联动效应,带动其他行业、区域的发展,形成具有一定影响力的文化业态,并支持文化机构与非政府组织、艺术家、企业资助合作,激发文化场所及城市活力并产生效益;鼓励非政府组织对文化指标是否达标、文化空间塑造是否合理进行有效监督,提升社会公平氛围;支持公共文化空间营造,鼓励居民与艺术家合作打造公共空间,提升居民的城市归属感、自豪感与文化意识。

五、结　语

"人类进入 20 世纪 90 年代后,新的文化产业正成为城市发展的新动力和创新方向"[47],"充满活力、多样化和用途集中的城市孕育的则是自我再生的种子"[48],城市文化力量当今已成为促进全球城市发展的主流;同时,"全球城市展现了文化聚合的强力,以全球社会秩序基础之姿态,变成了民族国家和民族主义的主要替代"[49],在文化的引领和创新层面,国际城市为我们提供了参考的样本。审视国际城市文化空间发展现状与塑造手段,有助于反思我国城市规划建设,为我们塑造城市文化形象、营造城市多元化文化空间与配置多层次公共服务设施等提供了经验参考。但是,城市文化空间的塑造模式并非具有唯一性,重点在于充分挖掘和利用地方的优势资源,找到属于自己的成功之路。

参考文献

[1] 曹康:《西方现代城市规划简史》,南京:东南大学出版社,2010。

[2] 尼格尔·泰勒:《1945年后西方城市规划理论的流变》,李白玉、陈贞译,北京:中国建筑工业出版社,2006。

[3] 郑憩、吕斌、谭肖红:《国际旧城再生的文化模式及其启示》,《国际城市规划》,2013,28(1):63—68。

[4] 杜坤、田莉:《基于全球城市视角的城市更新与复兴:来自伦敦的启示》,《国际城市规划》,2015,30(4):41—45。

[5] 《新城市议程》,《城市规划》,2016(12):19—32。

[6] UNESCO. Culture:urban future. [2019-05-18]. http://openarchive.icomos.org/1816/1/245999e.pdf.

[7] 吴良镛:《"人居环境科学丛书"缘起》//黄鹤:《文化规划:基于文化资源的城市整体发展策略》,北京:中国建筑工业出版社,2010:8。

[8] 伍乐平、张晓萍:《国内外"文化空间"研究的多维视角》,《西南民族大学学报》(人文社科版),2016,37(3):7—12。

[9] 黄鹤:《文化规划——基于文化资源的城市整体发展策略》,北京:中国建筑工业出版社,2010。

[10] 马晨昊炜、袁海琴、尹俊:《文化引领复兴:"欧洲文化之都"的启示与正定思考》,《城市规划学刊》,2017(S2):216—221。

[11] 陈慰、巫志南:《从功能城市到文化城市:"欧洲文化之都"公共文化建设研究》,《山东大学学报》(哲学社会科学版),2017(5):72—83。

[12] 方丹青、陈可石、陈楠：《以文化大事件为触媒的城市再生模式初探——"欧洲文化之都"的实践和启示》，《国际城市规划》，2017，32(2)：101—107，120. DOI：10.22217/upi.2015.410.

[13] 克劳斯·昆兹曼、唐燕：《欧洲和中国的创意城市》，《国际城市规划》，2012，27(3)：1—5。

[14] 王长松、田昀、刘沛林：《国外文化规划、创意城市与城市复兴的比较研究——基于文献回顾》，《城市发展研究》，2014，21(5)：110—116。

[15] 甘霖、唐燕：《创意城市的国际经验与本土化建构》，《国际城市规划》，2012，27(3)：54—59。

[16] 杨辰、周俭、弗朗索瓦丝·兰德：《巴黎全球城市战略中的文化维度》，《国际城市规划》，2015，30(4)：24—28。

[17] 单卓然、张衔春、黄亚平：《1990年后发达国家都市区空间发展趋势、对策及启示》，《国际城市规划》，2015，30(4)：59—66。

[18] 尹稚、王晓东、谢宇，等：《美国和欧盟高等级中心城市发展规律及其启示》，《城市规划》，2017，41(9)：9—23。

[19] 王承旭：《城市文化的空间解读》，《规划师》，2006(4)：69—72。

[20] 方遥、王锋：《整合与重塑——多层次发展城市文化空间的探讨》，《中国名城》，2010(12)：13—19。

[21] 申立、陆巍、王彬：《面向全球城市的上海文化空间规划编制的思考》，《城市规划学刊》，2016(3)：63—70。

[22] 田涛、程芳欣：《西安市文化资源梳理及古城复兴空间规划》，《规划师》，2014(4)：33—39。

[23] 安德鲁·塔隆：《英国城市更新》，杨帆译，上海：同济大学出版社，2016。

[24] 朱文一：《空间·符号·城市：一种城市设计理论》（第二版），北京：中国建筑工业出版社，2010。

[25] 李伟东：《"世界城市"视角下的北京文化空间建设》，《解放军艺术学院学报》，2011(4)：14—17。

[26] 刘润、杨永春、任晓蕾：《1990s末以来成都市文化空间的变化特征及其驱动机制》，《经济地理》，2017，37(2)：114—123。

[27] 蔡建明、林静：《中国新愿景下的文化与空间有机融合的地理途径与机遇》，《地理研究》，2016，35(11)：2001—2014。

[28] SASSEN S. *The global city：New York，London，Tokyo*. Princeton：Princeton University Press，1991.

[29] 彼得·泰勒、本·德鲁德：《世界城市网络》，刘行健、李凌月译，南京：江苏凤凰教育出版社，2018。

[30] KEARNEY A T. 2019 Global cities report. [2019-5-29]. https://www.keamey.com/global-cities/2019.

[31] The Institute for Urban Strategies. Global power city index 2019. [2019-11-25]. http://www.mori-m-foundation.or.jp/pdf/GPCI2019_summary.pdf.

[32] GaWC. The world according to GaWC 2018. [2018-11-19]. https://www.lboro.ac.uk/gawc/images/GaWCLinks2018_alphabeta.pdf.

[33] 中国社会科学院，联合国人居署·全球城市竞争力报告(2019—2020).[2019-11-14]. http://gucp.cssn.cn/yjcg/yjbg/201911/W020191118666044996886.pdf.

[34] Mayor of London. World cities culture report 2018. [2019-05-18].http://www.worldcitiescultureforum.com/assets/others/181108_WCCR_2018_Low_Res.pdf.

[35] Mayor of London. *Mayor of London's culture strategy*. London：London City Hall，2018.

[36] Center for An Urban Future. Creative New York. [2019-05-18]. https://nycfuture.org/pdf/Creative_New_York.pdf.

[37] Mayor of New Ybrk. One NYC 2050：building a strong and fair city. [2019-05-18]. https://onenyc.cityofhewyork.us/

[38] Mayor of New York. Create NYC. [2019-05-18]. https://wwwl.nyc.gov/assets/dcla/downloads/pdf/cultureplan/createnyc-finalplan.pdf.

[39] Mayor of London. World cities culture report 2014. [2019-05-18]. http://www.worldcitiescultureforum.com/assets/others/World_Cities_Culture_Report_2014_hires.pdf.

[40] Marie de Paris. La politique culturelle de la Ville de Paris. [2019-05-18]. https://francearchives.fr/file/535e4cl 1 cdab228d48263c67da86d277803d03a0/static_3820.pdf.

[41] 冷观:《城市精神与城市现代化》,《上海经济研究》,2003(4):27—29,43。

[42] 东京都政府,《创造未来——东京都长期展望》,[2019-05-18]. http://www.seisakukikaku.metro.tokyo.jp/tokyo_vision/index.html.

[43] 东京都政府,《东京文化愿景》,[2019-05-18]. http://www.seikatubunka.metro.tokyo.jp/bunka/bunka_seisaku/houshin_torikumi/0000000210.htmL222222

[44] Mayor of London. World cities culture report. [2019-05-18]. http://www.worldcitiescultureforum.com/data.

[45] Mayor of London. The London Plan. [2019-05-18]. https://www.london.gov.uk/sites/default/files/the_london_plan_2016_jan_2017_fix.pdf.

[46] 田莉、桑劲、邓文静:《转型视角下的伦敦城市发展与城市规划》,《国际城市规划》,2013,28(6):13—48。

[47] HALL P:《文明中的城市》,王志章等译,北京:商务印书馆,2016。

[48] 雅各布斯J:《美国大城市的死与生》,金衡山译,南京:译林出版社,2006。

[49] 帕拉格·康纳:《超级版图:全球供应链、超级城市与新商业文明的崛起》,崔传刚、周大昕译,北京:中信出版社,2016。

巴黎全球城市战略中的文化维度

杨　辰　周　俭　弗朗索瓦丝·兰德[①]

引　言

全球城市,指在社会、经济、文化或政治层面直接影响全球事务的城市。在全球城市的传统研究中,经济、科技和政治影响力一直是关注的重点,但近 20 年来,这些历史进程背后的社会文化条件越来越受到重视。本文以巴黎为例,探讨其如何利用自身优势(历史文化资源),通过积极的文化战略跻身全球城市网络。全文分三部分:巴黎在全球城市网络中的独特地位;法国语境下"全球城市"概念的建立;以增强全球竞争力为目标的巴黎文化政策。

---

① 杨辰,博士,同济大学建筑与城市规划学院,副教授;周俭,博士,同济大学建筑与城市规划学院,教授,博士生导师;联合国教科文组织亚太地区世界遗产培训与研究中心(WHITRAP)主任;弗朗索瓦丝·兰德,法国当代中国建筑观察站(Observatoire de l'Architecture de la Chine contemporaine)负责人。原载于《国际城市规划》,2015 年第 4 期。

一、巴黎在全球城市网络中的独特地位

巴黎是法国的政治、经济和文化中心①,也是全球城市网络中的重要节点。根据 2012 年 GaWC 综合排名,巴黎在全球城市网络中紧随伦敦、纽约和香港,列第四位。在经济方面,巴黎以 5 330 亿欧元的国内生产总值排在全球城市第七位。拥有夏尔·戴高乐(CDG)和 ORLY(奥利)两个国际空港和 8 700 万客运量,是世界第七大交通与物流中心。世界百强跨国企业中有 10 家企业总部落户巴黎,仅次于纽约(2005 年数据),500 强跨国企业总部中,巴黎占 39 席,仅次于东京(2004 数据)[2]。

与经济的出色表现相比,巴黎在全球城市网络中的文化影响力更加显著。在知识生产和信息流通方面,巴黎拥有 17 所国际知名大学,350 所高等教育机构和全国 59% 的研究人员,每年出版书籍 74 700 余册。在阅读文化、表演艺术、影视作品的生产和推广以及艺术院校数量等方面巴黎也遥遥领先②[3]根据 2013 年《世界城市文化报告》(*Global Power City*),在衡量城市文化影响力的两个核心指标——"艺术家评价"和"文化交流指数"③方面,巴黎更是分别位列全球城市

---

① 政治方面,巴黎是国家权力机关所在地和各国政要集会地,以及各种重要政治运动的发源地;经济方面,巴黎证券交易所公布的法国前 120 名大企业中,有一半以上的总部设在巴黎,32% 的贵族和显赫家族居住在巴黎;科技文化方面,巴黎还拥有国家科学研究中心(CNRS)一半以上的实验室、51.2% 的文化产业岗位(包括记者、作家、出版商、演员、艺术家、教师等职业)和 70% 的博物馆、图书馆和电影院。此外,巴黎还是许多国际性文化机构所在地(如联合国教科文组织等)[1]。

② 巴黎有公共图书馆 830 处(是伦敦的 2.2 倍),有电影院 302 个(是纽约的 2.6 倍),有电影银幕 1 003 块(是伦敦的 1.8 倍),有电影节 190 个(是伦敦的 3.1 倍)。此外,巴黎在每年提供的音乐和舞蹈演出数量也稳居全球第一[3]。

③ "文化交流指数"包括 5 个评估维度:引领时尚的潜力(trendsetting potential),文化资源(culture resources),旅游设施(facilities for visitors),旅游吸引力(attractiveness to visitors)和交流总量(volume of interaction)。"艺术家评价"指标包括 5 个评估维度:文化促进(culture stimulation),艺术家集聚(accumulation of artists),艺术市场的繁荣(accumulation of artmarkets),创意活动的环境(environment of creative activites)和生活环境(environment for daily life)[4]。

第一和第三[4]。丰富的文化资源也带来了高度发达的国际会展与旅游业,国际会议协会(ICCA：International Congress & Convention Association)的统计显示,巴黎以每年174场大型国际会议列全球第二位(仅次于维也纳),年接待3 700万的游客和8 200万参观者,是全球最具吸引力的旅游目的地[5]。

从指标来看,巴黎在金融储备、地区GDP产值、股票市场、市场资本化、跨国公司总部等方面较伦敦、纽约、东京稍逊一筹,但在国际组织、科研与文化设施、历史遗产与宗教、创意产业和文化旅游方面在全球城市网络中优势明显。巴黎的这种独特性首先与其城市历史和资源禀赋有关。自公元前52年罗马征服高卢,到4世纪西岱岛上第一个宫殿出现,再到如今1 200万人的国际大都市,巴黎历经了革命、工业化和旧城改造的冲击,但幸运的是,城市的空间格局和历史风貌并未遭受严重破坏。中世纪、文艺复兴、现代主义等各个时代的艺术家、建筑师和文人都在这座城市留下了大量有形和无形的文化遗产。可以说,拥有两千年城建史的巴黎是一座巨大的、蕴藏丰富艺术价值的人文城市。其次,巴黎在文化资源方面的优势还得益于中央和地方政府长期推行的文化政策：一方面,政府通过财政、税收、产业、教育等方面的制度安排,对法国文化的精华进行有计划的保护和推广;另一方面,政府对文化资源的物质载体(遗产空间)制定了保护与开发并重的策略。二战后的历届巴黎政府秉承"在城市上建造城市"的原则,对纪念物建筑和历史街区实施严格的保护制度,并积极探索历史建筑的改造和再利用。通过改造,大量老建筑和历史街区继续为现代化的、高品质的商业、办公和居住功能提供空间资源——后者成为巴黎融入全球城市网络的重要支撑。

二、法国语境下"全球城市"概念的建立

在介绍巴黎的文化政策之前,我们有必要先了解一下法国是如何

看待全球化现象的,特别是"全球城市"的概念是如何在法国语境下建立起来的,这对于理解巴黎文化政策的制定与实施至关重要。

源于盎格鲁—撒克逊文化的"全球化"(globalization)对于法国来说是一个外来语,拉丁语系(欧洲与南美洲地区)则更多的使用"世界化"(mondialisation)一词①带有"全球"含义的法语词汇"mondial"最早出现在1904年,动词mondialiser(使具有世界性,特指财产、劳动力、技术和资金的国际流动性增强)1928年正式进入字典[6]。而真正将"全球化"纳入学术讨论始于年鉴学派历史学家布罗代尔(Braudel)"经济世界"(economie-monde)的概念,这是一个描述世界文明演进的理论模型。布罗代尔认为,"经济世界"具有三方面特征:首先,经济活动中人、物资和信息的生产、交换和流通有一个明确的地理空间,这个空间具有政治、经济和文化多重内涵。其次,经济世界是有等级的,核心是一个或多个起支配作用的城市,称之为"世界城市"(ville-monde)或"超级城市"(superville)。核心的外部依次分布有中央(centre)—外围(peripherie)—边缘(marge)三级区域。外围和边缘地区的城市数量最多,但在世界劳动分工中却处于从属地位。最后,经济世界的格局是发展变化的。古希腊的雅典,罗马时期的罗马城,12、13世纪的伊斯兰世界,14—17世纪的明朝中国以及19世纪的大英帝国都曾经是经济世界的核心,对全球政治、经济和文化活动产生过重大影响[7]。

布罗代尔的开创性工作为法语区的全球化研究建立了多元理论框架。文化学者认为20世纪30年代以来波普文化的兴起、广播电视等新技术的应用以及英语的国际化是美式文化在全球范围内快速传播的主要原因[8]。政治学学者发现,随着商业金融跨国交易日趋频繁,资本主义已经突破国界,在全球范围内进行资源配置和生产组织。

---

① 虽然在大众媒体甚至学术界,这两个词经常混用,但其中的细微差别及其背后的思想渊源是我们理解法国语境下"全球城市"的重要切入点。

传统的政治工具(税收、法律等)在全球语境下正在失去效率,国家权力也在受到新型的政治、经济和环境组织的挑战(如世界银行、经合组织、绿色环保组织等)[9]。地理学家认为"城市"和"区域"在全球网络中的含义正在发生变化,"城市—区域"同时存在着"协同化—碎片化"两种既有区别又有联系的过程[10]。社会学则把传统议题置于全球化背景下来审视:个体/群体在全球范围内的社会化过程[11]、跨国移民[12]以及社会不平等的新形态[13]等。在全球化研究中,经济学家的工作更加引人注目。20世纪90年代以来大量跨国公司的出现和网络技术推广,加上1996年萨森(Sassen)《全球城市》(*Global City*)的法译本出版,英语"全球化"(globalization)的概念开始在法语区流行。越来越多的法国学者意识到,跨国公司和全球城市将生产—消费活动向全球分散的同时,也在通过对资本、市场、劳动力的控制,继续实现着财富和权力的集中。大量新型城市的出现(香港、新加坡、深圳等)显示出资本与市场成为城市崛起的主导性力量[14,15]。

然而,在法国学术界,全球化概念的出现一直伴随着对它的质疑。历史学家发现,所谓的全球化并不是史无前例的事件,统计数据显示,20世纪90年代以来的欧洲范围内的商业、金融和移民的流动程度并不比一百年前高[16]。全球化的重要特征——"跨国企业和全球城市替代国家成为经济活动主体"的现象也并不真实[17]。法国左派知识分子一直对资本主义新形式下的不平等现象保持高度警惕,认为全球城市只不过是把职业和收入的不平等从原来的城市内部扩大到了地区和国家之间[18,19]。更重要的是,对于过于依赖经济维度的"全球化"(globalization)分析视角,法国学者提出了批评,认为全球化不能简化为金融、资本和技术等经济过程,它应该包含历史、文化、社会等更为宽广的人文领域,研究有必要回到布罗代尔所建构的"世界城市"概念中去[20]。换言之,法国学界虽然承认全球化是不可避免的趋势,但他们坚信,全球城市无法摆脱各自的历史和文化。相反,独特的历史和文化是城市参与全球竞争的重要资源。"世界化/全球化"是复数概念——每个国家、地区和城市都有根植于本土的政治、经济和社会结构,它们通往全球化的道路并不是唯一的[①]。

三、以增强全球竞争力为目标的巴黎文化政策

作为文化大国的首都,巴黎的文化政策一直受到中央(国家)和地方(城市)的双重影响。从国家战略的角度看,自1959年文化部成立以来,法国历届政府都遵循戴高乐将军"让最大多数的法国人能接触全人类、首先是法国的文化精华"的文化政策。这包含了文化民主和文化自主两层含义。所谓文化民主,指文化是每个公民应该拥有的基本权利,无论是资本、市场还是权力都不能对其进行垄断。国家通过文化资源分散化、博物馆减免票制度、加强艺术教育和取消入学附加条件、对艺术和文化产业进行资金扶持、鼓励民间和私人团体的文化活动等手段,保证更多的市民进入文化领域。而文化自主则指国家在战略层面维护本国文化的独立性,推广本国文化产品的国际化,来抵抗全球化带来的文化多样性的丧失——"这实质上也是文化民主在国际社会的推广"[22]。在这样的背景下,法国在1993年世界关贸总协定的乌拉圭回合谈判中率先提出了"文化例外"原则,强调文化产品的特殊属性,反对将其列入一般性服务贸易范畴,并主张由国家介入来支持民族文化的创造和生产,保护本国文化独立性。2005年在联合国教科文组织第33届会议上,法国又向国际社会提出了"文化多样性"诉求,以"尊重差异、包容多样"的理念来抵制全球化背景下的"文化标准化"威胁。这一提议得到大多数国家的广泛回应,被认为是第一部关于文化的国际法。可以说,"既积极参与全球竞争,又充分尊重地方历

---

① 萨森也认为,在过去的30年间,全球网络在不断地扩展,不断有新的城市加入,而且每个城市都有一套特定的通路(circuits)组合[21]。

史文化"是巴黎文化政策的要义,也是理解巴黎全球城市战略的关键。

从城市的角度看,自 2001 年以来,巴黎市政府每年发布《文化政策》作为文化行动纲领,有计划有步骤地推动"全球文化与创意之都"的建设目标。2011 年确立了"活力、民主和空间"三大战略(表 1)。经过十年的建设,市政府清晰地意识到:实现国家战略(参与全球竞争)的关键是保护和利用好城市的历史文化遗产,后者才是巴黎独一无二的资源,也是区别于其他全球城市最重要的特征。

表1 《巴黎文化政策》(Politique culturelie de la ville de Paris)行动战略

加强巴黎的文化活力	—支持一切形式的艺术活动 —帮助公众阅读、参与文化活动 —影视艺术之都 —公立博物馆和文化机构改革
让所有人都能进入文化资源	—青年人的文化培训计划:资助残疾人进入文化 —价格(门票)改革 —数字化与文化民主 —支持业余艺术家计划
艺术与文化活动更好地嵌入城市空间	—文化遗产的保护与再利用(价值提升) —文化作为城市核心功能 —地区间平等分配文化资源 —巴黎文化创意空间的培育 —道路、河道空间争夺:将公共空间还给文化艺术

资料来源:参考文献[23]

文化政策的三大战略分别从三方面为巴黎参与全球城市竞争提供支撑。

第一,加强文化活力推动了巴黎文化产业的转型。传统工艺和奢侈品历来是巴黎引以为荣的产业,也是城市悠久历史的一部分,包括高级成衣、香水、家具、化妆品、皮革、葡萄酒、美食等行业。这些知名品牌既有高附加值的经济特性,也具有丰富的文化内涵,属于法国传统的文化产业。然而,面对全球城市竞争,巴黎市政府意识到必须拓展文化产业中新的优势领域。从2001年开始,中央和地方政府每年从预算中拨专款资助各类文化团体和建设各类文化场所,加大对视觉、音乐、表演艺术、出版、印刷等文化领域的支持,鼓励全新的艺术创造。2013年文化领域的投入已占到法国地方预算的45%,而巴黎的这一比例更高[24]。经过近十年的努力,2011年全法文化产业(11个子门类)产值达到746亿欧元(占全国总财富2.8%),提供120万就业岗位(占全国就业岗位5%);到2012年,这一数字达到1 045亿欧元,占全国总财富的3.2%,占欧盟28国文化产业总值5 359亿欧元的1/5[25]。而巴黎集中了全国文化产业岗位的45%,占巴黎总人口3.5%,高达全国水平(0.7%)的5倍。特别是在设计业,巴黎聚集了全国55%的设计公司,提供了全国76%创意设计工作岗位[1]。毫无疑问,优质的文化产品背后是深厚的历史传统和激励创造的文化环境。

第二,降低进入文化资源的门槛。"让所有人都能进入文化资源"有助于提高全民素质,刺激文化产品的生产和消费。更重要的是,对于巴黎这样一座移民城市①,"文化民主"政策的受益者首先是那些来自发展中国家的低收入移民,文化资源的开放能够帮助他们更好地融入法国社会。同时,这些移民群体往往是移出地区文化的继承者,在享受巴黎文化的同时,他们也为巴黎提供着多元文化②,城市宽容度也得到极大提升——而后者正是科技创新和文化创意产业形成的重要条件。数据显示,巴黎多元的文化氛围和低成本的文化消费吸引了

---

① 根据出生地统计,巴黎居民中有31%出生在市区,14.5%出生在郊区,32%出生在外省,23%出生在国外,也就是说真正的巴黎本地人不到总人口的一半。根据国籍统计,巴黎外籍人口比例达到了19.7%,其中欧盟国家占1/3,非欧盟国家占2/3,这还不包括大量持短期签证的临时居民和无证件者[26]。

② 人口构成的多元在城市空间上体现为各具特色的移民社区:有在市中心从事木工、铁匠和餐饮业的奥威尔纳人(Auvergnat),有在蒙帕纳斯(Montparnasse)地区聚居的布列达尼人(Breton),有在13区从事服装和餐饮业的中国人以及聚集在蒙马特高地(Montmartre)的北非和东非移民等。上述区域正是青年艺术家的居住首选地(低廉的租金和丰富的地方文化)。

大量国际留学生和青年艺术家,他们与本国的文化精英一起成为未来城市创意阶层最重要的储备力量。正是这个原因,巴黎文化政策始终坚持通过文化产品数字化和门票优惠等政策为年轻人和业余艺术家提供更多的学习和交流机会①。

第三,丰富的文化艺术活动让城市空间更有魅力,也更具吸引力。历史与文化需要物质空间来承载,法国历来重视遗产空间的保护,从1887年历史纪念物(monument historique)到1930年的景观地(site),到1962年保护区(secteur sauvegarde),再到1979年建筑城市景观遗产保护区(ZPPAUP:Zone de Protection du Patrimoine Architectural, Urbain et Paysager),法国对遗产空间的认识逐步丰富,保护体系也逐渐完备。在巴黎市区,75%的建筑建于1914年前,85%的建筑建于1975年前,受到保护的古建筑有3 816座,法定保护区的面积达到全市用地的90%[27—29];在大巴黎地区,城市建成区也被各类保护区覆盖,且覆盖面积仍在扩大。保护区的扩大意味着对历史建筑维修投入的增加,巴黎市政府在2009—2014年间,仅宗教建筑维修(96处)就投入4 800万欧元,2010年全市40个维修工地同时开工——这对于建筑市场持续低迷的欧洲国家来说,投入不可谓不大[23]。

如何对这些遗产空间进行开发利用?十年的文化行动已经给出了答案。

首先,从概念上把遗产的性质从"保护对象"扩展到"地方资源"。这主要体现在2010年实施了30年的"建筑城市景观遗产保护区"制

---

① 除了为青年学生和艺术家提供艺术展、电影院和文艺演出的打折票,巴黎市政府自2001年还要求所有公立博物馆的常设展全部免费,十年间参观者从40万(2001年)上升为140万(2010年)。近年来,市政府还提供专款资助"图书馆计划",即补贴全市35所市立图书馆下调图书证注册费,并根据使用者的需求更新多媒体设备、开发数字化图书和远程教育、改造残障人士通行的设施、延长开放时间等,并在节假日举办各类文化培训活动(大约2 200场/年),最大程度地降低进入文化资源的门槛。截至2011年,约14%的城市居民(31万)注册了市立图书馆,借阅图书量较2001年增加13.4%[23]。

度被新的保护法"建筑与遗产价值提升区"(AVAP：Aires de Valorisation de l'Architecture et du Patrimoine)所替代。后者强调，遗产保护不是静态的，而应当放在居民需求和可持续发展等更大的城市框架内思考，特别要与地方规划(PLU：Plan Local d'Urbanisme)相协调。保护不是目的，只有把遗产作为地方可持续发展的资源，它的价值才能被真正的释放。经过五年的尝试，巴黎已经在这方面获得了初步成果[1]。

其次，如果遗产是一种资源，那么地方政府和民间社团就可以通过挖掘和利用遗产来推动市镇和社区发展——近年来的"大巴黎计划"中就不乏这种案例。例如巴黎东北部的庞坦(Pantin)地区，过去曾是贫困人口聚居和治安不佳的问题街区，但2000年以来，通过对本地宗教、考古遗迹、社区历史、工业遗产的挖掘和整理，庞坦成功地吸引了大量的游客和知名企业入驻，并说服中心城区将教育、行政、文化、交通设施等优质资源疏散至该区。文化品质的提升让越来越多的青年艺术家和中产阶级选择庞坦作为工作和居住地，这也成为"利用文化资源平衡地区发展"的经典案例。

最后，巴黎文化政策还在城市设计层面提出建议：一个有魅力的全球城市应该具有引人入胜的公共空间和文化活动。市政府一方面开展"争夺公共空间行动"——将废弃的、封闭的，或过度商业化的码头、铁路、车站、花园、街道进行整理，重新向公众开放；另一方面，为了培育城市创意空间，市政府每年资助50位国外艺术家来巴黎进行交

---

[1] 2010年以来，巴黎市政府规划部门尝试引入公共参与来改变遗产保护的传统做法，并与地方规划相协调。具体来说，由社区委员会(conseil de quartier)负责征集本地区居民对社区发展的各类意见。2014年全市20 000条市民意见中，有5 000条关于遗产保护与利用建议(排第一位，远远超出政府预想的安全和地区经济问题)。市政府组织专家对这5 000条意见逐一审核，确认了建筑、立面、构件等不同价值的建筑遗产并登记在册，特别是对遗产再利用的建议也进行了充分讨论。讨论结果作为重要附件放入地方规划PLU成果(根据巴黎市政府遗产部门负责人埃尔莎·马尔塔扬[Elsa Martayan]女士访谈，2015-02-06)。

流和创作,以极低租金为本国艺术家和设计师提供近千套艺术工作室,并成立艺术管理专业机构,通过"公共艺术委托制度"邀请自由艺术家在巴黎街头进行创作——此举增加了城市街道的艺术氛围的同时,也资助了不少青年艺术家的创作。去年,巴黎还针对全市遗产点和特色场所组织了名为"发现巴黎"的36条参观线路,让游客通过不同主题多角度的认识巴黎[23]。艺术活动和公共空间(包括遗产空间)的结合为巴黎带来了大量的文化游客。根据2010年统计,全法的文化旅游业占全国GDP的20%,而巴黎又占全国的20%。巴黎以3 700万的游客成为全世界最具吸引力的旅游地,每年的游客数是巴黎居民的12倍(纽约为5倍)。在这些游客中,文化旅游、休闲度假占到总游客数的85%(2013年数据),他们的旅游目的地绝大多数是列入文化遗产保护清单的历史街区与保护建筑。全法25个国际游客最常光顾景点中前6名全部在巴黎,而且都是重要的历史文化遗产(埃菲尔铁塔、卢浮宫、奥赛博物馆、凯旋门等)。在巴黎市区,文化旅游带来的相关就业岗位就占到全市就业总量的12%[26]。可以说文化旅游是巴黎重要的支柱产业,同时也是巴黎进入全球城市的独特通路。

结　语

彼得·霍尔(Peter Hall)指出,全球城市发展经历了技术—生产创新、文化—智能创新、文化—技术创新三阶段,在后两个阶段中,文化因素的效果将愈发明显[30]。这个判断对于资源环境约束下的中国城市转型发展具有一定的启发。巴黎的全球城市战略至少在三方面为我们提供了借鉴。首先,全球城市没有统一的模式,各种排名总有偏好,没有一座全球城市能在所有指标上领先。战略重点在于充分挖掘和利用好地方优势资源,找到属于自己的全球城市"通路"。其次,历史文化是城市参与全球竞争的重要资源。它不仅是经济增长的新领域(文化产业和旅游业),也为培育城市核心竞争力(科技创新和文化创意)提供了良好的人文环境。同时,对于移民城市来说,多元文化资源的开发利用还是改善贫困社区经济和实现社会融合的重要手段。最后,巴黎经验表明,全球城市既是目标,也是手段。城市一方面要动用优势资源参与全球竞争,成为全球城市网络的重要节点,另一方面也借助全球城市战略,对城市—区域内部的政治、经济、社会资源进行全方位的调整。从这个意义上讲,为追求某种全球城市指标而违背地方发展客观规律的城市是不明智的,相反,地方发展与全球竞争是相辅相成的,每个城市通往全球化的道路不应该也不会是唯一的。

参考文献

[1] Pinçon M. *Pinçon-Chariot M. Sociologie de Paris*. 3e édition. Paris: La Découverte, 2010.

[2] Gilli F Paris. "Une metropole dans le monde? Mise en perspective des savoirs." *Universite des Sciences et Technologies de Lille*, 2007.

[3] Mayor of London. "World Cities Culture Report." 2013.

[4] Institute for Urban Strategies of The Mori Memorial Foundation Global Power City Index 2013. Tokyo. The Mori Memorial Foundation, 2013.

[5] OTCP(Office du Tourisme et des Congrès de Paris). "Le Tourisme a Paris." *Paris: Observatoire économique du tourisme parisien*, 2012.

[6] AUC(Académie Universelle des Cultures). *Quelle mondialisation*. Paris: Grasset, 2002.

[7] Braudel F. *Civilisation matérielle, économie et capitalisme: XVe-XVIIle siècle*. Paris: A. Colin, 1967.

[8] Guéhenno J-M. "Américanisation du monde ou mondialisation de l'Amérique?" *Politique étrangère*, 1999, volume 64: 7—20.

[9] Amaud A-J. *Mondialisation. Les mots et les choses*. Paris: Karthala, 1999.

[10] Carroue L. *Géographie de la mondialisation*. Paris: Armand Colin, 2002.

[11] Berger S. *Made in monde. Les nouvelles frontieres de l'économie mondiale*. Paris:Le Seuil,2006.

[12] Wihtol de Wenden C. "Migrations dans la mondialisation." *Revue Projet*, 2009(4):38—47.

[13] Deboulet A. "Villes globales convoitées et inégalités." *Idées économiques et sociales*,2012(1):37—47.

[14] Didier M. "Libre-échange et organisation du commerce international: les enseignements de la théorie." *Problèmes économiques*,1994(1): 3—8.

[15] Ferrandery J-L. *Le point sur la mondialisation*. Paris:Presses universitaires de France,1998.

[16] Weiss L. "Globalization and National Governance: Antinomy or Interdependence?" *Review of International Studies*,1999(25):59—88.

[17] Thompson G. "Introduction: situer la mondialisation." *Revue Internationale des Sciences Sociales*,1999, n160:159—174.

[18] Lindert Peter H, Williamson Jeffrey G. "Mondialisation et inégalité: une longue histoire." *Revue d'économie du développement*,2002(1):7—41.

[19] Rama M. "Mondialisation, inégalités et politiques de l'emploi." *Revue d'économie du développement*,2002(1):43—83.

[20] Ghorra-Gobin C. "Une ville mondiale est-elle forcément une ville globale? Un questionnement de la géographie française." *L'Information géographique*,2007(2):32—42.

[21] Sassen S:《城市专业化差异比我们认为的更重要》,《国际城市规划》,2014(2):1—7。

[22] Benhamou F. *L'écomonie de la culture*. Paris:La découvene,2004.

[23] Marie de Paris. "Politique culturelle de la ville de Paris." *Paris: Marie de paris Press*,2011.

[24] 王晟:《巴黎对公共文化的扶植机制》,《东方早报》,2014-04-15。

[25] E Y France. "1er panorama des industries culturelles et créatives:Au coeur du rayonnement et de la compétitivité de la France." *Paris:Ernst & Young*

Advisory, 2013.

[26] INSEE(法国国家经济研究与统计局官方网站).http://www.insee fr.

[27] APUR. "Analyse de la performance thermique des logements parisiens." *Paris: Apur*, 2009.

[28] Minisère de la Culture et de la Communication, Patrimoine et architecture-Chiffres cles 2013. Paris: Ministère de la Culture et de la Communication, 2013.

[29] APUR. "Protéger le patrimoine et favoriser la création architecturale. Les nouvelles regles du Plan local d'urbanisme de Paris. Spécial PLU." *Paris: Apur*, 2004.

[30] Hall P. *Cities in Civilization*. New York: Pantheon, 1998.

世界创新型城市建设模式比较：
三个案例及其对上海的启示

李靖华　李宗乘　朱岩梅[①]

创新型城市是新经济条件下，以创新为核心驱动力的一种城市发展模式。一般是由区域科技中心城市发展演变而成，在集聚和配置创新资源、不断形成自我平衡调整和发展功能的基础上，推动建立创新驱动的集约型城市经济增长模式，实现创建创新型城市的目标[1]。

一般而言，创新型城市的基本要素划分为四个：创新资源、创新主体、创新文化和创新制度。创新型城市其创新活动主要由创新主体完成，创新主体是创新型城市中最重要的能动要素，其他要素均为服务于创新能动要素。创新文化、创新制度以及创新资源共同构成了创新型城市的发展的基本环境。这些环境条件又可以分为两类——一类是硬条件，指各种创新资源，保证了创新活动得以开展，是创新的物质来源；另一类是软条件，由创新文化和创新制度构成，是创新活动能够持续进行的软环境支撑要素。四要素共同作用，推动城市形成持续创新能力。

---

① 基金项目：同济大学中国科技管理研究院课题"创新型城市研究基础资料数据库建设"课题（2010—2011）；浙江工商大学研究生科研创新项目"创新型城市建设的创新模式比较研究"课题（1010xj1511007）。李靖华（1970— ），男，山西五寨人，浙江工商大学工商管理学院、技术与服务管理研究中心，教授，博士，研究方向：服务创新；李宗乘（1988— ），男，湖北随州人，个人创业者；朱岩梅（1972— ），女，河北邯郸人，华大基因执董，执行副总裁。

巴塞罗那自 2007—2011 年连续被 2THINKNOW GROUP 评为创新型城市[2]，被 Forbes 在 2009 年评为最幸福城市，政府定位城市发展方向，主导建设旅游服务型城市和高品质科技创新型城市，两次转型推动了城市的快速发展。芬兰是当今世界创新能力最为突出的国家之一，2003—2005 年，芬兰在全球竞争力排名中连续三年蝉联榜首[3]。赫尔辛基作为芬兰的首都，在 20 世纪中后期，由市场选择城市发展轨道，依靠创新推动城市迅速发展，是世界上首屈一指的创新型城市。亚洲活力城市东京作为占日本 GDP 18%的经济龙头，被公认为创新型城市，政府与市场混合主导了城市发展。

创新型城市的建设和发展主要受到政府和市场两种力量的制约。从政府与市场的不同组合上看，创新型城市的建设可以分为三种模式：政府主导型发展模式、市场主导型发展模式和混合型发展模式。巴塞罗那、赫尔辛基和东京创新型城市的建设，体现了政府与市场不同的主导力量，是三种建设模式的典型代表，创新资源、创新主体、创新制度和创新文化在不同的主导力量下呈现出不同的侧重。本文在探讨三个城市不同发展模式的基础上，以创新型城建设四个要素为框架比较各个模式的异同，总结建设特色，以及对我国上海的启示。

一、世界创新型城市的建设模式：以巴塞罗那、赫尔辛基、东京为例

（一）巴塞罗那的政府主导型模式

巴塞罗那创新型城市是政府主导型模式。自 1976 年佛朗哥独裁统治(1939—1976 年)结束了，巴塞罗那诞生了第一个民选市政府到现在成功完成两次转型。第一次由传统的工业型城市向旅游服务型城市转型，以 1992 年奥运会为契机实现巴塞罗那经济由衰转盛。第二次向高品质科技创新型城市转型，由于旅游服务型城市具有高度的对

外依赖性,在欧洲经济整体发展疲软的状况下,巴塞罗那的发展备受牵连,政府转向通过提高产业效率促进经济增长。

巴塞罗那政府在转型的过程中意识到,要实现经济可持续增长,必须依靠创新驱动经济长期发展,提出创新型城市的建设。巴塞罗那依据西班牙 2000 年颁布的《科学研究与技术创新促进法》(*The Promotion of Scientific Research and Technological Innovation Act*,简称《创新法》)[4],通过法律的形式确定了公共机构在科学研究与技术创新过程中的作用,将创新型城市建设定位于以政府为主导,通过颁布创新方向和领域,通过分配研发任务和提供创新方向指导的方式来引导企业创新,以培育创新人才和激励创新活动为出发点,涵盖政府机构改革、国际科技合作和创新基础设施建设等方方面面,是一个全方位的系统工程。如图1。

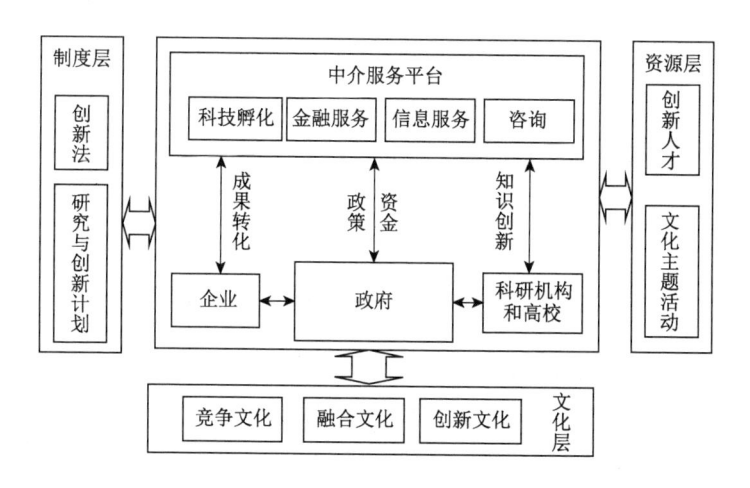

图 1　巴塞罗那创新型城市建设模式:政府主导型

(二)赫尔辛基的市场主导型模式

赫尔辛基创新型城市采用的是市场主导型模式。芬兰在二战结束时还只是一个不受世人关注的农业小国。20 世纪 90 年代之后,芬

177

兰选择了发展高新技术产业集群,从而带动经济的飞速发展,并一举实现了战略转型,其全球创新竞争力排名已连续 7 年名列前茅。赫尔辛基作为芬兰的首都,一跃成为世界上首屈一指的创新型城市。

赫尔辛基在 20 世纪 70 年代已经拥有一定的工业基础,但赫尔辛基本"资源相对匮乏",土地面积有限,国内市场小,需求不足,无法建立可以独立运行的市场经济环境[5]。赫尔辛基对创新型城市建设的战略选择是:资源整合,使人们拥有"创新思想"的萌芽;知识经济主导,知识是一种高效的生产力,赫尔辛基有着完备教育体系的优势;注重国际合作。赫尔辛基在工业经济向知识经济过渡阶段,将科技政策由工业经济阶段的供给导向,调整为技术使用者(或需求)导向政策,以科技政策为核心增强企业创新能力,推进城市经济发展。企业创新的动力主要来自市场需求和国际市场间的激烈竞争,赫尔辛基通过产学研平台实现高层次的自主创新,以市场导向来构筑政府研发计划与研发的资源配置计划,政府通过指导,避免市场盲目的方向性探索,构建具有市场化的政府指导架构,如图 2。

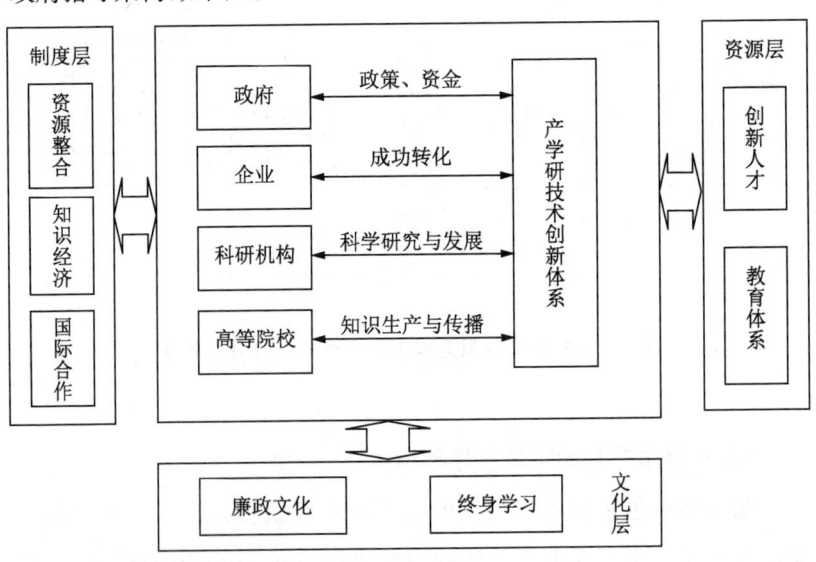

图 2 赫尔辛基创新型城市建设模式:市场主导型

(三) 东京的混合型模式

东京创新型城市采用的是混合型模式。日本东京都,位于日本列岛东南侧。从江户时代起400余年来,东京都一直是日本的首都和最大的都市。它不仅是日本的政治中心,更是经济中枢。20世纪下半叶,东京由于探索出与日本经济增长相适应的工业、政策、行政因素而有了长足的发展和戏剧性的变化。

东京创新型城市建设中经济发展的不同阶段和不同的市场经济领域中,政府和市场力量的强弱是不同的,总体来看东京采用的是自上而下和自下而上的有机结合。经济发展阶段中,在经济复兴阶段,即使在高速增长的初期,政府干预程度最高,但随着经济发展和企业成长,政府对资源配置的影响力会显著下降。在市场经济领域中,基础设施建设和国土开发等方面是政府干预较强的领域,在市场机制能够发挥功能的领域,则是由民间企业发挥主导作用。东京经济能够实现快速的增长,与以较短时间吸收了世界先进的科学技术分不开,在技术上走出了"引进—消化"和"吸收—加以改良"的模式,同样在政策制定上,东京是将产业政策作为政策重点,推动产业结构升级,支持个别企业的投资积极性,以出口型产业为中心,促进劳动生产率提高,以此为动力,促进东京经济的快速发展。东京创新型城市建设模式可以概括为图3。

二、三个城市创新资源的比较分析

(一) 经济状况的比较

2010年东京达到1.1万亿美元,占整个日本GDP总量的26%[6]。作为公认的国家化大都市,东京在经济总量上遥遥领先于巴塞罗那和赫尔辛基,但东京由于城市功能的过度集中,不得不在创新型城市的建设中疏散引导城市功能,使副中心城市成为东京城市建设

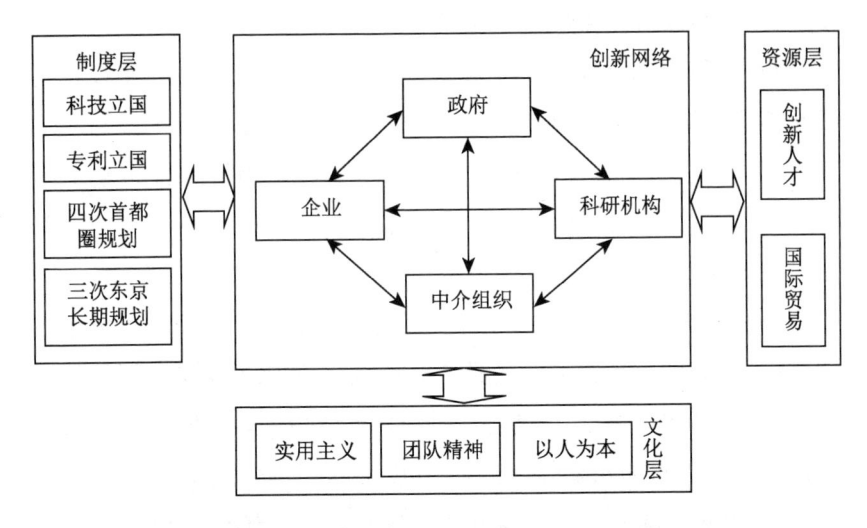

图3 东京创新型城市建设模式：混合型

的区域性中心，如筑波科技创新城的建设，将东京饱和的创新资源引向周边的副中心城市，释放了东京创新活力。

巴塞罗那是西班牙加泰罗尼亚自治区的首府，巴塞罗那2006年GDP达572亿3 700万欧元，人均GDP 35 800欧元[7]。赫尔辛基被世人赞美为"波罗的海的女儿"，芬兰的首都，2009年GDP 744亿美元，排名世界城市第38位[5]。巴塞罗那和赫尔辛基由于城市本身规模和经济发展状况的制约，在创新型城市的发展战略中主要是依靠城市内科技新区的建设和对就工业基地的多功能改造来促进创新资源的重新整合。

（二）人力资源的比较

芬兰自2000年起参加OECD（国际经济合作与发展组织）举行的PISA教育评比，被选为拥有世界上最好的教育系统的国家。赫尔辛基集中了芬兰教育资源的35%，94%的孩子升学至高中，上大学或技术学院的人更高达全民的65%[8]。赫尔辛基在这三所城市里最为注重对市民教育的投入,始终坚持的教育理念是:教育公平与终身学习。政府尽可能为广大市民提供受教育机会。赫尔辛基会向失业人员提供长中短不等的专业技能培训,并且鼓励职场人持续进修,以提升技能。

东京集中了全国17%的高等院校、短期大学和27%的大学生[6]。东京自1995年11月起开始实施"人才高度化支援事业",形成了职业能力开发促进中心与职业能力开发短期大学等共同组成的教育培训体系;改进了公共职业能力开发设施中教育培训课程;提供了与职业能力开发相关的信息咨询服务;向全社会开放职业能力开发的设施和设备等。巴塞罗那在人力资源方面与东京和赫尔辛基相比有一定的差距。

三、三个城市创新主体的比较分析

(一)企业的比较

赫尔辛基企业更注重通过内部的管理机制的改进和人才培养提升国际竞争力,因为其土地面积小,资源匮乏,与周边国家存在激烈的竞争关系。赫尔辛基企业高度重视治理结构和内部控制机制建设,通过确定合理分权、相互制衡的结构关系和运作方式,形成有序规范的运行机制,不断增强企业参与竞争和防范经营风险的能力。

巴塞罗那与赫尔辛基相比更注重有利于中小企业成长的外部环境的营造,它不像赫尔辛基拥有像诺基亚这样世界级的企业,创新主体是中小企业。在巴塞罗那有458 918家公司的总部,占西班牙总数的14%,它们中主要是中小型企业(98%)[7],这一批有企业家精神活力的中小型企业的特点是具有较高的灵活性和创新性,能够适应复杂多变的环境。巴塞罗那成立公司手续的便利也促进了巴塞罗那地区创业活力的提升。

(二) 政府职能的比较

赫尔辛基政府的职能着重在实际操作中的对行业运作和企业经营的协调与影响上，政府采取的"政策杠杆"是在并不影响市场自由机制的前提下进行的"小范围"的微观调整。政府出面组织了很多的委员会与理事会，这些组织经营目标上由某一个政府部门负责，但在经营过程中具有完全自主地位。此外，政府积极出台推动市场自由化和私有化政策。在推动赫尔辛基电信产业发展方面，这一点表现得尤其明显。20世纪90年代，在决定建立北欧移动电话集团的时候，诺基亚提交的报告在技术论证上并不充分，但政府并未拒绝它，而是由芬兰邮政和电信管理局帮助诺基亚发展完善了它的计划，并把它推荐给瑞典AB无线系统。

东京政府在干预资源配置上的基本方式，首先是在城市发展的每个阶段都制定了综合的城市发展规划，如四次首都圈规划（1958、1968、1976、1986）；三次东京都长期规划（1963、1986、1990）等，政府通过这些计划，提出该阶段经济发展的总体目标以及为此采取的支持措施。其次是对资金动员与分配的干预，对各种金融机构的业务领域进行严格限制，如对银行领域的进入、利率和数量等进行管制，20世纪50—90年代东京没有一件银行破产事件，也没有一家银行进入。

巴塞罗那市政府相比于东京和赫尔辛基，在公共工程、产业发展等方面拥有更大影响力。一方面是因为巴塞罗那是加泰罗尼亚自治区首府，自治大区享有充分自治权；另一方面是因为巴塞罗那市场经济发达程度较低，由于在市场主体、市场环境和社会环境等各环节上市场体系的不健全，需要借助政府强有力的干预加以弥补，促进市场体系本身的完善。

(三) 大学与研究机构的比较

巴塞罗那拥有大量的非高校的研发机构，它们从国家获得资金，对于区域性创新体系的建立起到了决定性的作用[9]。政府搭建的信息交流平台和中介组织,很好地建立了研发机构与中小企业研发间的纽带。东京拥有占全国1/3的研究和文化机构,其中大部分是国家级的,高校和研究机构、文化机构的聚集、新产品的研发有着千丝万缕的联系和强烈的促进作用。赫尔辛基的高等教育具有以技术为中心的明显特点。赫尔辛基技术大学是赫尔辛基地区技术研究和开发的推进器和技术研究与开发的中心。良好的教育环境造就了一批在赫尔辛基信息社会建设中扮演重要角色的杰出信息技术人才,其中最著名的当属Linus Torvalds。1991年当他还在赫尔辛基大学读书的时候,就发明了影响深远的Linux。

四、三个城市创新文化的比较分析

(一) 价值观念

创新型城市在发展文化产业和文化事业的过程中,必须确立其核心的价值追求。价值观是维系民族协调性和统一性的纽带。在对文化软实力的发展中,三座城市确立了不同的创新文化价值体系。

东京有着很深的岛国情节,形成了强烈的危机意识。东京重视群体,强调个体归属群体;重视"序列",强调群体的和谐统一;重视精神教育,强调创新精神的培养。巴塞罗那提出"文化是城市,城市是文化"(culture is city and city is culture)并以知识城市(city of knowledge)为宣传口号,塑造城市"高度的融合力,卓越的创造力"的价值体系。赫尔辛基鼓励每一个市民活到老学到老。在赫尔辛基所有可以取得学位或文凭的学校,从高中、职校、学院到大学,都是提供了成人进修渠道。创新和学习是三个城市共同的核心价值追求,体现出在当今知识经济和信息网络时代背景下,对市民终身学习和创新观念的培育是一个城市长久保持城市竞争力的先决条件。

(二) 创新氛围

随着科技投入,创新能力在城市发展中的作用突出,愈加需要形成一种鼓励创新、宽容失败的创新氛围。良好的创新氛围,有利于新思想、新技术在区域内的传播,有利于人们之间的互动,进而加快信息和创新的扩散速度。

东京广泛地提供文化创造场所,使市民拥有创造和发表文化艺术的场所,使整个城市成为文化空间。赫尔辛基通过各种各样的学校教育、社区教育和生活指导,培养市民的法制意识、公正意识、创新意识,同时培养市民的社会责任感。巴塞罗那依托文化优势,扩展了文化活动,举办一系列具有特色的会议与文化活动,每年致力于一个文化主题。这些活动提升了城市知名度,宣传了城市独特的文化,吸引创新人才与流动资金。各城市培育引导创新氛围的形成有着不同的方法,核心是对市民的教育和引导,促进创新型城市"软环境"价值的实现。

五、三个城市创新制度的比较分析

(一) 创新机制

赫尔辛基与东京、巴塞罗那相比,有着更加完备的产学研创新机制,政府通过支持企业建立各种形式的创新战略联盟大力推动应用基础性、行业共性、战略性技术研发。首先,政府在科技项目开发的投入一般占该项目总投资的30%,其他部分由企业、私人研究机构、金融资本等组织提供[11]。企业是科技项目开发的主要参与者和受益者。企业研发的项目必须要有大学或研究机构参与,院校和研究机构研发的项目必须要有企业参加,做到这两个必须,政府才给予资助。其次,作为高科技产业的大投资方,政府绝对不会对产业发展过度干预,政府仅负责政策制定和提供良好的外部条件,比如基础设施、教育、投资等。

东京在推行"科技立国"的实践中,并不是首先加强基础研究能力,而是围绕经济发展中的薄弱环节,比如资源短缺,有针对性地开发一些实用技术。科技的主攻方向是节能技术、污染防治技术等。以此为方向提升产业结构,给东京经济发展带来了看得见的效果。

巴塞罗那2004年12月正式启动"研究与创新计划",目标是促进巴塞罗那与世界其他地区在研究开发和创新活动上的合作。鼓励研究机构和企业积极参加国际合作,鼓励外国研究机构和企业参加本地区开发。通过"走出去,请进来"政策,提高巴塞罗那的技术创新能力[10]。

(二)创新政策

1. 巴塞罗那政府创新行动较好

为了提升在高新技术产业的优势,巴塞罗那政府实施了一系列的创新合作计划,其中2003年"政府部门创新行动"(Initiatives to Foster in Government Ministries)最具代表性。其理念是:为了使整个社会,特别是私人企业部门认识到创新的重要意义并主动采用新技术,政府就必须加强对推广创新文化和采用新技术的承诺。巴塞罗那政府认为政府部门有效地采用现代技术可以改变整个社会对创新和新技术的态度。

如政府采购技术产品和服务的行动可以推动整个社会的创新活动。巴塞罗那传统的政府采购只是为了从市场上获得某种产品或服务,而新的政府采购模式则与具体创新政策挂钩,政府采购活动必须实现"提高战略产业部门和竞争产业部门技术能力"的目标,引导产业结构调整,推动新技术的出现和发展。比如,通过政府部门对再生能源产品和服务的采购,明确了企业未来发展方向,使本地区的环境企业和创新企业获得巨大收益,这些收益反过来又可以推动技术创新。政府采购行动是整个良性循环的起点。

2. 东京的产业结构升级更为成功

1985年以后东京的产业结构出现较大调整,低附加值型产业由城市向地方转移,进而又向亚洲发展中国家和地区转移。东京在创新型城市建设过程中产业结构的升级主要有三个层面的变化:一是一、二、三次产业结构变化,二是支柱产业的更新换代,三是主要产业内部结构调整。东京调整后的产业依存于大城市高质量劳动力、现代先进技术和信息资源,噪声、污染等破坏环境因素较小。

针对产业发展出现的工场数量减少、就业机会减少、地方经济力下降的问题,东京借鉴美国硅谷经验,准备培育新型产业聚集区。2001年东京开始推进产业聚集区主要致力于以下一些工作:促进地方产学官结合,形成有效的联合网络;充实培育创业者的措施,加强孵化新企业的机能;加强与商社的联系,充分利用商社渠道,为新产品市场打开市场;各种资金提供部门加强联系,为产业创新打通融资渠道。

3. 赫尔辛基的国际合作最为出色

赫尔辛基为了能快速地将新技术转化为商品投资市场,同时为商品找到合适的消费市场,赫尔辛基政府放眼国际,推动经济技术国际化,采取了两项方针:一是以出口为导向,大力开拓国际市场;二是根据自身需要,积极开展国际科技经济合作。

另外,在吸引外资方面,赫尔辛基制订了众多的外资优惠政策。较典型的是设立的保税区,保税区通常由市辖企业负责经营。如与俄罗斯接壤的Lappeenranta保税区规定,在其区内设厂的企业,其原料进口可享受免税待遇。但加工或组装后的成品,如果进入芬兰市场,则必须缴纳进口关税。向欧盟其他国家出口,需补交22%的增值税,但向俄罗斯出口,可以免交原材料进口关税。另外,区内企业的固定资产投资,凭发票可以申请市政府资助。市政府最高提供机械设备20%的投资额和厂房投资额的50%。

六、对上海创新型城市建设的启示

上海正处在稳步迈向国际大都市的进程中,正在着力推进上海创新型城市建设。近几年上海在创新资源比较丰富、创新制度系统完善、创新主体形成网络、创新文化有力支撑下,成就有目共睹,但是上海城市发展中创新内部四要素仍存在不同程度的不足。

就创新资源而言,上海重视人才吸引政策,但政府只关注对高端人才的吸引,对中低端人才没有相应的扶持政策,导致中低端的高层次人才供应不足。在创新制度方面,上海市还是存在政策方面的空缺,产学研结合不够好,政策对创新活力激发不足。上海的文化更多的是一种自发形成的文化,政府和社会缺乏引导。本土文化以"白领文化""小富即安"为主流,缺乏进取精神与创业精神。从创新主体角度看,如何发挥上海"大政府"的优势,推动各区域、各产业、各园区和大学科研创新的互动,成为政府下一步行动的主要考题。

上海采用的创新型城市建设模式是市场和政府共同主导型,即自上而下与自下而上相结合的方式。政府主导是指上海市政府通过对自身优劣势的分析,明确科技定位,明确未来重大科技课题和产业创新方向,出台相应鼓励方式。市场主导是指企业通过市场需求,在参与国内或国际竞争中提升企业创新能力。在创新制度、创新资源、创新文化和创新主体四个方面,混合型创新型城市建设模式的上海应该借鉴如下经验。

首先,在创新制度方面应完善创新机制、激发创新活力。上海要积极促进产学研结合,着力推动产学研要素从"物理集聚"向"化学反应"转变。一是可以借鉴赫尔辛基,通过股份合作制整合产学研各方资源的做法,在上海科技园区设置产学研结合的专门协调机构;二是像巴塞罗那那样通过举办科技节、学术论坛、创新成果展示等,加强信息交流,增进知识共享,积极营造有利于产学研合作的环境氛围;三是学习日本通过政府引导,帮助建立以项目为纽带的虚拟创新合作联盟。

第二,在创新资源方面应注重对外合作交流、着重培养引进各类人才。像巴塞罗那和赫尔辛基始终把开展国际科技合作作为长期坚持的重要战略。上海应高度重视通过联合研究、参与国际多边合作项目等方式极大地促进了科技发展,提高了城市竞争力。同时,加快创新人才的引进和培养步伐,营造让优秀人才脱颖而出的发展环境。学习日本制定奖励办法,对各类创造型人才的创造成果给予肯定。充分利用各类不同水平的高校,不单单重视精英的培养,而应全面地培养社会所需的各种人。

第三,在创新文化方面应倡导创新观念、营造创新氛围。东京、巴塞罗那和赫尔辛基都积极研究了文化要素在城市建设中的作用,从自身传统文化中汲取养分,与现代城市发展结合,活跃文化创新思潮。上海在建设创新型城市时,要弘扬优良传统,宽容失败的城市人文氛围,循序渐进地培养公共良好的科学素养和实践精神,这是创新型城市建设的内在需要。

第四,在创新主体方面是政府适度干预、大力鼓励企业自主创新。在建设创新推动型经济过程中,政府的重点应该是纠正市场失灵,如东京政府致力于创新基础设施的改善与创新友好型市场环境的培育。上海市政府应是创新活动的引导者与调节者,通过政策制定、资金扶持等措施来解决单纯依赖市场进行创新可能导致的问题。上海市政府不应是市场的替代者,政府的创新补贴与资助引导创新方向,但不应过多干预创新活动者的具体研究活动。

参考文献

[1] 杨冬梅:《创新型城市的理论与实证研究》,天津:天津大学博士学位论文,2006。

[2] 创新城市项目.2Thinknow Innovation Agency.http://www.innovationcities.com/,2011-11-28.

[3] Helsinki Business Hub. http://www.helsinkibusinesshub.fi/cn/business_intell igence.htm,2011-11-28.

[4] 经济促进局,数据巴塞罗那.www.bcn.cat/barcelonabusiness,2011-11-28.

[5] City of Helsinki. http://www.hel.fi/hki/helsinki/en/Information + on + Helsinki,2011-11-28.

[6] 东京都政府官方网站,http://www.metro.tokyo.jp/ENGLISH/index.htm,2011-11-28.

[7] Barcelona Data Sheet 2010. *The City Council of Barcelona*,2011.

[8] Marjatta Bell,*Marjatta Hietala. Helsinki: The Innovation City*. Finnish Literature Society & City of Helsinki Urban Facts,2002.

[9] 任胜钢、陈凤梅、魏峰:《国外区域创新系统具体地区的实证研究述评》,《中国科技论坛》,2007(1):52—57。

[10] 薛彦平:《欧洲工业创新体制与政策分析》,中国社会科学出版社,2009:172。

[11] 郝莹莹、陈洁:《芬兰国家技术研究中心的发展与运行机制》,《中国科技论坛》,2009(2):140—144。

西方城市更新中的文化策略
——以伦敦和悉尼为例

陈 洁[①]

引 言

20世纪90年代以来,我国经济进入转型期并掀起城市化的高潮,中国城市化率从1978年的17.92%发展到1990年的26.41%,并在2016年达到57.35%。自2016年进入"十三五"规划实施期以来,城市发展不再一味追求新城的增量扩张,对旧城的更新再开发也成为中国城市化的重要趋势之一。城市更新的议题逐渐受到城市研究者的关注,对城市更新的认知从经济目标导向下的大拆大建逐渐转变为重视文化生态和保护历史文脉。结合文化发展的城市更新策略开始被重视并应用于旧城的再建设。

在这样的城市发展背景下,西方城市更新的经验得到国内学者们越来越多的关注。具体来讲,目前国内学者们的研究主要关注于城市更新的历史演进和发展历程[1—5],西方国家尤其是老牌工业城市更新

[①] 国家自然科学基金青年科学基金项目:基于空间正义视角的上海工业用地更新空间分异研究:特征、机制及规划干预(52008300)。陈洁,新南威尔士大学(The University of New South Wales)博士,同济大学建筑与城市规划学院博士后。原载于《国际城市规划》,2020年第5期。

经验的总结和启示[6-12]，以及西方城市更新相关概念、原则和方法的介绍等[13-15]。此外，文化在城市更新中发挥的作用开始受到学者们的关注。此类研究的重点主要着眼于对城市更新中的文化策略的解读[16-18]，对文化政策和文化规划的简介[19-22]，以及对西方具体案例的总结和对中国城市的借鉴作用[5,7,10,17,20]。虽然这些研究都涉及西方城市更新中运用的文化策略，但是目前我国文献中对于文化策略类型的具体内涵和特征却缺少系统的归纳和总结。西方城市更新中的文化策略有哪些类型？按何标准分类？不同类型的文化策略有哪些特征、内容和侧重点？这些问题在我国文献中还未得到系统的解答。这一缺失导致目前国内研究中对于文化策略在城市更新中的作用认知和价值判断仍较为笼统、模糊。

在西方的理论研究和实践中，对于城市更新中文化策略扮演的角色和发挥的作用有着比较明确和系统的区分。格罗达克和卢凯特-斯德里斯（Grodach & Loukaitou-Sideris）归纳出城市更新的改进式（progressive strategy）、创意式（creative class strategy）和商业式（entrepreneurial strategy）三种文化策略[23]。他们对文化策略分类的标准主要考虑四个方面的特征：目标、配备设施、地理分布和受益群众（表1）。

表1 文化策略的类型和特征

策略	目标	配备设施	地理分布	受益群众
改进式文化策略	促进社区发展扩大对公众的艺术文化教育	社区文化中心艺术教育项目	缺少文化设施的老城区	普通市民
创意式文化策略	提高城市的创意文化产业经济	艺术文化区	内城历史遗产区	受过高等教育的各类从业者和从事创意产业的"知识型人才"

(续表)

策略	目标	配备设施	地理分布	受益群众
商业式文化策略	促进经济增长 吸引私人投资	文化旗舰项目 大型文化节	城市中心	外地游客、经济富足的市民

资料来源：参考文献[23]

这三类文化策略被中外学者广泛引用[17, 24]。但是，有的西方学者认为对文化策略的研究应该考虑更多方面的特征，比如建筑空间类型[25]、文化活动[25—26]、潜在的效益侧重[27]和文化项目[28]（表2）。

表2 西方学者对城市更新中文化策略特征的研究

学者	研究重点	类型	特征
格里菲斯[27]	按照产生的效益划分文化策略	整合型	侧重公众效益，创造一个更具包容性和民主的公共领域来提高市民对城市的归属感，丰富公共社会生活
		文化产业型	侧重城市产业效益，将文化产品的生产和传播视为发展文化经济以及突显城市特殊亲和力的重要途径
		消费型	侧重商业经济效益，提供高规格的文化项目、娱乐设施和商业环境来刺激消费和促进经济发展
埃文斯[25]，蒙哥马利[26]	文化活动的类型	文化生产	单一的文化生产活动，即仅需自身产业和依靠垂直一体化的生产活动，如电视、电影、音乐、新媒体、纺织品和陶瓷生产等；多元的文化生产活动，即需要其他产业的配合以及依靠水平一体化的生产活动，比如视觉艺术、建筑设计、多媒体、手工设计、行为艺术等
		文化消费	包括文化产品的零售，以及在街边市场、公共文化空间（如博物馆、剧院和电影院等）、娱乐休闲场所（如餐馆、酒吧和咖啡馆等）的消费活动
		文化生产和消费的结合	在对外开放的艺术工作室、艺术市场、艺术节和文化事件中发生的文化活动

(续表)

学者	研究重点	类型	特征
袁佳萍[28]	文化项目的类型	标志性的文化旗舰项目	通常位于城市商业中心，邀请国际知名建筑师设计
		遗产保护和滨水区项目	废弃厂房和滨水工业区被改造为文化休闲区
		创意产业项目	以创意产业作为区域发展的支撑
埃文斯[25]	文化策略对应的两种空间类型	文化街区	重视城市旅游产业的发展；重视文化遗产保护再利用；保护和鼓励手工业发展
		创意产业区	重视知识经济（knowledge economy）和创意旅游（creative tourism）；鼓励和支持文化创意产业发展

资料来源：作者根据参考文献[23,25—28]整理

综合以上研究，本文将格罗达克和卢凯特·斯德里斯提出的文化策略四方面特征扩展为七个方面：对应的空间类型、所产生的潜在效益、具体目标、参与角色、受益群众、配备的文化项目和设施，以及文化活动。在此基础上，下文结合伦敦和悉尼的实践案例，对改进式、创意式和商业式三种文化策略的具体特征展开讨论。

一、西方城市更新的文化策略及其特征

第二次世界大战结束后，城市更新的专业术语经历了以下演变：20世纪50年代的城市重建（urban reconstruction）；20世纪60年代关注现代主义的城市新生（urban revitalization）；20世纪70年代强调经济发展的城市重生（urban renewal）；20世纪80年代偏向房地产的城市再开发（urban redevelopment）和1990—2010年间关注经济、

文化、社会多元价值的城市更新（urban regeneration）[29]。1980—2010年的近30年中，文化在城市发展中发挥了越来越重要的作用。地方政府将文化发展作为城市更新的一项重要目标，通过城市规划和城市设计等手段将旧城或工业区转变为城市公共空间[23, 26]。在20世纪80年代，重视文化发展的城市更新被普遍应用于欧洲、北美和澳大利亚的城市。

本文讨论的西方城市主要指西欧、北美和澳大利亚的城市，选取伦敦和悉尼作为研究案例。伦敦和悉尼具有各自的地理特征：伦敦是欧洲著名的河流城市，其城市发展依托于泰晤士河；而悉尼是澳大利亚最大的海港城市，环绕杰克逊港口而建，其城市发展与海港息息相关。尽管伦敦和悉尼经历各自的发展过程，但它们在结合文化策略进行城市更新实践方面具有较为相似的历史和特征。在2012年由英国BOP文化创意产业咨询公司和伦敦国王学院联合发布的《世界城市文化报告》(*World Cities Cultural Report*)中，伦敦和悉尼被列为重要的文化城市。这两座城市在城市更新方面拥有丰富的实践案例，其成功经验具有较大的参考价值[30—31]。

英国在20世纪70年代的城市化率已高达85%，城市给全英国贡献了91%的经济产出，提供了89%的就业岗位[32]。伦敦及其周边地区是英国人口集聚和经济增长的重要区域。自20世纪70年代以来，伦敦经历了制造业、煤矿和机械等传统产业的凋零，以及新兴高技术产业、服务业和创意产业的兴盛。20世纪90年代以来，英国政府对城市中的废弃老工业区实施城市更新，希望能重塑区域的物质环境、改善生活质量和提升经济活力[32]。伦敦政府强调将文化策略作为伦敦城市更新的重要组成部分[33]。在千禧年计划里，伦敦政府发起了大规模的城市更新运动，使得伦敦成为英国城市更新中最为活跃的城市，闲置的工业用地和棕地（brownfields）大多被转型为公共空间[34]。

与伦敦类似，悉尼的发展依托于19世纪的工业革命。第二次世界大战后,伴随着经济、工业和文化方面的迅速发展,悉尼从欧洲殖民聚落地转变为世界著名的海港城市[35]。悉尼的工业老区记录了其制造业和运输业从辉煌转向衰败的历史[36]。20世纪80年代以来,在悉尼政府的推动下,悉尼大量19世纪和20世纪的工业建筑和景观被改造再利用。

(一)改进式文化策略

改进式文化策略源于20世纪60年代发生在西方国家的追求平等权利的公众政治运动,其中文化是弱势群体维护自身利益和谋求福祉的载体[23]。社区居民自发成立组织,比如以社区委员会的形式向政府和开发商提出改善社区环境、维护居民生活方式和促进邻里和睦等诉求[1]。该策略目前成为政府保障公共福利的重要内容,其重点是为公民提供、维护和争取广泛平等的公共利益,减少经济差距和社会不公[37]。表3结合伦敦和悉尼的相关实践案例,对改进式文化策略的主要特征进行了归纳总结。这种策略通常适用于小型的城市更新项目,将废弃的小型码头和厂房改造为城市公共景观空间,比如遗址公园、社区广场、街心公园等;或者再利用为城市公共建筑,比如博物馆、美术馆、剧院、社区艺术中心等。该策略的主要实施者是地方政府和政府文化部门,其目标受益群众是本地普通市民。

1. 城市公共景观空间案例:悉尼布朗格鲁保护区

悉尼布朗格鲁保护区是悉尼最古老的工业基地,早在20世纪30年代被用作运输码头并承担悉尼的商业贸易。由于该区域曾经的工业用地性质,周边社区缺少基础设施,尤其缺乏附近居民日常运动、休憩、交流的公共场所。新南威尔士州政府于2005年决定要将此区域改造为"属于悉尼市民的公共场所"[38],希望能为布朗格鲁区居民和悉尼市民创造一个自然公园。2015年改造完毕并免费向公众开放,成为悉尼重要的城市公共空间(图1)。

表 3　改进式文化策略的案例以及特征总结

空间类型	城市公共景观空间				城市公共建筑		
案例	悉尼布朗格鲁保护区	悉尼BP石油遗址公园	悉尼货运线公园	伦敦泰特现代美术馆	伦敦交通博物馆	悉尼动力博物馆
案例前身	码头	码头、油库	火车道	发电厂	公交厂	发电厂
当前功能	滨水广场	遗址公园	街心公园	美术馆	博物馆	博物馆
地理位置	悉尼中央商务区西部	北悉尼威弗敦半岛	悉尼乌尔蒂莫区	伦敦市中心	伦敦市中心	悉尼乌尔蒂莫区
主要目标	创造属于悉尼市民的公共场所	为北悉尼市民提供公共遗址公园	为居民提供街心公园	扩大公众对艺术的参与	扩大公众对艺术的参与	扩大公众对艺术的参与
参与部门	新南威尔士州政府部门及悉尼市政府	新南威尔士州政府、悉尼市政府	悉尼市政府、悉尼海港管理局	伦敦市政府	伦敦市政府	悉尼市政府
受益群众	悉尼市民、布朗格鲁区居民	北悉尼市民、威弗敦区居民	悉尼市民、附近居民	伦敦市民、观景游客	伦敦市民、附近居民、游客	悉尼市民、附近居民、游客
配的项目和设施	广场、步行道、自行车道、座椅、景观灌木、文化节等	步行栈道、观景平台、座椅、景观灌木等	室外电影设施、步行道、自行车道、座椅、景观灌木等	展厅、观景平台、咖啡厅、餐厅、游客中心、商店、文化节等	展厅、娱乐设施、咖啡厅、餐厅、商店等	展厅、娱乐设施、咖啡厅、餐厅、商店等
文化活动	澳大利亚土著生产生活展示、教育、运动、休憩、观景等	休憩、观景、展览等	运动、休憩、展览、教育等	展览、教育、观景等	展览、教育、娱乐等	展览、教育、娱乐等

资料来源：作者整理

西方城市更新中的文化策略

此外,悉尼 BP 石油遗址公园(Former BP Site)(图2)和货运线公园(The Goods Line)(图3)也属于利用了改进式策略的室外公园和广场类型。这些案例通过将缺少文化设施的老工业区进行改造,再利用成为城市新公共空间,为附近社区和悉尼市民配备日常休闲娱乐设施和提供运动、交流和休憩的公共场所。

图1 悉尼布朗格鲁保护区
资料来源:作者拍摄于2017年

图2 悉尼 BP 石油遗址公园
资料来源:作者拍摄于2015年

图3 悉尼货运线公园
资料来源:作者拍摄于2017年

2. 城市公共建筑案例:伦敦泰特现代美术馆

伦敦泰特现代美术馆(Tate Modern Gallery)属于利用了改进式文化策略的城市公共建筑类型(图4)。在20世纪80年代后期,由于老泰特美术馆不能提供足够的展览空间,伦敦市政府决定另辟新馆。废弃10年之久的河岸发电厂在地理位置、空间

图4 伦敦泰特现代美术馆
资料来源:作者拍摄于2017年

结构和建筑风格方面都具有改进优势。英国政府组织国际建筑设计竞赛,强调河岸发电厂的改造必须得到"公众的认可和支持"[39]。瑞士建筑师赫尔佐格和德梅隆(Helzog & de Meuron)保留老发电厂的造型和体量,改造再利用电厂内部空间,使之成为集展览、办公、观景等功能于一体的大型美术馆。泰特现代美术馆现在伦敦是非营利性的公共建筑,对外免费开放,在公众教育方面起着积极的作用。美术馆为伦敦市民免费提供公共教育,比如发展青年团体、开展青年大使计划和成立教育研讨会来支持青少年的艺术学习。

同类案例还有伦敦交通博物馆(London Transport Museum)(图5)和悉尼动力博物馆(Sydney Powerhouse Museum)。在这些案例中,历史老建筑被改造为美术馆、博物馆和剧院等城市公共建筑,通过引进文化教育项目和提供文化设施来扩大公众对文化艺术的参与度,

图5 伦敦交通博物馆
资料来源:作者拍摄于2017年

丰富市民文化生活,振兴弱势群体社区以及加强社区影响力。

(二)创意式文化策略

创意文化在近30年的城市发展中得到广泛关注,主要是因为20世纪80年代出现的新社会群体和创意文化产业[40]。一方面,新社会群体主要包括城市中产阶层和创意阶层(creative class),即受过高等教育的各类从业者和创意文化产业者。他们在社会总人口中所占比例加大,并逐渐持有重要的话语权。另一方面,创意文化产业在城市经济发展和地方营销中扮演日益重要的角色。创意文化产业包括

西方城市更新中的文化策略

表 4 创意式文化策略的案例以及特征总结

空间类型	文化街区			创意产业区		
案例	悉尼沃尔什手指码头	悉尼伍尔卢莫卢手指码头	伦敦克勒肯维尔艺术区	伦敦克勒肯维尔艺术区	悉尼雷德芬区	澳大利亚科技园
案例前身	航运码头	航运码头	工业区	工业区		机车厂房
当前功能	中产阶级生活、工作和娱乐的场所	中产阶级生活、工作和娱乐的场所	艺术区			教育研究中心
地理位置	悉尼沃尔什海湾	悉尼伍尔卢莫卢区	伦敦克勒肯维尔区			悉尼雷德芬区
目标	将废弃码头改造为具多元复合功能的城市公共空间	将废弃码头改造为具多元复合功能的城市公共空间	将工业老区改造为伦敦创意阶层的集聚地			将工业老区改造为悉尼信息科技、生物技术、现代传媒的研究中心
参与角色	悉尼文化机构、悉尼市政府	新南威尔士州政府、悉尼市政府、私营公司	伦敦公司	私人工作室、设计机构、创意产业公司		澳大利亚科技园公司、设计机构、创意产业公司
受益群众	悉尼中产阶级	悉尼中产阶级	伦敦创意阶层			悉尼创意阶层
配备的项目和设施	公寓、滨海连排住宅、画廊、展览馆、剧院、餐厅、酒吧、酒店	300余座公寓、游艇码头、剧院、画廊、电影院、餐厅、酒吧、酒店	艺术家工作室、设计机构、创意产业公司、画廊、剧院、展览馆、电影院、博物馆、餐厅、酒吧			设计机构、创意产业公司、办公楼、餐馆
文化活动	文化消费：娱乐、展览、戏剧等	文化消费：娱乐、展览、看剧等	单一和多元的文化生产：展览、教育、戏剧等；文化消费：对外开放的艺术工作室、艺术市场、艺术展览和艺术节中发生的文化生产与消费			单一和多元开放的文化生产；对外开放的工作室和文化节中发生的文化生产

资料来源：作者整理

199

电影和视听艺术、设计与工艺、媒体艺术、音乐表演等产业[41]。正如佛罗里达（Florida）所推崇的创意城市理念：创意产业和有趣独特的场所往往能吸引市民和资本[42]。他认为刺激城市经济增长的驱动力不是城市的商业环境，而是城市创意阶层集聚的地方，因为这些地方往往能包容多样化和开放的新思想。地方政府重视并应用创意式文化策略，通过提供改善生活质量和生活方式的文化设施来吸引城市中产阶级和创意阶层。

创意式文化策略侧重文化效益，其目标为支持城市中产阶级和创意阶层的文化生产和消费、促进区域的文化创意产业和提高文化经济效益（表4）。配备的文化设施有创意产业机构（如艺术家工作室、创意产业公司、文化媒体机构等）、城市公共文化空间（如画廊、剧院、博物馆、电影院等）和城市休闲娱乐空间（如特色餐馆、咖啡厅、俱乐部等）。埃文斯（Evans）将创意式文化策略的建筑空间分为文化街区（cultural quarters）和创意产业集聚区（creative industry clusters）两类[25]。文化街区是满足经济较富足的中产阶级文化消费的区域，侧重文化遗产的保护和再利用，以及保护和鼓励手工业；创意产业区是集聚高密度城市创意阶层的区域，侧重创意文化产业和展示城市文化的创造。

1. 文化街区案例：悉尼沃尔什手指码头

文化街区侧重城市文化效益和文化经济的发展，为经济较富足的中产阶级提供工作、生活和交流的场所，并通过带动酒吧餐饮、公共展览、休闲娱乐等行为来凸显城市的特殊亲和力。此类案例有悉尼的沃尔什手指码头（Walsh Finger Wharf）（图6）、伍尔卢莫卢手指码头（Woolloomooloo Finger Wharf）（图7）和亚历山大广场（The Grounds of Alexandria）（图8）等。

沃尔什手指码头的目标群众为悉尼经济较富足的中产阶级。码头保留原先的平面布局以及码头上的工业建筑物框架，重新划分室内空间，将原先运输和储存的功能置换为集餐饮、酒吧、画廊、舞蹈中心、

图 6　悉尼沃尔什手指码头

资料来源：作者拍摄于 2017 年

图 7　悉尼伍尔卢莫卢手指码头

资料来源：作者拍摄于 2015 年

图 8　悉尼亚历山大广场入口

资料来源：作者拍摄于 2017 年

艺术创作、博物馆、剧院等于一体的具有多元复合功能的城市文化空间，以满足中产阶级多样性的文化消费需求。码头现容纳了悉尼本土知名的音乐表演机构和艺术文化组织；拥有多家特色餐馆、酒吧、精品酒店等来带动该区域的旅游副业发展；提供雕塑展览、码头历史展览、戏剧展览等来营销码头文化影响力和调动悉尼中产阶级对该区域艺术文化的参与。再者，部分码头建筑被改造为私人滨海连排住宅，为城市中产阶级提供新型和有趣的住宿方式。

2. 创意产业区案例：伦敦克勒肯维尔艺术区

创意产业区通过结合创意产业更新老工业区、吸引本土创意阶层集聚、支持创意阶层的文化生产、展示文化产品和鼓励举行艺术文化活动等举措，来提高区域文化创造的影响力和促进城市创意产业的经济效益。此类案例有伦敦克勒肯维尔（Clerkenwell）艺术区（图9）、伦敦南岸（Southbank）艺术区和澳大利亚科技园（Australian Technology Park）（图10）等。

图9　伦敦克勒肯维尔艺术区
资料来源：作者拍摄于2017年

图10　澳大利亚科技园
资料来源：作者拍摄于2017年

克勒肯维尔艺术区的目标群众是城市创意阶层，该人群被视为能刺激当地文化消费、促进创意产业和提高文化经济所必不可少的人群。伦敦克勒肯维尔艺术区的兴起和发展的推动者有从事创意产业的私营公司及个人，还有政府部门和公共文化机构。在20世纪80年代，伦敦年轻的创意产业从业者、艺术家和设计师将克勒肯维尔区部分老厂房改造成工作室。随着创意产业公司、文化机构、餐厅及酒吧的入驻，克勒肯维尔区逐渐成为伦敦知名的创意产业区。克勒肯维尔艺术区定期举办一系列艺术展览和文化节，例如伦敦建筑双年展（London Architecture Biennale）、克勒肯维尔设计周（Clerkenwell Design Week）以及克勒肯维尔节（Clerkenwell Festival）等。

(三) 商业式文化策略

商业式文化策略关注经济效益，综合发展文化、商业和旅游产业来提升城市经济发展。在激烈的城市竞争背景下，城市企业化已经渗透到各地政府的城市治理和规划中[9],而文化项目则被视为建立城市品牌、营销城市形象以及加强城市地位的重要手段[25]。当地政府通过一系列城市营销的策略和规划设计,比如建设大型文化设施和旗舰项目、提供高规格的商业综合体、举办大型文化节等,将城市形象营销为"可以去玩的地方"(a place to play)[23],因此,比安奇尼(Bianchini)称商业式文化策略具有"消费主义至上"的特点[37]。

以悉尼环形码头(Circular Quay)(图 11)为例,该码头前身是悉尼的交通转运站,现在是集娱乐、商务、旅游、办公和购物等为一体的城市商业中心区[43]。环形码头将经济富裕的悉尼市民和外地游客作为目标群众,提供各类文化和商业设施以刺激这类人群的消费和推动当地旅游。首先,强化周边地标——悉尼歌剧院和悉尼海港大桥,在两个地标之间的滨水地带增加城市公共建筑以丰富区域的文化设施。其次,环形码头保留工业厂房并再利用为餐馆、咖啡馆和酒吧;保护码头附近的岩石区(The Rocks)并改造为游客观光区。再次,增加休闲娱乐场所来提升区域的商业氛围,以及鼓励街头艺人表演、举办大型文化节和烟火表演等来满足不同游客消费的需求。环形码头的城市更新在悉尼的商业和文化方面发挥了积极影响。悉尼市在 2016 年对码头的重要区域继续实施改造,旨在提供一个促进区域经济增长和提供更多就业机会的商业办公综合体。这些举措吸引了大量私人投资,比如中国万达公司投资 10 亿澳元用于住宅、酒店、商业和广场开发等[44]。最后,环形码头每年举行长达三周的悉尼灯光节(Vivid Sydney)来带动旅游产业。在 2016 年,来自 23 个国家的 150 多名艺术家参与这场盛事,提供了 190 多场音乐演出和 90 多个艺

图 11 悉尼环形码头
资料来源:作者拍摄于 2017 年

术展和吸引了来自全球的 231 万游客[45]。

与悉尼环形码头类似的案例还有悉尼达令港（Darling Harbour）（图 12）和伦敦金丝雀码头（Canary Wharf）（图 13）。这些城市更新案例在促进城市的经济增长、提高城市的政治影响和发展城市文化方面都起到了积极作用。比如改造后的达令港增加了 1 000 多个门面、100 多家咖啡店和 30 家酒店，为悉尼创造了 4 000 多个就业机会和吸引了多达 1.5 亿人次的旅游者[46]。

图 12　悉尼达令港

资料来源：作者拍摄于 2015 年

图 13　伦敦金丝雀码头

资料来源：作者拍摄于 2017 年

结合这些案例，表 5 归纳了商业式文化策略的特征：侧重商业效益，适用于市中心和新区的大型城市更新项目，目标群众为本地经济富足的市民、外地游客和大型企业，推动者为地方政府、地方政府主导的城市开发公司以及大型私人房地产公司。国际知名建筑师通常被邀请来设计标新立异的建筑项目和打造高规格的标志性场所，以实现城市营销的效果[28, 31]。最终目的是吸引私人投资项目，推动城市旅游业、房地产业和金融业的发展和增加政府税收。然而需要指出的是，此类型的城市更新备受质疑，虽然可以带来直接的经济回报、促进城市和区域的整体经济发展，但是部分西方学者认为该策略过于重视商业利益，不利于城市和社区的综合发展。彭特（Punter）和莫里森（Morrison）批评这些项目对城市有"象征性的破坏"（symbolic devastation),建筑的巨大尺度和奇特造型与城市的历史文脉格格不入[31,47]。

表5 商业式文化策略的案例以及特征总结

案例	悉尼环形码头	悉尼达令港	伦敦金丝雀码头
案例前身	悉尼电车服务终站和转运站	港口	港口
当前功能	商业、购物、旅游、交通	商业、购物、旅游	金融、商业、购物
地理位置	悉尼市中心	悉尼市中心	伦敦新区
主要目标	延续交通枢纽的功能,并将交通转运站转变为商业中心	将废弃港口改造为商业中心和旅游景点	将废弃港口改造为商务金融区
参与角色	悉尼市政府、悉尼市议会、新南威尔士州政府、悉尼海港信托局、悉尼海港管理局	悉尼市政府、悉尼市议会、新南威尔士州政府、达令港发展局	伦敦政府、伦敦政府主导的城市开发公司
主要受益群众	外地游客和企业、悉尼经济富足的市民	外地游客、悉尼经济富足的市民	外地游客、伦敦金融业从事者和商务人群
配备的项目和设施	剧院、美术馆、博物馆、购物中心、酒店、商业街、酒吧、餐馆、街头表演、节日庆典、烟火表演等	博物馆、会议中心、购物中心、电影院、城市广场、酒吧、餐馆、街头表演、节日庆典、烟火表演等	金融机构、写字楼、购物中心、商业街、酒店、公寓、餐馆
文化活动	文化消费:娱乐、购物、展览等;在文化节、街头表演、大型节日庆典中发生的文化生产和消费	文化消费:娱乐、购物、展览等;在文化节、街头表演、大型节日庆典中发生的文化生产和消费	文化消费:娱乐、购物

资料来源:作者整理

二、西方城市更新中文化策略对中国的启示

结合伦敦和悉尼的实践案例,本文归纳了城市更新的改进式、创意式和商业式文化策略的主要特征。如表6所示,三类文化策略的特

征包括空间类型、效益侧重、主要目标、受益群众、地理分布、配备的文化设施和项目,以及主要的文化活动。

表6 城市更新中的文化策略类型和特征

策略	改进式策略	创意式策略	商业式策略
空间类型	城市公共景观 城市公共建筑	文化街区 创意产业区	商业旅游区 金融商务区
效益侧重	侧重公众效益	侧重文化和经济效益	侧重商业效益
参与角色	一般是当地政府和政府部门	一般是私人部门的主导部分公私合作	一般是公私合作的主导
主要目标	加强社区发展和影响;扩大公众对艺术的参与;促进市民文化生活	支持创意阶层的文化生产;满足中产阶级的文化消费;促进创意产业的发展	建立城市品牌和营销城市形象;提升旅游、金融、房地产业的经济回报;吸引私人投资和增加政府税收
主要受益群众	本地普通市民	城市中产阶级、城市创意阶层	经济富足的市民、外地游客和企业
地理分布	小规模的缺少文化设施的老城区	中等规模的老工业区和文化遗产区	市中心商业区、具有良好景观和交通便利的城市新区
配备的文化项目与设施	文化教育项目、日常休闲设施	创意产业机构、城市文化设施(如画廊、剧院等)、城市休闲娱乐设施(如咖啡厅、俱乐部等)、文化节	标识性的文化旗舰项目(如歌剧院、大型博物馆等)、城市商业综合体、高规格的办公楼和会展中心等、大型文化庆典
主要的文化活动	免费的公共教育、观景休憩、展览、运动等	单一和多元的文化生产;文化消费:展览、教育、休闲娱乐等;在对外开放的艺术工作室、艺术市场、艺术展览和艺术节中发生的文化生产与消费	文化消费:娱乐、购物、展览等;在大型文化节、街头表演、节日庆典中发生的文化生产和消费

资料来源:作者整理

我国现处于快速城市化的发展阶段,旧城更新已成为城市快速扩张和城市更新的重要途径。各地政府对城市建设的渴求造就了城市更新实践在中国"面广量大"的现实[9]。与西方国家的经历相似的是，中国城市更新项目也开始重视文化策略的运用，而实际的情况却是商业发展仍占主导，甚至是商业利益凌驾于公共利益之上，而社会效益和文化价值却往往被忽略。在这些城市更新项目里，历史文化遗产只是被当作营销项目知名度和提高土地价值的载体。通常的做法是保留很少量的文化遗产，推平大部分的历史建筑来发展高经济回报的房地产和商业地产项目。这样的模式虽然能在短期内迅速提高老城区的经济效益，但是单一追求土地价值会导致历史脉络在大拆大建中迅速消逝。这些问题的产生与当前对城市更新中的文化策略的认知和判断有很大关系。规划研究设计者和项目决策者对城市更新中文化策略的认知单一，并对文化实践的价值判断缺乏标准。

结合伦敦和悉尼的经验，本文为国内规划研究设计者和项目决策者提供了对文化策略在城市更新中的作用认知和价值判断。西方城市的经验表明城市更新中的文化策略类型和内涵并非能一概而论。文化策略的应用对于社区归属感与凝聚力的增强、文化创意产业的发展、城市形象塑造和城市经济提升等方面具有重要作用。文化策略的价值内涵体现在社会效益、文化价值和商业利益方面。改进式、创意式和商业式文化策略有不同的侧重点和内容。根据不同的受益群众、主要目标和侧重的潜在效益而采用不同的文化策略，配备相应的文化设施和项目，鼓励不同的角色参与，支持多样化的文化活动。总结文化策略特征对于国内城市更新实践项目的主要启示是：发挥项目参与者的不同作用，鼓励多样的开发机制和建设模式。项目决策者应分析谁投资、谁建设、谁使用、谁管理和谁受益。

（1）改进式文化策略关注普通市民的公众效益，对应小型城市更新项目，依靠当地政府投资、建设和管理，受益者和使用者为当地居民。因此改进式文化策略在实施时应首先考虑公众利益，例如是否会丰富市民文化生活、是否会扩大公众对艺术文化的参与等。

（2）创意式文化策略的侧重是城市创意阶层的文化效益，对应的城市更新项目往往是自下而上，依赖于城市中产阶级、创意公司和艺术家的主导。当地政府不再是该策略最重要的角色，而是起着引导的作用，例如出台相应的扶持政策来促进文化产业化发展，提供良好的文化产业环境来鼓励中产阶级和创意阶级的文化生产和消费。

（3）商业式文化策略重视文化要素带来的潜在商业效益，其开发和建设依赖于当地政府和大型商业公司的公私合作。这一类型的城市更新项目通常与城市或者区域的转型息息相关。城市政府的身份应从治理城市的"管理者"转变为"企业者"，例如政府通过改善区域基础设施，建设大型文化旗舰项目和旅游地标等一系列城市营销的策略来吸引更多大型商业项目和投资。

随着社会的经济发展，日益增长的文化需求和文化消费会影响到城市空间的更新利用。城市更新对文化策略的重视将成为必然。本文对国外研究文献和城市案例的总结有助于为探索适应中国城市背景的途径提供借鉴。但是值得注意的是，以上总结主要基于西方国家的城市更新实践和研究成果。对西方城市的政治经济制度、社会文化环境、发展阶段和作用机制需要有进一步的判断分析。探索适合中国城市政治、经济和文化背景的策略以解决旧城更新出现的问题是一个重要议题。中国当前的旧城更新经常受到历史文脉缺位和社会公正的质疑。在旧城更新和改造过程中如何权衡商业发展、文化效益和社会公正始终是当前中国城市所面临的一大挑战。如何在旧城更新中保证更加包容、公共、多样的城市空间也是城市研究者们今后亟待考虑的问题。

注释

[1] 方可：《西方城市更新的发展历程及其启示》，《城市规划汇刊》，1998(1)：59—61。

[2] 吴炳怀:《我国城市更新理论与实践的回顾分析及发展建议》,《城市研究》,1999(78):25—30。

[3] 张乃戈、朱韬、于立:《英国城市复兴策略的演变及"开发性保护"的产生和借鉴意义》,《国际城市规划》,2007(4):11—16。

[4] 董玛力、陈田、王丽艳:《西方城市更新发展历程和政策演变》,《人文地理》,2009,24(5):42—46。

[5] 罗翔:《从城市更新到城市复兴:规划理念与国际经验》,《规划师》,2013,29(5):11—16。

[6] 程大林、张京祥:《城市更新:超越物质规划的行动与思考》,《城市规划》,2004(2):70—73。

[7] 于立、Jeremy Alden:《城市复兴——英国卡迪夫的经验及借鉴意义》,《国外城市规划》,2006(2):23—28。

[8] 杨震、徐苗:《城市设计在城市复兴中的实践策略》,《国际城市规划》,2007(4):27—32。

[9] 杨震:《城市设计与城市更新:英国经验及其对中国的镜鉴》,《城市规划学刊》,2016(1):88—98。

[10] Ivan Turok、邢铭、张平宇:《老工业城市的复兴:格拉斯哥的经验及对中国东北的启示》,《国外城市规划》,2005(1):60—64。

[11] 易晓峰:《从地产导向到文化导向——1980年代以来的英国城市更新方法》,《城市规划》,2009,33(6):66—72。

[12] 易晓峰:《合作与权力下放:1980年代以来英国城市复兴的组织手段》,《国际城市规划》,2009,24(3):59—64。

[13] 朱力、孙莉:《英国城市复兴:概念、原则和可持续的战略导向方法》,《国际城市规划》,2007(4):1—5。

[14] 吴晨:《城市复兴中的城市设计》,《城市规划》,2003(3):58—62。

[15] 佘高红、朱晨:《从更新到再生:欧美内城复兴的演变和启示》,《城市问题》,2009(6):77—83。

[16] 姜华、张京祥:《从回忆到回归:城市更新中的文化解读与传承》,《城市规划》,2005(5):77—82。

[17] 郑憩、吕斌、谭肖红:《国际旧城再生的文化模式及其启示》,《国际城市规划》,2013,28(1):63—68。

[18] 于立、张康生:《以文化为导向的英国城市复兴策略》,《国际城市规划》,2007(4):17—20。

[19] 黄鹤:《西方国家文化规划简介:运用文化资源的城市发展途径》,《国外城市规划》,2005(1):36—42。

[20] 黄鹤:《文化政策主导下的城市更新——西方城市运用文化资源促进城市发展的相关经验和启示》,《国外城市规划》,2006(1):34—39。

[21] 李祎、吴义士、王红扬:《从"文化政策"到"文化规划"——西方文化规划进展与编制方法研究》,《国际城市规划》,2007(5):75—80。

[22] 董奇、戴晓玲:《英国"文化引导"型城市更新政策的实践和反思》,《城市规划》,2007(4):59—64。

[23] GRODACH C, LOUKAITOU-SIDERIS A. "Cultural development strategies and urban revitalization." *International Journal of Cultural Policy*, 2007, 13(4):349—370.

[24] CHEN J, JUDD B, HAWKEN S. "Adaptive reuse of industrial heritage for cultural purposes in Beijing, Shanghai and Chongqing." *Structural Survey*, 2016, 34(4/5):331—350.

[25] EVANS G. *From cultural quarters to creative clusters: creative spaces in the new city economy*//LEGNER M. *The sustainability and development of cultural quarters: international perspectives*. Stockholm: Institute of Urban History, 2009.

[26] MONTGOMERY J. "Cultural quarters as mechanisms for urban regeneration. Part 1: conceptualising cultural quarters." *Planning Practice and Research*, 2003(4):293—306.

[27] GRIFFITHS R. "Cultural strategies and new modes of urban intervention." *Cities*, 1995(4):253—265.

[28] YUEN B. *Urban regeneration in Asia mega-projects and heritage conservation*//LEARY M E, Mc CARTHY J, eds. *The Routledge*

Companion to Urban Regeneration. Routledge, 2013.

[29] ROBERTS P. *The evolution, definition and purpose of urban regeneration*//ROBERTS P, SYKES H. *Urban regeneration: a handbook*. London: Sage, 2000.

[30] THALIS P, CANTRILL P. *Public Sydney: drawing the city*//Sydney: Co-published by the Historic Houses Trust of New South Wales and Faculty of the Built Environment, University of New South Wales, 2013.

[31] PUNTER J. *Reflecting on urban design achievements in a decade of urban renaissance*//PUNTER J. *Urban Design and the British urban renaissance*. New York: Routledge, 2010.

[32] The Urban Task Force. *Towards an urban renaissance*. London: Taylor and Francis, 2003.

[33] Greater London Authority. *Cultural Metropolis: The Mayor's priorities for culture* 2009—2012. London: Greater London Authority, 2008.

[34] 杨震、于丹阳:《英国城市设计: 1980 年代至今的概要式回顾》,《建筑师》,2018(1): 58—66。

[35] McGUIRK P, O'NEILL P. "Planning a prosperous Sydney: the challenges of planning urban development in the new urban context." *Australian geographer*, 2002(3): 301—316.

[36] MacMAHON B. *The architecture of east Australia: an architectural history in 432 individual presentations*. London: Edition Axel Menges, 2001.

[37] BIANCHINI F. *Remaking European cities: the role of cultural policies*//BIANCHINI F, PARKINSON M. *Cultural policy and urban regeneration: the west European experience*. Manchester: Manchester University Press, 1993.

[38] HAWKEN S, MACKENZIE B. "Barangaroo reserve." *Landscape architecture australia*, 2016, 149: 40—50.

[39] DEAN C, DONNELLAN C, PRATT A C. "Tate modern: pushing the limits of regeneration." *City, Culture and Society*, 2010 (1): 79—87.

[40] ROODHOUSE S. *Cultural quarters principles and practices*. Chicago：The University of Chicago Press，2006.

[41] UNESCO：United Nations Educational，Scientific and Cultural Organization. Habitat iii Issue Papers-4：urban culture and heritage. (2015-05-31)[2018-07-20]. http：//www. unesco. org/fileadmin/MULTIMEDIA/HQ/CLT/pdf/ISSUE-Paper-En.pdf.

[42] FLORIDA R. *The rise of the creative class：and how it's transforming work，leisure，community，and everyday life*. New York：Basic Books，2002.

[43] MARSHALL R. *Waterfronts in post-industrial cities*. London：Taylor & Francis，2001.

[44] The Sydney Morning Herald. Wanda launches ＄1b One Circular Quay project. (2017-05-02)[2018-07-20]. http：//www.smh.com.au/business/property/wanda-launches-1bn-one-circular-quay-project-20170501-gvw8mj.html.

[45] New South Wales Government. Vivid Sydney 2016 smashes visitors record with 2.3 million. (2016-06-27)[2018-07-20]. http：//www.destinationnsw.com.au/wp-content/uploads/2016/06/20160627-vivid-sydney-2016-smashes-visitor-record-with-2.3-million.pdf.

[46] 陈洁：《滨水工业遗产保护再利用：悉尼实践案例及其经验》，//刘伯英：《中国工业遗产调查、研究与保护(七)——2016年中国第七届工业遗产学术研讨会论文集》，北京：清华大学出版社，2017：559—567。

[47] MORRISON G. Look at me. The Guardian. (2004-07-12)[2018-07-20]. https：//www. theguardian. com/artanddesign/2004/jul/12/architecture. regeneration.

第三部分

上海经验

全球城市的理论涵义及实践性

周振华[①]

围绕全球城市,有三个逻辑:理论逻辑、动态逻辑、实践逻辑。

一、全球城市的理论逻辑

(一) 经济全球化:从传统走向现代

第一个全球城市理论逻辑是经济全球化。

国际城市早就提出来了,而且有专门的描述。现在为什么要提出全球城市呢?这就需要把全球城市的理论逻辑讲清楚。与国际城市相比,全球城市的最大区别是什么呢?是全球化。

全球城市是全球化的产物,是全球化的空间存在。

弗里德曼和萨森在提出世界城市、全球城市概念时,全球化是一个前置条件,所以他们开始并不是直接研究全球城市,而是研究全球化,只不过把全球化的研究引申到了空间上。全球化涉及国际贸易、国际金融等很多方面,但是他们把全球化的研究引申到空间上,发现

[①] 本文是上海全球城市研究院院长周振华在上海社会科学院经济研究所"沈志远学术论坛"上的演讲,《上海经济研究》编辑部忻尚卿、李正图根据录音整理并经作者审核。周振华,男,浙江上虞人,上海全球城市研究院院长,博士生导师,研究方向:宏观经济学、产业经济学、全球城市等。原载于《上海经济研究》,2020年第4期,收入本书时略有删减。

在全球化下的城市,特别是一些特殊的城市和以前的城市在属性上不一样,在功能上也不一样。

既然如此,全球化下的城市怎么定义呢?

其实有两种理论方式上的演变。第一种理论方式形成于20世纪70年代之前,几乎很多人都把国家城市体系或者国家层次等级体系上升到全球的空间尺度进行研究。因为传统的城市学里面讲的城市是在一个国家系统里面的超大型城市、特大型城市、大城市、中等城市、小城市等等,城市和周边地区是中心—外围关系。中心—外围的基本模型,很突出的特点就是具有层级和等级的关系。所以一开始研究全球化背景下的城市时,相当一批学者是从传统的城市理论当中把国家城市体系上升到全球的空间尺度来进行研究的。所以他们也认为在全球化背景下同样也存在着中心—外围关系。但是这一理论的演化走进了死胡同,因为这一理论解释不了某些城市上升到全球空间尺度从而成为全球城市以后,怎么和其他国家、其他城市仍然具有层级和等级关系。鉴于此,另外一批学者开辟了第二条理论方式,即世界城市、全球城市。

他们对全球城市内涵的诠释是建立在什么基础上的呢?

从经济全球化的演进来看,以20世纪70年代为分界点,开启了从传统经济全球化向现代经济全球化的转变。现代经济全球化和传统经济全球化是有很大区别的。在传统经济全球化过程中,更多关注的是国际贸易,而国际贸易的主体是国家,是国家与国家之间的贸易。在国际贸易中,用"中心—外围"理论是可以得到很好解释的。发达国家是国际贸易的中心,发展中国家、欠发达国家是国际贸易的外围,发达国家输出制成品,发展中国家输出能源原材料,这就是传统经济全球化下的国际贸易格局。因此,不难看出,传统经济全球化是以国际贸易为主体的。但是现在的经济全球化已经出现了重大变革,从原来传统的国际贸易、国际分工转化为新型的国际贸易、国际分工,在这一重大变革过程中产生了跨国公司。跨国公司的出现彻底改变了传统经济全球化的国际贸易格局。在全球产业链中，跨国公司拥有大量的中间产品、中间投入的贸易品，称为产业内贸易、企业内贸易。如今产业内贸易、企业内贸易迅速发展，比重越来越大。所以在这种情况下，现在的国际贸易应该称为世界贸易，而不是原来单纯的国家与国家之间的贸易。

随着经济全球化从传统向现代的转变，这就引申出一个问题：传统经济全球化中的两国间贸易，空间载体就是这两个国家的领土；现代经济全球化中的跨国公司作为一个贸易的主体，或者投资的主体，它的空间载体在什么地方呢？

跨国公司的世界贸易范围不可能局限于一个国家的领土范围，因为它的全球价值链分布在很多国家，并且跨国公司借助城市这个空间载体主导着全球贸易。跨国公司总部、物流中心、很多的生产基地，基本上都是依托于城市，是以城市作为空间载体。所以整个世界贸易，当产业内贸易和企业内贸易越来越多时，城市空间的作用就越来越大。另外，在经济全球化背景下，金融的全球流动比例越来越大，这些金融也主要是以城市作为空间载体。国际金融中心都是在城市里生存。与此同时，这些城市还可分为承担特殊功能的城市和全能城市。其中，一些承担特殊功能的城市充当了经济全球化某一功能的空间载体，具有特殊的属性和特殊的功能。

所以，弗里德曼提出了世界城市假说，萨森在弗里德曼研究基础上进一步提出了全球城市概念。从本质上看，弗里德曼提出的世界城市和萨森提出的全球城市，在内涵上是一样的，他们都是基于全球化，把世界城市或者全球城市看成是全球化的空间载体。但是萨森的全球城市概念和弗里德曼世界城市概念的区别，也是很明显的。弗里德曼的世界城市概念，主要是以跨国公司总部功能为节点，跨国公司总部具有控制、管理、协调的功能。所以当跨国公司高度集聚在某个城市，这个城市就具有全球资源配置的功能，因此这个城市也就成为世界城市。萨森提出的全球城市概念，是强调全球性的生产服务、全球性的服务企业的集聚。所以当全球性生产服务企业高度集聚在某个城市，这个城市才是全球城市。

尽管萨森的全球城市概念和弗里德曼世界城市概念的聚焦点有所不同，但是在全球城市演进实际进程中，跨国公司和全球生产者服务公司往往是相伴随的。因为跨国公司要到境外去发展，要通过在国内的生产者服务公司进行市场调研等前期工作，在海外开业以后也需要这些生产者服务公司提供的各项生产性服务。

然而，跨国公司和全球的生产者服务公司，两者之间也存在着明显区别。第一个区别是，20世纪80年代以来，跨国公司总部开始迁移到边缘城市，但是全球的生产者服务机构——会计事务所、律师事务所、广告公司、中介、咨询管理公司等——几乎无一例外集中在城市，而且是一些主要城市。第二个更重大的区别在于，跨国公司总部控制管理着全球某一个产业领域的产业链，下面有很多子公司、分公司，但其中的网络关联比较小；生产者服务公司几乎在全球主要城市布局，都有常设机构，所以它的网络范围就远远超出了跨国公司总部，网络关联较大。第三个重要的区别在于，全球生产者服务公司，不同行业之间往往需要相互提供服务，更多的是要近距离的、面对面的服务，如广告公司需要财务公司、法律事务所等。这样，就在城市内部形成了很大的产业集群。

基于以上三种区别，萨森认为全球城市概念可能更能够说明全球化条件下具有全球资源配置的组织是生产者服务公司，尽管跨国公司总部仍然具有全球资源配置的控制功能，但是生产者服务公司已经越来越参与到全球价值链的管理当中，具有更大的协调功能。

综上，本文也认为全球城市概念可能更适合现在的情况。这是第一个全球城市的逻辑，前提是全球化，没有全球化就没有全球城市。或者说，如果出现反全球化、逆全球化，全球城市的发展也将会出现停滞。

（二）信息化：从"在岸"走向"在岸"与"离岸"并举

第二个全球城市的理论逻辑就是信息化。

不管是弗里德曼提出的世界城市还是萨森提出的全球城市，都是基于地点空间，重点阐述城市的属性。但是在信息化时代，城市之间的要素流动越来越强，城市之间的链接也越来越强。面对这一情况，弗里德曼和萨森都碰到了理论上的困难。这一困难是，如果仅仅是基于地点空间属性，就很难解释为什么这些城市能够对"不在岸"的全球资源进行配置。譬如纽约就能够控制纽约之外的很多资源，这一特征类似于在岸贸易和离岸贸易。

通常来看，国际贸易的商品需要经过上海、纽约、伦敦的港口运进来再运出去，这种现象就是国际贸易中的在岸贸易。但是全球资源配置功能往往并不是在上海、纽约、伦敦城市里面进行配置，而是在这些城市之外，比如上海接一个非洲订单，可以发一个指令让韩国一家企业生产，韩国这家企业生产完成之后的产品可以不用运到上海再转运非洲，而是直接从韩国运到非洲。这种现象就是国际贸易中的离岸贸易。

在国际贸易中的离岸贸易普遍存在情况下，城市理论如果仅限于地点空间，就很难解释这些城市为什么具有很多不在岸的全球资源配置功能。鉴于此，卡斯特提出了流动空间的概念，认为一个城市既是地点空间也是流动空间。这样的城市，可以跨越物理空间上的不连续性，和其他地方发生连接。所有这些连接都依赖信息化基础上的信息传递、储存和处理。因此，全球城市功能从"在岸"走向"在岸"与"离岸"并举的演进前提是信息化。

于是，又出现了一个新的问题，信息化的城市是按照地点空间定义还是按照流动空间来定义呢？

基于信息化条件下的经济全球化现实,本文认为,萨森的全球城市概念也不是很完善,或者说现在采用的全球城市并不是萨森的全球城市概念,而是经过改造了的并且引入了流动空间和外部关系的全新的全球城市概念。

那么,为了更加深刻地理解这种全新的全球城市概念,如何理解地点空间和流动空间之间的关系呢？

地点空间和流动空间之间的关系是一个互补的过程。任何一种要素流动总是有出发点。中间停在什么地方,最后归宿在什么地方,它的出发点、周转点、归宿点都是地点空间的概念。没有地点空间,流动空间就是虚的。所以,地点空间和流动空间,两者是互补关系。在地点空间和流动空间引入到全球城市概念基础上,泰勒教授从萨森阐述的生产者服务企业的功能出发,构建了世界城市网络,这是全球城市理论上的一个重大进步。正因为他提出了世界城市网络,才可以界定全球城市是一个网络当中的核心节点。

那么他的世界城市网络是怎么构建的呢？城市网络的主体是城市。作为网络的一个主体,必须是一个实体。国家直接形成了网络,因为国家是一个实体,是具有主权的实体。城市在世界经济中,并不具有主权,它不具有一个国家的主权。所以城市只能代表国家参与全球的竞争,而不是说城市本身就像国家一样。从当前世界上城市发展的现状来看,城市之间的关联也是比较单调的,最多就是友好城市。市长和市长签署一个友好城市协议,这样就关联起来了。这种关联虽然有一些经济上的合作,文化上的交流合作,但是毕竟很少。而且当今世界上的友好城市数量也十分有限。

泰勒教授发现,要构建一个双层的网络模型,或者叫连锁网络模型,就要有一个个次节点。城市是节点,在城市下面有一个个次节点。既然如此,次节点是什么呢？就是机构,譬如,全球生产者服务公司。

因为全球生产者服务公司具有更大的内部网络,它通过双层的映射来反映城市之间的关联。通过这些生产者服务公司(譬如四大会计事务所,在主要的城市都有分支机构)形成公司内部庞大的全球网络,进而形成了城市之间的关联。

为了客观描述这些生产者服务公司内部庞大的全球网络,泰勒教授选择了5个主要的生产者服务行业,然后通过一个比较笨的但也是比较有效的办法,看它在全世界的哪些城市设有机构。再依此把生产者服务公司划分为6个等份。一个城市如果没有任何这类机构就是0分,有生产者服务公司的总部最高的也只给1分,如果这个城市里面的一些功能发生转移就给1分,地区总部给4分,规模比较大的办公室给3分。然后统计这个城市里面这5大行业的机构一共集聚了多少。最后,再把这些分值加起来,也就是它的全球网络的分值。这种全球网络是个矩阵,分成了α,β等等几个不同的区间,α里面有α++,α+,α−。分值高的这些全球城市一定是世界城市网络中的核心节点,它的对外联系是最大、关联性最强。全球生产者服务公司的网络大、关联强,意味着对全球资源配置的功能也大。

这就表明,全球城市的内涵是具有全球资源配置功能的核心节点城市。

世界上的城市很多,现在提到全球城市概念时往往是指全球的城市,即全球空间尺度里的城市。其实只有少数城市才具有全球资源配置功能。萨森一开始提出三个,即纽约、伦敦、东京,后来她认为有70个城市是全球城市。当然到底有多少个全球城市现在也没有一个最权威的说法。一般在GaWC中排名高的可以看成全球城市,至少α领域中的城市全部都是全球城市。2018年开发了一个"全球城市发展指数",选择的样本城市就是α领域中的28个城市。既然全球城市是具有全球资源配置功能的核心节点城市,那么这样的城市的基本构成要素是什么?本文归纳了五个主要的基本构成要素。

第一是这个城市高度集聚了全球功能性机构。这些全球功能性机构,既可以是跨国公司总部、地区总部,也可以是全球生产者服务公司,也可以是全球的研发中心。全球的或者是国际的金融机构、投资公司,甚至也可以是包括国际组织,这种机构具有全球功能性。

第二是具有可以进行全球业务操作的大平台。这个平台包括很多的大市场,特别是国际性的市场,当然也包括线上线下大平台。

第三是这个城市一定是有大规模的流量。因为很多资源配置的功能是在要素流动当中进行的,譬如人力资源、信息资源、知识资源。

第四是这个城市一定充满了创新创业的活力。因为只能创新创业才能合理配置资源,配置资源的效率才会高。

第五是这个城市实行全球性标准、规则。要进行全球资源配置,开展全球业务,标准和规则(包括话语的语境,甚至文化)都要与国际接轨。

二、全球城市的动态逻辑

接下来谈谈全球城市的动态逻辑。

这方面的国外研究相对比较薄弱。因为西方学者在研究全球城市时,有以下几个倾向。第一个倾向是往往以西方发达国家的一些主要城市为研究蓝本,第二个倾向是他们的分析对象基本上都是已经成熟的或已经发展起来的全球城市。但是要把全球城市看成一个动态过程,就要回答以下几个问题。

(一) 全球城市的动态逻辑中需要解决的第一个问题是,到底有哪些主要变量决定全球城市的崛起、发展、演化

这一点不管是弗里德曼还是萨森,虽然他们讲到一些,但是并没有形成系统的阐述。本文将影响全球城市的动态逻辑重要变量归纳为以下五个。

第一个重要变量是区域化、全球化的发展程度。全球化的发展程度越高，全球城市这种特殊功能形态的城市就越有存在的价值，就能够发挥更大的作用。

第二个重要变量取决于全球化的重心在什么地方。全球化不是在全球均衡分布的，所以会形成世界经济的重心。世界经济的重心还会变化。比如从20世纪90年代开始，世界经济的重心开始向亚洲转移，现在这种转移的趋势越来越明显。根据亚洲银行的预测，到2050年，亚洲地区的GDP将占到世界GDP的一半，亚洲的贸易额占到全球贸易额的一半，亚洲的投资占到全球投资的45%。如果一个城市不是世界经济重心的地方，这个城市绝对不会成为全球城市。

第三个重要变量是这个城市所在的国家在世界经济中的地位。只有当一个国家在世界经济中处于主要地位的情况下，这个国家内部的一些城市才能成长为全球城市。纽约、伦敦、东京的形成过程，基本上都是和美国、英国、日本崛起成为强大国家联系在一起的。

第四个重要变量是这个城市在国内城市体系中处于什么样的地位。只有在国内城市体系中处于顶端的城市才可能成为全球城市。

第五个重要变量是看这个城市是否具有全球城市所要求的基因，比如创新、开放。

所以全球城市并不是人为主观的产物，也不是想要建设全球城市就可以建设的。全球城市的生成有很多不受人为控制的外生变量。这是全球城市的动态逻辑中首先需要解决的问题。

（二）全球城市的动态逻辑中需要解决的第二个问题是，发展中国家如何崛起全球城市

发达国家的全球城市，基本上是一个自然发育发展过程。而发展中国家全球城市崛起的路径显然和发达国家不一样。其中最主要的核心变量是经济全球化。纽约和东京作为全球城市,是在美国和日本主导和引领经济全球化背景下崛起的。上海还处在融入经济全球化结构过程当中。主导、引领经济全球化和融入经济全球化的差别很大。因为当主导、引领全球化时,一定是有大量的跨国公司走出去。而跨国公司总部,包括全球生产服务公司总部,留在自己国家的主要城市里面。上海现在虽然在 GaWC 网络连通性程度指数排名中是不断提升的,已经处于第六或者第七的位置,但是这种网络连通性的构成,主要是外来的全球控制性机构进入上海,给上海城市带来了外部关联,并不是我们自己的跨国公司总部从上海走出去所建立的外部关联。前者在网络关联上叫入度,后者在网络关联上叫出度。就上海当前的网络连通性看,上海的入度很大,但出度却很小。这两个"度"之间的不对称,与纽约、伦敦高位对称相比,表明上海离全球城市的基本标准差距还很大。所以,发展中国家的全球城市如果要崛起,必须是在融入全球化过程当中的崛起,入度、出度是显著特征之一。

(三)全球城市的动态逻辑中需要解决的第三个问题是,考虑全球城市作为地点空间和流动空间,这两个空间在互补中是如何演化的

最早的全球城市,不管是纽约、伦敦、东京,它们形成最初的全球城市形态,一定是在中心城区。国外城市的行政划分和中国不太一样,纽约市是城市,没有郊区。但是,发展到一定程度以后,城市的空间就往郊区拓展。通过"摊大饼",或者建立郊区新城的模式,把周边郊区作为全球资源配置功能的组成部分。有的是把后台迁移到郊区,有的把一些特殊的功能迁到郊区,甚至包括像金融机构都迁到郊区,美国现在很多规模很大的基金公司、投资公司都在纽约旁边的一些边远城市,但是它已经融入到全球城市的功能里去了。再进一步演化,进入到全球城市区域,按照我们的说法,就是大都市圈、大都市区。在这个广阔空间范围里面,有若干个城市,往往还具有同城效应。在这种情况下,这些城市就更紧密地形成了具有全球资源配置的功能。再进一步发展,就进入巨型城市区域,有若干个都市圈、都市区。目前世界上有 40 个巨型城市圈,其中有 23 个都是以双城市共同命名。他们之间的关联就不是同城效应的概念能够概括的了,是更多城市功能的分工,比如纽约巨型城市圈,它与周边的 9 个城市组成号称"九大行星围绕着太阳"的格局,直接形成资源配置方面的功能分工。这就是全球城市的空间拓展。

(四)全球城市的动态逻辑中需要解决的第四个问题是,动态逻辑表现在全球城市版本的迭代升级中

20 世纪 70 年代、80 年代弗里德曼、萨森对全球城市的研究基本上聚焦于全球城市的经济功能,不管是跨国公司总部功能也好,还是全球生产者服务公司的功能也好,都是从经济功能来看,包括金融、贸易、运输。这是全球城市版本升级的 1.0 版。

但是到 20 世纪 90 年代,纽约、伦敦、东京都不约而同地提出城市文化的发展战略,开始重视经济和文化协同发展。这里其实也有内在逻辑关联。金融和文化艺术往往是共生的。经济功能越是强大,特别是大量的高级管理者和高级白领专业人士高度集聚情况下,他们既有支付能力也有购买需求,获得高品质的文化艺术的享受越迫切。不仅如此,20 世纪 90 年代以来,这些全球城市都开始注重文化元素与经济发展的紧密结合,提出了创意产业及其培育问题。这是全球城市版本升级的 2.0 版。

全球城市版本升级的 3.0 版本是什么呢?

2008 年全球金融危机发生后,这些全球城市看到金融会给城市带来比较大的冲击,特别是商业周期不可避免。如何应对这些冲击?培育科创中心并且把金融中心和科创中心结合、融合起来是必要的。像纽约、伦敦、东京、巴黎这些城市都是高度商业化的城市,要搞科创好像没有土壤、没有气候、没有条件,美国当初甚至认为高校放在纽约是不合适的,因为高等教育会受到商业化的冲击。所以美国大量好的大学都集中在波士顿,要和商业城市有点距离,由此,他们认为金融中心和科创中心不可能在一起。但是现在大家都看得越来越清楚了,金融中心和科创中心,二者已经越来越紧密地结合在一起。

既然如此,为什么在2005年、2006年的时候,他们都认为两者不能在一起,为什么2008年以后他们又转而提倡全球城市要搞科创中心呢?他们的转变与科技发展进程高度相关。因为以前的科技创新概念主要是指传统工业化的科技创新,从实验室到生产车间需要空间上的高度接近,然而随着大批生产车间从商业城市的市中心转移出去,实验室与生产车间开始出现分离倾向,这不利于研发和科技创新。在这种情况下,还在商业城市里搞研发,就会脱离生产线,研发也不会成功。现在,科技已经发生根本变化,很多科技研发并不一定需要以前很正规的实验室、大型实验设备。譬如,3D打印机可以把研发嵌入到楼宇、嵌入到街区,结果发现,这些商业城市搞科创更加有利。因为这些商业城市本身就是金融中心,所以科技方面、研发方面的融资、金融支持就更能够得到保障。这就是为什么纽约风投的增长速度甚至超过硅谷的原因。因此,越来越多的科创资源向纽约、伦敦集聚,金融中心和科创中心两者日趋融合。这就是全球城市开始迭代升级到3.0版,经济、文化、科技等方面开启融合发展。

三、全球城市的实践逻辑

全球城市的第三个是实践逻辑。

(一)关于实践逻辑,第一个要回答的问题是,上海为什么要定位全球城市

回答这一问题要看全球化和中国在世界经济中的地位。

虽然现在贸易保护主义比较泛滥,但是全球化的进程还是势不可挡的。过去的经济全球化主要是制成品和金融部门的全球化,现在全球化的领域、部门越来越拓展,特别是服务从原来的不可贸易性到现在越来越可贸易。新型国际贸易,特别是医疗保健、教育培训、文化创意,包括近期发展势头更猛的技术服务贸易、跨境数据信息贸易,意味着越来越多的领域、部门进入全球化。此外,劳动力流动的全球化趋势也很强烈。

到 2050 年,中国将是什么样的面貌?中国在世界经济当中到底占什么地位?现在讲是越来越走近世界中心舞台。不管经济实力还是综合实力,中国的发展都表明是强势崛起。因此,中国在作为大国崛起过程当中,需要有自己的全球城市。没有一个国家作为大国崛起是依托于别国的全球城市来进行全球资源配置的。建设全球城市,其实是中国崛起的一个必然要求。

(二) 中国的全球城市发生在什么地方

从现在看来,北京、上海、深圳或者广州,如果把杭州也算进去,也就是这几个城市可以建设全球城市。既然如此,在这些城市当中,为什么最有可能是上海?

在回答这个问题之前,先回答一个问题,中国在崛起过程中是需要一个还是需要若干个全球城市。根据国际经验,当一个强国崛起的时候,不是一个全球城市的崛起,而是有若干个全球城市崛起。美国是最好的例子,英国也是,只不过现在英国有些城市衰退了,比如曼彻斯特。但在当时强国崛起的时候,一定是有若干城市成为全球城市。所以中国崛起过程当中也应当有好几个全球城市。在 GaWC 全球网络连通性排名前 10 位当中,其他国家包括美国都是一个国家一个,唯独中国占了三个,香港、北京、上海。这也预示着中国处在崛起当中。因为美国当时崛起的时候,它排进前 10 位的城市也有好几个。

（三）既然上海作为中国城市体系中之一的全球城市，就要回答一个问题，上海要定位为什么类型的全球城市

全球城市有很多类型，如果从外部关联来区分，既有全球性关联取向，也有地区性关联取向。纽约、巴黎是全球性关联取向，但是也有一些全球城市是以区域关联为主。有些全球城市是综合性的，有些全球城市是专业性的，在某一方面功能特殊。

作为全球城市，如果上海和北京、香港、深圳、广州、杭州要有所区别，上海是什么类型的全球城市呢？回答这个问题需要分析客观的条件。

首先要分析城市的对外关联取向。从目前来看，上海、北京、香港、深圳，其对外关联到底是全球性取向还是地区性取向？这个研究国内在做，国外学者也在做。比较下来，人们发现上海在对外关联上更多的是和欧美发达国家的主要城市发生关联。这种关联，甚至超过中国香港、新加坡，中国香港、新加坡更多的还是与亚太地区的主要城市关联。上海现在已经具有全球关联取向的态势。

其次要分析城市的专业性与综合性。研究发现，这个特征也是通过这个城市的对外关联层次、和哪种类型的城市相关联来决定的。实证分析表明，北京更多的是和国外的经济和政治中心城市、首都相关联，而上海主要是和国外的经济城市相关联。上海虽然不是政治中心，却是国际组织、非政府组织、商会的集聚地，目前数量北京最多，但是上海的增长势头较猛。在外交方面，总领事馆在上海，大使馆在北京。因此，上海更可能形成的是综合性的全球城市，北京可能是政治中心、文化中心等，更可能是一个专业性的全球城市。如何看香港呢？香港的未来定位，取决于和深圳的关系。如果香港、深圳融为一体，这将是另外的一个全球城市，因为二者正好是功能互补。香港成为全球城市，是由于特殊的历史背景，特别是在中国还没有开放或者是刚刚开放的时候,充当了大陆和世界联系的重要桥梁,很多资金是通过香港进来,很多商品是通过香港出去。现在香港的门户通道作用越来越弱了,上海和其他城市,包括香港周边的深圳、珠海等都崛起了。虽然这些城市的生产者服务业功能还没有香港强,但是若干年以后这些城市的生产者服务业功能也都可以发展起来。北京取决于其和天津是不是合为一体。如果这二者合为一体,政治中心和经济中心结合,就是一个综合性的全球城市,但是这个可能性也不大。因为从现在北京的定位看来,是要明确作为首都的符号,非首都功能还要疏解。中国发展一个综合性全球城市,几个专业性全球城市,可能分布布局更合理。

(四)还有一个实践的逻辑就是上海如何建设全球城市

上海已经有20年建设四个中心和现代化国际大都市的经历,而且也已经打下了比较好的基础。再加上早在20世纪30年代,上海就是远东的国际经济和金融中心,本身就有历史的传承。这就是说,上海建设全球城市并不是凭空起造。既然如此,下一步上海的全球城市到底怎么建呢?

第一是要提升城市能级和核心竞争力。当年,上海建设四个中心(国际经济中心、国际金融中心、国际贸易中心、国际航运中心)时是从无到有的。现在上海的基础有了,全球城市的基本构架已经有了,所以关键不是拾遗补缺的问题,而是提升城市的一些核心竞争力问题。这是建设的主要路径,不管是打响四大品牌,还是优化营商环境,亦或是建设自贸试验区等,其实都是围绕怎么来提升上海作为全球城市的能级和核心竞争力。2019年底第二届进博会上,习总书记到上海来,讲了四个功能。对照一下,就可以看出全部的问题都在于能级不高,该硬的硬核不硬,全球资源配置功能五大构成要素不足,全球功能性机构集聚不多,集聚在上海的这些机构大多数是地区总部或者是全球生产者服务公司的分支机构,真正总部在上海很少。总部和地区总部差了一个能级。总部具有财权、物权、人权,因而就有了控制权(包括所有权)。地区总部更多的是区域里的一些协调。此外,全球功能性机构在上海的集聚,入度大,出度小。入度大,表明城市具有吸引力,可以吸引大量国外的全球性机构。出度小,表明缺乏控制力和影响力。这是上海能级上的问题。上海现在市场体系是最齐全的,包括金融市场,现在世界上所有的金融门类上海都有,但是这些市场规模不大,很多还是国内的,甚至有些还是地区性的。

第二是要集聚科技创新资源。上海的科技创新产业功能到2020年基本框架要形成,但是基本框架现在还看不出来,特别是从0到1的跨越。现在不管是科学发现也好,专利方面也好,还是新产业也好,新发展的理念也好,在上海还很少。关键技术方面的科技创新也没有重大成果。

第三是高端产业的引领问题。(1)从现代服务业来看,上海现代服务业占到70%以上的比重,却带来了整个社会的劳动生产率水平下降和上海城市经济首位度的下降,这是一个悖论。服务经济比重越高,说明产业结构越优化,但是劳动生产率总体水平趋于下降,经济首位度趋于下降,这个应该讲是不正常的。纽约、伦敦、东京的服务业比重占到80%—90%以上,但他们的劳动生产率水平仍然很高,还是能够维护较高的经济首位度。上海的服务业能级不高的具体表现是,服务创新不够、服务半径不够。服务业除了外资以外,很难走出上海范围。(2)从先进制造业来看。上海的制造业如果不能在关键技术、关键元器件、关键材料上占领高地,上海的制造业是没有出路的,根本保持不了25%的比重。成本没优势、规模生产没有优势。所以上海的制造业唯一的出路就是在关键技术、关键元器件、关键材料上占领高地。工业经济的经济密度,上海、深圳相比也差很远,上海高端制造业能级也比深圳低。(3)从对外开放的枢纽门户来看。枢纽门户功能当中,从航运运输货物量来看,上海市已经8—9年处于世界领先地位,集装箱的箱量超过第二位的新加坡一个等量级。但是在航运服务里,船舶租赁、船舶融资、船长培训等等,上海比较少。伦敦排在国际航运行业第一位靠的是什么?它的集装箱箱量散货量越来越低,而且基本上已经从伦敦转移到周边城市去。很显然,伦敦是靠航运服务排在国际航运行业第一位,因为航运服务可以形成对航运资源的配置能力。(4)从贸易来看,上海已经成为全球的订单中心、展示中心、物流中心。但是贸易当中高能级的、高附加值的是什么?是贸易的结算清算。这个功能机构绝大部分不在上海,还在新加坡、在中国香港。贸易结算清算不在这里,也就没办法开展离岸贸易。(5)从枢纽门户来看。上海的枢纽门户主要是引进来的服务,还没有成为走出去的桥头堡。深圳有大批的中国企业走出去,是靠香港的生产者服务公司为其开路。这些服务也是"走出去"的企业必须要有的。上海有哪些服务也可以伴随这些走出去的企业呢?上海甚至连小语种的服务都跟不上。总之,上海建设全球城市提升能级和核心竞争力,是一个系统工程。

第四是融入长三角一体化,当长三角一体化发展的龙头。这也是建设上海全球城市的一个很主要的路径,其实更主要的是为上海建设全球城市服务配套。纽约、伦敦、东京在20世纪70年代崛起的时候,确实是一枝独秀、鹤立鸡群。它周边的地区和城市是灯下黑,很奇怪的一个现象是纽约、伦敦就是一个很高的高地,就是面向全球市场、做全球业务,其周边的地区和城市,基本上都是面向国内的,但是这种状态现在已经得到彻底改变。纽约、伦敦也主动融入周边的区域一体化。它事实上是借助了周边其他城市的规模,经济学上面有一个叫"借用规模"效应,不是通过自身不断地扩大城市规模、"摊大饼",最后形成大城市病,而是通过功能的分工,借用其他城市的规模,来配置全球资源。纽约、伦敦、东京现在就想办法把周边的地区和城市变成它们全球资源配置功能的一部分。对上海来说也是这样,所以从这个意义上来讲，上海不可能在 6 500 平方千米里面完成全球城市的建设，一定是在融入长三角一体化当中才能实现全球城市这个目标。

（五） 上海到底怎么做长江三角洲一体化的龙头

以前也讲上海是长江经济带、长三角龙头，而这个龙头就好像自己经济实力最大、实力最强、规模最大，对周边的辐射、转移起到一定的辐射带动作用，然而这是远远不够的。现在上海要做的，如果基于建设全球城市的角度，就应该带着其他三个省一起来确定资源配置。最主要的就要改变过去那种垂直纵向的分工体系，上海产业功能梯度转移的概念要消除。上海和周边的其他城市，形成的是水平协同作用。把上海本身具有全球配置的有些功能，让周边城市去做。水平分工是说该城市某一个领域、某一种功能可以高于上海。如杭州互联网金融做好，是对上海有好处的。做龙头，发展理念、思想观念上就要有重大的变革。这是上海融入长三角一体化，建设全球城市最核心的问题。

真正对上海本身发展有重大意义，而且真正符合中央的战略意图，第一个关键是上海融入长三角一体化，怎么建设全球城市，第二个关键是上海怎么承接跨国公司近岸布局的需求。跨国公司如果在亚太地区进行产业链、价值链、供应链布局，它的核心点会布局在什么地方？根据跨国公司近岸布局区位选择的因素排序，首位考虑的是潜在市场规模，而不是像以前主要考虑成本。在亚太地区，潜在市场规模，一个是中国，一个是印度。第二位考虑因素是产业配套。全球离岸布局有一个问题，分工越细，中间投入越多，中间产品贸易越多，每一次国与国之间的贸易，都要加关税。近岸布局以后，如果把产业链、供应链集中在某一个潜在市场规模大的国家里，就会选择产业配套强的国家，中国肯定比印度强。所以中国现在要考虑的是怎么承接跨国公司产业近岸布局问题。京津冀、粤港澳、长三角都是战略考虑。上海在长三角一体化当中扮演龙头怎么呼应国家战略,包括上海发展自由贸易区新片区,都是和近岸布局互相联系的。近岸布局大部分的点都设在长三角,但是还缺一个总部功能。现在任何一个区域都不具备这个条件,所以才开辟一个新片区,在新片区总部功能可以有离岸金融、离岸贸易,所以今后近岸布局里面亚太的地区总部,实际上就升格为真正的具有控制权的总部,要发挥这个功能,现在放在长三角肯定不行,放在自贸试验区也不行,只有放在特殊经济功能区,即临港新片区。所以新片区和长三角一体化其实是配套,和上海建设全球城市也是高度配合的。上海建设全球城市要高标准,新片区就是执行高标准。

注释

[1] 周振华:《论城市能级水平与现代服务业》,《社会科学》,2005(9):11—18。

[2] 周振华:《全球城市区域:全球城市发展的地域空间基础》,《天津社会科学》,2007(1):67—71,79。

[3] 周振华:《全球化、全球城市网络与全球城市的逻辑关系》,《社会科学》,2006(10):17—26。

[4] 周振华:《世界城市理论与我国现代化国际大都市建设》,《经济学动态》,2004(3):37—41。

[5] 上海发展战略研究所课题组,周振华:《增强上海全球城市吸引力、创造力和竞争力研究》,《科学发展》,2018(7):26—37。

[6] 李正图、姚清铁:《经济全球化、城市网络层级与全球城市演进》,《华东师范大学学报》(哲学社会科学版),2019(5):67—78。

[7] 沈金箴:《东京世界城市的形成发展及其对北京的启示》,《经济地理》,2003(4):571—576。

上海：作为世界城市的文化自觉

黄昌勇[①]

作为国际大都市，上海的城市文化可以从三个方面进行阐释：一是从时间和空间关系中看，作为大都市的上海文化历史；二是两个关键概念，就是"两次跨越"与"两个时代"；三是世界城市或国际文化大都市与上海文化自觉。上海文化不仅是中国的热门话题，而且也是世界性的话题。首先，从时间和空间关系的角度来观察，上海开埠以来的历史显然很有必要。这里笔者有意试图省略开埠以前的上海历史文化，需要说明的是，这样做并不是说那一段历史不重要，而是认为，近现代意义上的上海城市文化，从开埠这样一个起点来描述更为合理。

从1843年开埠到现在，也不过170年的历史，两个世纪不到，比起西方一些历史悠久的大都市，上海是座年轻的城市，但其魔力和魅力，却没有人能够轻视。

1843年到2012年，从时间的链条和空间的延伸，笔者大致将其分为三个阶段：

第一阶段为1843—1949年。这是一个漫长而充满苦难、繁华与萧条并存的世纪，上海的复杂性在这个时期得到充分展现：一个远东

[①] 黄昌勇，上海戏剧学院院长，教授，博士生导师。原载于《毛泽东邓小平理论研究》，2012年第6期。

大都会在苏州河两岸崛起,一座东方的巴黎在黄浦江畔挺立,这里是冒险家的乐园和生死场。这100年铸造了老上海的文化时空,并且至今还影响着上海,特别是上海的世界性的构成要素。

从空间关系上来看,上海文化空间的主导因子,是以租界为中心而形成或彰显的。

人们可能有一个认同:到现在为止,主导上海文化的主导因子,我们还不清楚当年以租界为中心形成的地带,事实上它的空间越来越大,但是作为一种现象,可以肯定租界的扩展是有规律的。一开始沿着苏州河两岸向西部扩张,主要是以外滩为中心形成了一个英租界,后来是公共租界,再向西就是法租界。同时沿着苏州河向两岸扩张,接着就是向北,又形成一个新的地带,沿着杨浦区和黄浦区的滨江一带又进一步扩张,形成美租界。

我认为,这样几个空间非常有意思,可以把它看成是"3+3"空间。前面的"3":一是指以外滩为中心的英租界形成的政治文化中心;二是以现在的淮海路,即以法租界为中心形成的上海时尚资源(事实上这一带目前仍然是展现当今上海的时尚地标);三是以美租界为中心的北四川路地区,由日本的侨民,还有美国的侨民,加上浙江、宁波等地的外来人口构筑的,北四川路地区有着"华洋杂处、五方会聚"的平民色彩,体现的是上海一般市民、外来移民普通生活的一面。现在的滨江这一带主要是公共事业的中心,更多的是工业地带。这样的三个中心共同构成了一座城市的政治经济文化分区。

由于以外滩为中心的租界心脏地带以政治经济为主,杨树浦一带一开始就定位为公用事业和工业区。这一带形成了大型工业区,成为上海城市工业化历程的起点和中国工业的发源地,诞生了中国第一代工业区。

沿着苏州河向西,以两岸为分布区域,形成了另外一个重要的沪西工业区,但这一区域更多的是汇聚了大量的民族产业。租界沿着苏州河和北四川路扩张,对华界形成了东南包抄的局势。而上海、宝山两县也不断在境内发展近代工商业和市政基础设施,加速城市近代化,力图与租界相抗衡。这导致了一个崭新的闸北工业区也在苏州河北岸兴起。这样三个工业区构成了三个质地不同的板块。

以上所述的几大板块基本上构成了1949年以前上海城市空间整体的布局特征。这是第一阶段。

第二阶段是1949—1979年。这一阶段有30年的历史,在此期间,上海的文化空间以及格局相对处于一定的稳定状态。与社会主义计划经济特征相适应的意识形态文化空间基本形成,典型的就是"市宫""东宫""西宫"三大文化宫的建立以及1949年以前大量文化设施以及功能的转换。租界时期形成的文化特征受到压抑并向海外转移生长。

第三阶段是20世纪80年代至今。在此期间,1949年以来相对稳定的局面开始被打破,城市空间迅速扩张,由于大拆大建,上海的历史天际线越来越模糊,许多人认为,这个时期,上海城市建设取得了空前的规模与发展,但最大的失败就在于,没有注意到在城市第二次现代化的过程中如何区分旧城和新城。

与此同时,特别富有意味的是20世纪三四十年代上海的文化惊魂开始浮出地表,尤其通过港台的大量影视文艺作品,形成了影响至今的怀旧风尚。

改革开放以来,一股非常浓郁的怀旧情绪笼罩了整个上海,形成了一种氛围、一种气质,甚至代表了上海这座国际都市的特征和符号。无论是国外的游客还是国内稍有一定文化层次的游客,对旧上海元素的喜好都多于对上海当下飞速发展的关注。

这其中的原因何在?笔者认为,可以从几个方面来解读:

第一,1949年后,特别是20世纪50年代以来,强大的民族主义,特别是一切"以阶级斗争为纲"的意识形态对此前的上海文化构成了很大的消解,但20世纪80年代以后,新中国与旧上海的对立场域逐渐消失,使旧上海的还原与叙述出现可能。

第二,1949年后,上海作为一座现代大都市和其特有的海派都市文化,包括物质主义、消费主义等突出特征在20世纪50年代以后逐渐淡化和消失。而20世纪80年代兴起的市场经济恰巧又使上海回归其固有的物质主义和消费主义文化成为可能,因而,上海自然而然要跨越中断近30年的历史而重新回到上海20世纪三四十年代的文化情境。

第三,这同上海的历史、人文包括建筑在内的特征也有很大的关系。一个非常有意思的现象是,当我们谈到上海,人们最感兴趣的还是旧上海的那几块地方。旧上海的租界现在依旧是上海最受关注的地点。1949年后,关于旧上海的叙事开始了一种新的变更,上海叙事随着大批转向港台以及海外的华人得以接续,而这些叙事在20世纪80年代后以作品的方式重新回到并影响着人们对上海的认识和想象。从1949年到20世纪80年代形成了30年的叙事真空,强大的怀旧潮淹没了人们对这30年城市文化构造的深沉和全面的思索。当然这股强大的怀旧风潮影响至今,从海外华人到国内民众,其中深刻的原因缺乏讨论,在30年间如何处在压抑的状态,今天重现有如何的想象和变形,都需要我们细致地去探讨。

第三阶段(1980年到至今)的问题,也就是改革开放到现在。这期间一个很大的问题就是我们没有很好地区分旧城和新城。其实,从1949—1979年,上海本身物理的载体还是保持得很好,但是,20世纪80年代以来没有很好地保护这些载体。因为这些载体保留了固有上海文化特征和文化符号或者说文化的记忆、文化的想象,这些破坏应当说对上海今天的城市文化造成了一些负面影响。

老上海的文化时空主要围绕着租界展开,上海城市空间的发展之所以跨越了苏州河,主要是因为这个发展过程是沿着租界而扩张的。

这是上海文化空间的第一次跨越。

改革开放以后,上海仍然没有摆脱租界时代文化空间的巨大影子,租界的中心区域、今天的黄浦(原南市部分除外)、卢湾(现已并入黄浦区)、徐汇、长宁等区域仍然构成上海生活的"高尚"地带。中华人民共和国成立后形成并繁盛一时的工业区,包括北四川路不可挽回地开始衰败并寻求转型和新生。普陀、虹桥因新的地理优势和新移民,形成新的文化带;杨浦因为依托大学资源和五角场城市副中心的定位,也成功起飞。

因此,可以大致这样说,20世纪90年代以前,上海仍然处于苏州河为中心的时代,苏州河仍然是上海城市发展的中轴线,虽然从行政区域上看,黄浦江的地域早已处于上海的中心,但浦东城市化的缓慢进展,使上海仍然延续着近一个半世纪的"西城东乡"空间格局。

1992年,浦东开发开放,大桥飞架,隧道贯通,陆家嘴与外滩遥相呼应,打破了上海延续近一个半世纪的"西城东乡"格局,"浦江两岸"成为上海新的指代。

浦东以其金融、科技等方面的巨大进步和影响力,特别是汇聚在陆家嘴的标志性巨型建筑,几乎成为上海的新名词。但是,我们也看到,20年的发展注重的是经济、金融的高度能效,文化的影响力和辐射力没有提到应有的高度,缺乏有效的应对措施,可以说1992年以来的跨越起步于经济,所以形成了城市空间的割裂现象,如张江高科园区和陆家嘴金融贸易区都远离富有活力的城市生活空间。

经过近20年的飞速发展,2010年上海世博会书写了上海城市发展的第二次跨越,这就是对黄浦江的跨越。而这次跨越将实现由1992年以来的经济跨越向文化跨越的转换。世博会是一次重大的文化上的链接,上海文化空间的转移与定位将形成一个随着滨江带的发展、延伸的持续跨越。

基于此,笔者认为,从1992年浦东开发到2010年世博会,上海完成了文化空间生产的第二次跨越,即从苏州河时代到了黄浦江时代。

开埠以来的170多年,沿着上海的一河一江,实现了两次跨越:从经济跨越到文化跨越。世博会也是一次文化链接,我们期待黄浦江滨江带的持续跨越。

关于世界城市与文化自觉。笔者认为,从苏州河的时代到黄浦江时代,上海的文化建设进入了一个自觉的时代。

这里面笔者特别提到世博会,选址在上海浦江两岸最重要的区域。如果大家看上海的版图,上海世博会占据了上海所有版图的最中心的地点。针对世博园怎么利用,事实上提出了很多方案。我们现在来看,应当说文化的选择占到上风,就是以文化的发展作为中心。并且这个选择不是偶然的,而是必然的,是和当今世界文化发展的潮流相匹配的。世博的浦西园区将建世博会博物馆,世博会的通用汽车馆将建成上海儿童剧场,还有中华艺术宫、上海当代艺术博物馆等,这样一系列的景观就会打造出上海第二个文化中心。笔者认为,第一个文化中心是以人民广场、南京路为中心的,第二个文化中心就将是以浦江两岸、世博会遗址为中心的文化中心。这两大文化中心将引领上海文化空间的再生产。

大家可以看到美国迪斯尼落户浦东,这也可以看成上海文化空间世界性因素的重建,这种重建使人觉得它的意义是非常巨大的,我们也看到,上海作为国际文化大都市与当今世界上发达的国际文化大都市、世界城市还是有很大差距的。我们现在对愿景非常乐观,但是也要清晰地看到,上海作为世界城市、作为文化大都市有很多工作要做。

从改革开放到现在,我们建设上海国际化大都市才30年,所以不能太乐观了。上海要建四个中心,这四个中心也是我们的着力点,特别是2011年上海正式提出了至2020年建成国际文化大都市的愿景,现在距离目标还有8年,时间非常紧迫。

我们现在有很大差距，而且这种差距感还是很强的。1949年以前上海的人口中85%是外地人，上海本地人只有15%，目前的状态怎么样？现在拿不到详细的数据，但可以估计目前上海人口中外地人只有30%，这个差距是非常大的。再看一个数据，近代的上海汇聚了15万外国人，而到2011年，在上海常住的外国人只有14.32万人。这个数据和上海2300万庞大的常住人口比较，是非常小的。目前上海的国际留学生只有4万多人，这个数字和纽约、东京、巴黎相比差距太大，差不多是一二十倍。总体而言，上海的国际化因素与国际大都市还是有距离。上海与其他国际大都市相比，其文化多样性也还是不够，有一点应特别注意的是，上海的国际社区目前还不是很发达。我们知道，在其他任何国际大都市都有像中国人集聚的唐人街等社区，上海在这方面的特征不是很明显，这些都是有待思考的问题。上海提出要建设国际文化大都市建设，一方面提公共文化建设，一方面提文化创意产业，我们觉得这个目标有些过于重视产业，对产业给予太大的希望，而对于公共文化建设我们可能还有很多事情要做。我们认为，文化建设不能太直接，更多的是要提供一个环境、一个基础、一种生态，从而引领更多的人聚集在一起，为文化产业作贡献。

全球城市视域中上海跨文化交往能力研究

杨剑龙[①]

一、文化视域中全球城市交往规律

美国杰里·本特利、赫伯特·齐格勒在《新全球史：文明的传承与交流》书中写道："在一个全球化的世界里，有一点对所有人来说都是非常重要的，那就是，要理解别人、尊重近邻，同时也尊重距离遥远的社会的权益和事务，在具有不同政治、社会和文化传统的人们之间，应该促进交流和协商，而不是以暴力和冲突来解决争端。"[1]这就道出了全球化世界中国际交往的重要性，强调要在交流和协商中解决交往中的问题，否定以暴力和冲突解决争端。

兴起于20世纪中期的西方全球史十分重视对人类交往史的研究，这成为西方全球史研究的核心线索。在对跨文化交往的研究中，国外学者有不同的侧重：杰弗里·巴勒克拉夫注重研究不同国家、地区和文明之间的差异、作用和影响；[2]杰里·本特利关注各民族跨文化交往、"跨文化互动"的多种方式和文化的独立性与交往并存。[3]威

---

① 杨剑龙，博士生导师，上海师范大学二级教授。原载于《科学发展》，2015年第2期。

廉·麦克尼尔认为与外界的交往是社会变革的主要动力;[4]费尔南德兹·阿迈斯托认为世界历史的两个主题就是环境和文化,人与自然、人与人的互动,在文化交流中达到互相学习和竞争。[5]文化已成为世界关注全球城市交往的重要视域,既关注相近文化圈城市之间的交往,更关注跨文化城市之间的交往,并将文化交往看作是国际交往中减少冲突、走向和谐的重要因素。

荷裔美籍学者萨斯基亚·萨森在其1991年的《全球城市:纽约·伦敦·东京》(*The Global City：New York，London，Tokyo*)中首创了全球城市的概念,这与巨型城市(又称超级城市 megacity)相对,指在社会、经济、文化或政治层面直接影响全球事务的城市。在西方学者眼中,英国伦敦、美国纽约、法国巴黎和日本东京传统上被认为是"四大世界级城市"。我们将上海置于这四大世界级城市的视域中进行比照,期望在发现差距中汲取其他城市的经验,促进上海跨文化交往能力的提升和发展。

伦敦是典型的全球城市,21世纪以来,伦敦不断加强城市的文化建设与发展,2003年2月公布的《伦敦:文化资本,市长文化战略草案》,提出要维护和增强伦敦作为"世界卓越的创意和文化中心"的声誉,成为世界级文化城市。2004年公布的《伦敦:文化之都——发掘世界级城市的潜力》,提出将伦敦打造成一个卓越的创意文化中心。2008年公布的《文化大都市——大伦敦市长2009—2012年的文化重点》,认为伦敦仍然是最重要的文化艺术城市。2010年公布的《文化大都市——大伦敦市长的文化战略:2012年及以后》提出维持伦敦作为全球卓越文化中心的地位。在《文化大都市——大伦敦市长2009—2012年的文化重点》中,确立了12个要点:①维持伦敦全球卓越的文化中心的地位;②塑造面向2012年及更为持久的世界级文化;③加强对年青一代的艺术和音乐教育;④提高艺术覆盖面与民众参与率;⑤加大对(伦敦)外围区域的文化供给;⑥为新人提供发展之路;⑦创造一个充满生气的公共空间;⑧支持草根文化;⑨推介伦敦;⑩为创意产业提供有针对性的支持;⑪维护文化在建筑领域中的地位;⑫加大政府对伦敦文化的支持力度。在《文化大都市区——大伦敦市长的文化战略:2012年及以后》中,确定了伦敦文化的六个要点:①保持世界文化之都的地位;②拓展民众参与优秀文化的渠道;③强化文化的教育培训;④增强基础设施、环境和公共空间的建设力度;⑤筹办2012伦敦文化盛典;⑥实施文化传播战略。两个文件均强调伦敦的文化中心、文化之都的地位,强调市民参与和文化教育等。英国前首相布莱尔在2007年曾宣称:"伦敦已经成为全世界的创意之都。"

纽约是国际经济、金融、交通、艺术及传媒中心,更被视为都市文明的代表。纽约市政府提出促进和保持纽约文化的可持续发展,提高其对经济活力的贡献度。纽约前市长朱利安尼曾认为:"文化不仅是保持城市精神的一部分,而且是一个重要的产业部门。"2006年,纽约市提出《纽约2030》规划,描绘了未来25年纽约城市的发展目标,努力将纽约建设成为一个更伟大、更加绿色的21世纪模范城市,实现包括土地、空气、交通、能源、水、气候等六个方面的发展目标。纽约市政府采取多种策略以文化带动经济增长,成立专门机构,促进文化战略的实施;采取多种优惠政策,促进文化的发展;打造新媒体文化产业,推进文化产业的发展。

东京是日本的政治、经济、文化中心,是亚洲最重要的世界级城市。东京着力于对文化活力和文化魅力型城市的打造,注重文化产业对城市发展的推动作用。2000年,东京地方政府颁布《当今以后东京都文化政策手法的转换与措施》,提出从中长期角度振兴东京文化,创造引领时代的新文化,打造富有魅力的都市文化,东京的作用在于孕育创造新文化,使东京成为充满创造性的文化都市。2006年,东京政府推出《十年后的东京——东京在变化》,提出要充分利用动漫产业等优势文化产业提升东京的城市魅力及国际地位。2011年,东京政府推出《(十年后东京)2011行动计划》,确定东京在文化发展方面要重点加强"展示平台建设特色资源开发"和"与其他城市或民间事业者的合作",以提升东京的文化魅力和产业能力。东京在城市规划设计中提出,到2015年,东京城市的发展目标为:打造一个舒适的东京,实现人员、物品、信息的顺畅流动,拥有丰富的自然和文化资源,吸引富有个性和能力的人才,社会要充满机遇。围绕规划目标,东京还制定了城市发展步骤和具体措施。

在这些世界级城市的建设和发展过程中,逐渐形成了独特的文化理念和文化定位:伦敦的文化理念是追求文化的创意与创造,建设"模范的可持续发展的世界级城市"和"卓越的创意文化国际中心",突出文化创意和文化多元性在城市发展中的特色。纽约的文化理念是保持世界文化之都的地位,确立商业与文化协调发展,以文化的发展促进经济的繁荣。东京的文化理念是凸显文化的独特性,将以往的文化接受与鉴赏转变为创造性的文化都市,努力改变以往片面接受欧美文化为中心的状况,发掘与完善自江户时代成长起来的东京都市传统文化,强化东京都市文化的辐射力。

在世界史的研究过程中,梳理与研究各国各城市之间的跨文化交往成为其重要的组成部分。帕特里克·曼宁认为,全球史本身就是全球范围内人类社会的交往史。[6]杰弗里·巴勒克拉夫强调做"建立各大洲之间的历史联系"的具体研究,要研究不同国家、地区和文明之间的差异、相互作用与影响。[7]杰里·本特利强调,世界史应关注各民族跨文化交流的多种方式,提出"跨文化互动"的概念,[8]他认为文化自身的独立性与文化之间的交往是并存的,这一关系的本质就是互动。交往与互动已经成为文明发展的动力,杰里·本特利强调不同地区间文化交流与融合的机制是全球史发展的根本机制;[9]费尔南德兹-阿迈斯托强调世界历史的基本主题是环境和文化,是人与自然的互动和人与人的互动,互动促进了社会竞争、文化交流。[10]

在后殖民主义理论的研究中,美国学者弗·杰姆逊提出代表第一世界的主流文化与弱势文化之间的交流的观点,他认为第一世界掌握着文化输出的主导权,可以把自身的意识形态看作一种占优势地位的世界性价值,通过文化传媒把自身的价值观和意识编码在整个文化之中,强制性地灌输给第三世界;而处于边缘地位的第三世界文化则只能被动接受,他们的文化传统面临威胁,母语在流失,文化在贬值,意识形态受到不断渗透和改型,[11]指出了跨文化交往过程中的某种困境。

在文化视域中,观照全球城市交往的规律。城市之间的跨文化交流从殖民地时代的强制与不平等,到全球化时代的文化交往的互动与趋于平等,尤其在全球城市的交往过程中,形成了某些规律。这些规律大致表现在以下三个方面:

一是保持城市的文化特性是城市文化交往的基础。一座城市的文化特性构成了其面目,这是由该城市的历史与现实共同形成的,城市只有保护与延续其历史文化传统,只有形成城市的文化特性,才能够为其他城市所注意,这成为各城市文化交往的基础。在全球化的背景中,在城市建设趋同化过程中,保护和延续城市的历史文化命脉,注重和突出城市的文化特性,就显得尤其重要。

二是构成文化交流的互动互惠是城市交往的途径。各城市之间的文化交流应该是一种互动互惠的过程,只有请进来而没有走出去的单向交流,并非是真正的文化交流。在城市的文化交往过程中,在注重城市之间的文化互动中,应该注重城市之间的互惠,和并非仅仅的经济利益上的互惠,更是一种文化交往中的互惠,这才能使城市之间的文化交往保持长久。

三是注重文化交流的宽容合作是城市交往的方式。在城市交往的历史中,常常存在着不平等的交往方式,甚至以武力征服达到目的的状态。现代社会的文化交流必须是宽容的、合作的,在城市之间平等互利的基础上,用宽容合作的方式展开城市之间的文化交流和交往,才能真正达到在不同城市、不同文化之间的交流,促进城市文明程度的提高和文化的发展。

有学者在阐释全球城市时指出:"不断深化的经济全球化塑造了以城市为核心的经济空间关系,日益普及的信息化进程构建起新的城市'流的空间'这两大浪潮交互作用引起了原有资源集聚与扩散空间格局的重组,以及世界城市体系的变革,使传统的'核心—外围'结构转变为'全球—地方'为特征的垂直结构,导致了多极、多层次的世界城市网络体系的形成。在这一世界城市网络体系中的基本或主要节点的城市,便是全球城市。"[12]从经济全球化的角度观照全球城市,全球城市在这个多极、多层次的世界城市网络体系更需要加强文化交往,这种交往必须切合现代城市交往的规律,才能真正达到在跨文化交往的过程中推进城市文明和人类进步。

二、上海跨文化交往的发展

近年来,上海在文化建设与发展方面取得了长足的进步与丰硕的成就。在上海的跨文化交往方面,中国 2010 年上海世博会成为一个亮点。

2010 年上海世博会期间,不仅世博会场馆成为不同国家文化展示与交流的胜地,也成为展示中国形象、展示上海形象的重要平台,尤其展示作为文化大都市上海的形象。在"东方之冠"的中国馆内,上海馆以其石库门的设计让观众走进上海的历史与现实中,在介绍上海的球幕电影片中,在观众感同身受的动态观赏中,去浏览上海的历史、面对上海的今天,展望上海的未来,充满了深邃的文化内蕴。在世博会的 184 天里,整个大上海就是一个向游客展现上海面貌呈现上海文化的巨大场馆,无论是在上海的世博人家,还是在上海的大街小巷;无论在大剧场,还是在小饭店,其实展现的都是文化都市上海的形象。上海作为港埠城市、移民城市、商业城市,形成了文化的开放性、多元性、商业性,上海已逐渐成为国际文化交流中心、文化多元创新中心、商业文化发展中心。

2010年上海世博会后,上海加强与国际的交往,近年来,上海努力打造文化精品,在加强与海内外的交流中扩大文化精品的影响,如上海马戏团的杂技表演《时空之旅》4年连演1 500场,获得了丰厚的演出收入;上海舞剧《野斑马》在国内外的热演,形成了品牌效应;东上海国际文化影视集团的功夫剧《少林武魂》,两年间在海外演出130场,并荣获美国戏剧家协会颁发的"托尼奖"今日动画公司的动漫电视片《中华小子》等依靠版权交易,在欧洲电视荧屏黄金时段获得高收视率;音乐剧 I LOVE YOU 在美国百老汇演出,开创中文版音乐剧在百老汇演出的先河。杂技芭蕾《天鹅湖》、舞剧《霸王别姬》、京剧《杨贵妃》、大型舞剧《红楼梦》、功夫剧《少林武魂》、新编京剧《王子复仇记》、昆剧《长生殿》、话剧《东寻记》、京剧《白蛇传》、神话木偶剧《孙悟空三打白骨精》、现代芭蕾舞剧《简·爱》、原创杂技《十二生肖》等赴海外巡演,扩大了上海的国际影响力。上海有23家文化企业、13个文化产品和服务项目获文化部"优秀出口文化企业优秀出口文化产品"称号。诸多国外艺术团体到上海演出,带来诸多艺术精品,增强了上海与世界的文化交流,如意大利佛罗伦萨五月音乐节管弦乐团、奥地利哈根四重奏乐团、法国现代音乐剧《巴黎圣母院》、瓦格纳歌剧《尼伯龙根的指环》、英国皇家利物浦爱乐乐团、美国芝加哥交响乐团、奥地利萨尔茨堡室内乐团、蒙特卡罗芭蕾舞团、瑞士日内瓦大剧院芭蕾舞团、丹麦国家舞蹈团、俄罗斯圣彼得堡爱乐乐团、法国巴黎交响乐团、加拿大蒙特利尔交响乐团等。

近年来,上海举办了一系列重大的文化活动,不少重大文化活动已经形成国际或国内的品牌效应;1986年创办的上海电视节、1990年创办的上海旅游节、1991年创办的上海亚洲音乐节、1993年创办的上海国际电影节、1994年创办的上海国际茶文化节、1994年创办的上海国际少儿艺术节、1995年创办的上海国际服装文化节、1995年创办的上海国际芭蕾舞比赛、1995年创办的上海宝山国际民间艺术节、1996年创办的上海双年展、1997年创办的上海艺术博览会、1999年创办的上海国际艺术节、2001年合并举办的上海之春国际音乐节(由上海之春音乐舞蹈月和上海国际广播音乐节合并)、2002年创办的中国(上海)国际乐器展、2005年创办的中国国际动漫游戏博览会、2005年创办的上海当代戏剧节等重大的文化活动,在不断完善与精益求精中,扩大这些重大文化活动的影响,激发与拓展上海城市的活力,加强与国际上的文化交流,从而也给上海带来了更多的商机。

上海历来是一个包容多元文化的城市,既注重发扬民族文化的精粹,又积极吸纳世界优秀文化。近年来,每年都有100多个国家的艺术团体来上海展示其文化艺术的风采,使上海的文艺舞台生机盎然。在平均每天一批次以上的引进规模中,名团、名剧和名家频频会聚上海,如由世界著名指挥大师小泽征尔和祖宾梅塔分别担任指挥的奥地利维也纳爱乐乐团和以色列爱乐乐团、经典音乐剧《猫》《剧院魅影》《狮子王》《妈妈咪呀》、意大利著名盲人男高音歌唱家波切利、美国阿尔文艾利舞蹈剧院、英国歌手莎拉·布莱曼、美国魔术师大卫科波菲尔、世界三大男高音歌唱家音乐会等都相继来沪演出。上海博物馆、上海美术馆不断推出毕加索画展、法国印象派绘画珍品展、意大利文艺复兴时期艺术展、古埃及国宝展、玛雅文物展、古罗马文明展等许多世界著名美术作品展或珍稀文物展览,使上海成为展示世界艺术精品的大舞台。

在上海近年文化产业的发展中,上海的文化产品和服务贸易进出口呈现不断增长和贸易顺差,展现出在文化产品贸易中上海不断发展的趋势。

从表1可见,上海文化产品和服务贸易进出口除了2009年因国际经济危机等原因呈负增长以外,其余均呈不断递升的趋势,年贸易顺差在34亿—45亿元之间。

表1 近年上海文化产品和服务贸易进出口总额表(亿元)

年度	总额(亿元)	同比增长(%)	进口(亿元)	同比增长(%)	出口(亿元)	同比增长(%)	贸易顺差(亿元)
2009	132.77	−14.8	43.63	−11.6	89.13	−16.3	45.5
2010	149.9	12.9	52.9	21.3	97	8.8	44.1
2011	166.2	10.9	65.9	24.4	100.4	3.5	34.5
2012	168.8	3.7	65.2	−1	103.6	3.1	38.4

资料来源:《上海市文化创意产业发展年度报告》

三、上海跨文化交往的薄弱环节

上海在近些年来的跨文化交往中,虽然取得了不菲的成就,但是与伦敦、纽约、巴黎、东京等国际都市相比,在文化平台、品牌产品、交往方式、文化人才等方面,仍然存在不小的差距;在文化硬件设施等方面,与世界级大都市还有相当的距离,见表2、表3。

表2 上海与四大世界级城市主要文化资源比较表

城 市	伦敦	纽约	巴黎	东京	上海
音乐场馆(个)	400	151	122	132	148
戏剧歌剧院(个)	215	111	158	132	137
电影院(个)	105	264	88	105	49
重大节庆(个)	200	81	40	—	22
公共艺术馆(个)	92	—	59	40	6
国家博物馆(个)	22	16	19	8	6
其他博物馆(个)	162	85	138	71	100
公共图书馆(个)	395	255	303	369	248

资料来源:Cultural Audit 2009

表3　上海与四大世界级城市多样性基础设施比较表

城　市	伦敦	纽约	巴黎	东京	上海
夜总会、迪斯科舞厅(个)	337	584	190	73	56
节庆(个)	254	309	360	485	33
剧院(个)	214	420	353	230	97
演出(场)	32 448	43 004	26 676	24 575	15 618
专业音乐厅(个)	10	15	15	15	4
演出(场)	17 108	22 204	33 020	15 617	3 356

资料来源：Wodd Cides Culture Report 2012：48—54页，转引自王林生《伦敦城市创意文化发展"三步走"战略的内涵分析》，《福建论坛》2013年第6期

(一) 文化平台薄弱

跨文化交往需要文化平台，2010年上海世博会成为跨文化交往最佳的平台，使上海国际文化重大国际性文化活动，搭建起跨文化交流的平台，诸如上海国际电影节、上海电视节、上海国际艺术节、上海旅游节等，在这些节庆活动中，加强了上海与世界的联系和文化交往。但与伦敦、纽约、巴黎、东京相比仍有较大差距。

在伦敦、纽约、巴黎、东京的跨文化交流中，各城市搭建了诸多形形色色的文化平台。伦敦有四大文化节：伦敦电影节、时装节、设计节、游戏节，为伦敦支柱型文化产业搭建了交流与贸易的平台，重点扶持电影、时装、设计、数字传媒、音乐等高增长核心产业。伦敦仅电影节每年就有60多个，伦敦市政府设立了专门的伦敦电影工作组，推进电影的发展与运作。

纽约每年有诸多不同的文化节庆活动，纽约电影节、格莱美奖、林肯中心艺术节、纽约国际边缘艺术节、后浪节、万圣节、感恩节、博物馆大道节、翠贝卡电影节、夏日舞台节、独立日烟花节、纽约国际艺穗节、圣热内罗节、布鲁克林音乐学院音乐节、大都会歌剧节、布鲁克林庆典、国际马拉松赛、国际网球公开赛等，为纽约城市的文化发展与文化

贸易搭建了平台。

（二）品牌产品缺乏

跨文化交往与文化产品有着重要的关联,伦敦的音乐、纽约的歌剧、巴黎的时装、东京的动漫等,都成为有国际影响力和竞争力的文化产品,蕴含着文化创意和文化内涵,在走向世界的过程中,成为跨文化交流的重要品牌。上海文化产业的发展呈现出逐年递增的趋势。

从上海文化创意产业发展看,2009年4月,上海批准了卢湾区田子坊、静安现代戏剧谷、金山中国农民画村、M50艺术品创意基地等首批15家文化产业园区;2011年12月,上海授牌了国家对外文化贸易基地、8号桥、上海动漫衍生产业园、上海多媒体谷、江南三民文化村等37家第二批上海市文化产业园区。至2011年,市级授牌的上海市创意产业集聚区达89个,上海市文化产业园区达52个。同时,上海文化创意产业园区也呈现出地产商低价圈地、租赁商租赁为实、园区同质化的倾向,缺少品牌已成为上海文化创意产业的软肋。上海文化创意产业在整体上缺乏有影响力的文化产品,更缺乏国际竞争力的品牌产品,文化产业的生产缺乏原创,大量模仿抄袭,有的成了文化加工,这些显然阻碍了上海文化创意产业的发展与影响。在检视上海文化产业的发展时,《上海市文化创意产业发展"十二五"规划》指出"具国际影响力、体现上海原创能力的产品还不够丰富"。

（三）交往方式单调

上海跨文化交往方式主要有:官方的文化交往,学界的文化交往和民间的文化交往,官方的文化交往更多在于政治性,学界的文化交往更多在于学术性,而民间的文化交往更具有文化性。近年来,各种官方和民间合作的国际文化节庆,成为吸引国外文化机构和团体入境的主要途径。国外艺术团体到上海的演出成为文化入境的基本方式。

虽然,上海也经常派出艺术团体赴国外展演,但总体上是走进来的多,而走出去的少。

21世纪以来,上海不断引进外国歌剧。2002年百老汇歌剧《悲惨世界》首次登临上海舞台后,《猫》(2003)、《剧院魅影》(2004)、《狮子王》(2006)、《音乐之声》(2006)、《堂吉诃德之梦幻骑士》(2006)、《42街》(2007)、《阿依达》(2008)、《发胶星梦》(2008)、《百老汇之梦》(2009)、《歌舞青春》(2009)、《佐罗》(2011)、《西贡小姐》(2013)、《摩登米莉》(2013)、《剧院魅影》(2013)也相继在上海演出。在百老汇歌剧引进上海舞台过程中,还出现了百老汇歌剧中文版,如中文版《猫》《Q大道》《妈妈咪呀》。但中国不能仅仅成为西方歌剧引进的大国,中国也应该成为原创歌剧的大国。然而,目前上海歌剧缺乏原创,不仅上海的原创歌剧缺乏世界性的影响,甚至在全国歌剧发展中也缺乏建树。上海建设文化大都市,应该在引进西方歌剧的同时,努力注重上海原创歌剧的创作,在不断精益求精中,打造经典的上海歌剧,并且将上海的歌剧推向全国、推向世界。

(四) 文化人才匮乏

在文化建设与发展中,文化人才是关键,只有有了众多文化人才,才能真正推进文化的建设与发展。在世界城市的发展中,关于文化人才的教育与建设,罗伯特·保罗·欧文斯等著的《世界城市文化报告2012》列出了数据,见表4。

表4 上海与四大世界级城市人才数据比较表

城　　市	伦敦	纽约	巴黎	东京	上海
有学位及更高水平人口占比(%)	41.90	33.30	35.84	41.92	
劳动年龄人口(万)	385.10	542.01	725.05	873.90	1 756.38

(续表)

城　　市	伦敦	纽约	巴黎	东京	上海
创意产业就业人口占比(%)	12	8	8.80	11.20	7.38
专业公立文化高等教育机构(个)	11	—	30	1	5
专业私立文化高等教育机构(个)	46	12	73	16	18
国际留学生人数(万)	9.94	6.08	9.68	4.32	4.30

资料来源：根据罗伯特·保罗·欧文斯等著《世界城市文化报告2012》数据，同济大学出版社2013年8月版

从表4数据可见，上海在创意产业就业人口占比、国际留学生人数等方面，均处于末位，对比其他城市有相当大的距离。上海文化机构从业人数（包括艺术机构、图书馆、档案机构、群众文化活动机构、文物机构、文化市场经营机构、新闻出版机构、其他文化机构），2000年为21.75万人，2010年为27.43万人，2011年为29.36万人，2012年为29.88万人。[13] 2006年，有学者做过统计，发达国家创意产业所吸纳的就业人数占比，纽约为12%，伦敦为14%，东京为15%，而我国的占比不足1%。[14]

四、上海跨文化交往能力的提升

跨文化交往能力被阐释为三个方面：跨文化意识、跨文化敏感性、跨文化熟练度。在跨文化的交往过程中，语言的隔阂、文化的差异、价值观的不同、对他者表达的误读等，往往会造成跨文化交流的困境。

上海在与世界各国的交往中，在获得诸多跨文化交往的经验中，须看到上海在跨文化交往方面的缺憾，在提升跨文化交往能力过程中，可考虑从以下几个方面着手。

(一) 搭建更多的文化平台

近年来,上海在主办国际性文化活动方面有了诸多的作为,上海电影节、电视节、旅游节等活动都有了越来越大的国际影响和声誉,但是与伦敦、纽约、巴黎、东京等城市相比较,上海仍然存在着很大的差距。上海应该搭建更多的文化平台,从而加大上海与世界交往的视域和频率。上海在搭建更多的文化平台时,应考虑:

1. 推动行业协会的文化活动

上海有诸多行业协会与文化相关,以行业协会的角度主办有关文化活动,为上海的文化交往搭建更多的文化平台,可以推动行业协会的文化活动,对于推介该行业的发展、促进有关文化产品的促销等,都有十分重要的意义,从而在加强行业协会的发展中,促进上海跨文化的交往。

2. 促进城市社区的文化活动

上海17个区县已有208个文化活动中心,社区的文化活动丰富了社区居民的生活、联络了社区居民的感情。这些社区文化活动中心的文化活动,主题不同、形式各异、层次不一,丰富了社区市民的文化生活。在上海的文化建设和发展中,应加强社区文化活动的组织、策划、设计等,尤其应突出社区文化活动的个性和文化层次,努力打造社区文化活动的品牌,甚至将社区文化活动的优秀品牌推向世界。

3. 搭建更多文化交易平台

文化交易已经成为跨文化交往的重要方面,上海文化的建设和发展不仅需要有文化产品,更需要将文化产品推介出去,将有竞争力的文化产品推向国际。随着上海与国际交往的日益频繁,随着上海文化产品的种类的增多和质量的优化,必须考虑搭建更多文化交易平台,在将境外优秀的文化艺术作品引进国内的同时,增加上海文化艺术作品走向世界的契机,无论是书画、雕刻、篆刻,还是影视、剧作、戏剧,在增加文化艺术品交易机会中,强化文化艺术品的质量和影响,同时扩大文化艺术品交易平台的国际影响和声誉。

(二) 打造创新的品牌产品

在上海的文化建设和发展中,以创新意识打造创新的文化品牌尤为重要。上海文化创意产业有创新意识的文化产品屈指可数。以伦敦为例,"伦敦是英国创意产业发展的龙头和中心,伦敦有10万人从事电影业和传媒业,伦敦电影业的产出占英国的75%,伦敦的创意产业中的就业人数超过50万,英国1 300个影视公司中,70%落户在了伦敦"。[15]作为中国电影摇篮的上海,无论是电影业从业人员,还是电影业的产出、影视公司的数量,都远远落后于伦敦。上海电影业的衰弱,不仅与网络、电视、游戏等冲击有关,更与上海电影业缺乏竞争、缺少创新有关,是否可以考虑恢复江南、天马、海燕三家电影制片厂,形成竞争与创新的电影制作格网。

上海在文化产业的发展中,必须将打造创新的文化产品置于首位,在电影、电视、动漫、游戏、杂技、舞蹈、音乐、美术、雕塑、戏曲等方面,注重借鉴学习国外文化产品的生产与经典化的经验,推出真正有艺术性和商业性结合的精品力作,推向市场、推向世界,以提升上海跨文化交往能力,从而扩大上海与各国城市的跨文化交往。

(三) 拓展多元的交往方式

跨文化交往不仅是各国不同文化之间的交流和交往,而且是世界各国文化交流和文化贸易的重要渠道。各国际大都市之间的跨文化交往,可以在加强城市之间的了解与交流过程中,加强文化产品的传播与贸易,达到文化与经济的互利和双赢。

1. 拓展民间社会的文化交往

上海主办的大型文化活动大多数是以政府面目出现的,上海应拓展民间社会的文化交往,民间文化社团、民间艺术团体都可以作为民间文化交往的团体。上海在民间文化的保护与展览方面,已设立不少主题展馆,如上海市群众艺术馆"非遗"展厅、上海工艺美术博物馆、土山湾博物馆、黄道婆纪念馆、林曦明现代剪纸艺术馆、上海笔墨博物馆、嘉定竹刻博物馆、锣鼓书陈列馆、七宝皮影艺术馆、上海宝山国际民间艺术博览馆、奉贤滚灯艺术陈列馆、上海民族民俗民间文化创意推广中心等,以这些主题展馆为基础,加强与境外城市的文化交往与交流,将上海具有地域特色的文化传统推向世界。在上海的民间文化传承与发展中,形成了诸多有地方色彩的民间文化节,诸如上海宝山国际民间艺术节、上海民族民俗民间文化博览会、上海民俗文化节、宝山罗泾镇民间文化节、浦东三林民俗文化节、金山石化文化艺术节、上海竹文化节、朱泾花灯艺术节、海派文化艺术节、上海清明文化节、上海方塔园塔民俗文化节、普陀区端午民俗文化节、宝山罗店龙船文化节、豫园非遗文化节、嘉定民俗文化节,强化这些民间文化节的地方色彩、民间特性,拓展这些民间节庆活动与境外的文化交往。

2. 拓展姐妹城市的文化交往

改革开放后,上海与诸多国家的重要城市建立了姐妹城市的关系。上海在提升跨文化交往能力过程中,应考虑拓展与各姐妹城市的文化交往,通过政府间的文化交流,或民间社团的文化交往;通过在对方城市举办文化推介活动,或将对方城市的文化艺术引进上海,不断加强与姐妹城市的文化交往,以提升上海跨文化交往的能力,扩大与拓展上海的国际影响和声誉。

3. 拓展城市青年的文化交往

青年是城市的未来,青年是跨文化交往的主力,拓展城市青年的文化交往,是关系到城市发展与繁荣的关键,上海在拓展城市青年的文化交往方而已有不少的建树,成立了一些与此相关的组织,这些组织对拓展上海青年的文化交往,起到了重要的组织作用和引领作用。上海在拓展城市青年的文化交往过程中,应注意:一是请进来与走出去相结合；二是政府主持与民间主办相结合；三是短期交往与中期交流相结合；四是文化考察与学术交流相结合。在不断拓展上海城市青年的跨文化交流过程中，扩大上海城市的国际影响和声誉，提升上海城市跨文化交往的能力和水平。

（四）集聚众多的文化人才

城市文化的建设与发展关键在人才，只有有了众多的文化人才，城市的文化建设与发展才能真正达到繁荣。巴黎的人才集聚值得关注："大巴黎区的面积仅占法国国土面积的2.2%，却集中了法国20%的人口。这里集中了法国60%的研究者，75%的记者，法国一半的银行及销售额排名前100的公司有80%的集中于此。"[16]作为世界创意中心的伦敦，汇聚了诸多世界顶尖的创意人才，诸多顶级的设计师、作家、艺术家等人才。根据伦敦官方的统计数据，46%的广告人员、80%—85%的时装设计师、40%以上的出版业从业人员在伦敦工作。英国1100个独立电视制作公司中，近700个位于伦敦，全球2/3国际广告公司的欧洲总部设在伦敦。[17]

上海与伦敦、纽约、巴黎、东京相比较，文化人才的集聚和培养有着很大的差距。《上海文化文物广播影视发展"十二五"规划》指出："文化人才与事业发展需要还不完全相适应。高层次创新型人才匮乏，创意人才、创作人才、产业经营人才、高技能人才紧缺，创新创业能力不足，人才培养针对性、有效性不强，人才'难引进、易流失'的政策机制障碍尚未彻底消除。"[18]近年来，上海在引进和培养文化人才方面做了一系列工作：遴选上海文化新人，主办年度文化人才工作会议，设立了文艺人才基金，实施文化人才认证制，设立上海市文化人才开发专项目录，建立了艺术人才联席会议制度，设定文化人才领军人才评选，构建文教结合的培养、高层次人才开发和文化人才能力水平认证"三大平台"等。2010年，上海首次推出的《文化人才发展规划》，提出了上海"十二五"期间资助文化名家、开发领军人才、培养青年英才、引进海外人才等的人才发展计划[19]。

上海在集聚众多文化人才方面，可有以下进一步考虑：

一是人才奖掖和跟踪考察相结合。以往对杰出文化人才选拔奖掖后，缺乏后期跟踪考察，以至于有些人被列入杰出文化人才后，在得到有关方面的奖掖后，便躺在功劳簿上，缺乏文化创造的动力，今后应将前期的评选与后期的考察结合起来，使文化人才真正有大作为、大创造。

二是海外引进和本土培养相结合。文化人才的引进，海外人才应是关注的重点，那些在国外深造后回归的"海归"人士，可以将国外最先进的文化理论研究方法等带回国内。但必须将海外引进和本土培养放在同等重要的地位，随着城市发展对文化人才需求量的不断增加，大部分文化人才必须由本土培养。

三是高校培养和社会培育相结合。高校应将培养文化人才作为一项重要的任务，对设置的专业、开设的课程、培养的方案等，都必须有系统性的设计。除了高校，社会培育也是一条重要的途径，随着社会需求的变化，开设各种文化人才培训学校，甚至将一些所需要的文化人才放到社会上去历练，从而不断培养和培育出社会所需要的各类文化人才。

四是短期驻沪和长期引进相结合。在引进文化人才的过程中，可采取一些灵活和变通的方法，国外的、外地的著名文化人才的引进，可以采取短期驻沪制度，请这些文化专家在沪短期居住，给予一定的生活、研究条件和经济报酬，或研究某些城市文化问题，或在沪作学术演讲、指导研究生等。在来去自由宽松自主的境况下，活跃上海的文化氛围、学术氛围，促进上海在文化研究方面与国际、外地的交往。

五是项目承包和文化作坊相结合。上海城市发展的重大文化研究项目，可采用项目承包的方式，让海内外学者参与。上海也可鼓励建立诸多文化作坊,无论是艺术品的制作,还是城市文化的研究;无论是影视作品的拍摄,还是传统戏剧的打造,以文化作坊的形式进行文化创造活动,得到政府和民间资本的资助和扶持,从而不断推进上海文化的建设和发展。

参考文献

［1］〔美〕杰里·本特利、赫伯特·齐格勒:《致中国读者》,见《新全球史:文明的传承与交流》上册,魏凤莲、张颖、白玉广译,北京大学出版社,2007。

［2］Geoffrey Barraclough. *Main Trends in History*. New York: Holmes & Meier,1991.

［3］〔美〕杰里·本特利、赫伯特·齐格勒:《致中国读者》,见《新全球史:文明的传承与交流》上册,魏凤莲、张颖、白玉广译,北京大学出版社,2007。

［4］威廉·麦克尼尔:《世界史》第四版英文影印版,北京大学出版社,2008。

［5］菲利普·费尔南德兹、阿迈斯托编著:《世界:一部历史》(上册),北京大学出版社,2010。

［6］Patrick Manning. *Navigating World History: Historians Create a Global Past*. Palgrave Macmillan,2003.

［7］Geoffrey Barraclough. *Main Trends in History*. New York: Holmes & Meier,1991.

［8］杰里·本特利、赫伯特·齐格勒:《新全球史:文明的传承与交流》(上册),魏凤莲等译,北京大学出版社,2007。

［9］刘新成:《中文版序言》,杰里·本特利、赫伯特·齐格勒《新全球史:文明的传承与交流》。

［10］菲利普·费尔南德兹·阿迈斯托编著:《世界:一部历史》(上册),钱乘旦审读,叶建军等译,北京大学出版社,2010。

［11］朱立元:《当代西方文艺理论》,华东师范大学出版社,2005。

［12］周振华:《上海迈向全球城市战略与行动》,上海人民出版社,2012。

［13］上海市统计局《2013上海统计年鉴》第22篇:《文化和体育·表22.3 主要年份主要文化机构从业人员数》。

[14] 张京成:《中国创意产业发展报告(2006)》,中国经济出版社,2006。

[15] 《伦敦文化管理机制与发展策略》,见王文英、蒯大申主编《2005年上海文化发展蓝皮书》,上海社会科学院出版社,2005。

[16] 柳溪:《浅谈德国文化多样性和法国文学统一性的比较》,《北方文学》中旬刊,2013年第1期。

[17] 洪涓、刘甦、孙黛琳、付建文:《北京与伦敦文化创意产业发展比较研究》,《城市问题》,2013年第6期。

[18] 《上海文化文物广播影视发展"十二五"规划》,http://gov.eastday.com/down/wgj/20120221fl.doc。

[19] 俞亮鑫:《上海首推"文化人才发展规划"》,《新闻晚报》,2012年12月11日。

历史、制度与策略选择:国际比较视野下的上海文化发展战略研究

朱 揆 侯 丽 李敏静[①]

全球化时代以来,全球城市网络中的所有城市领导者都在殚精竭虑地寻求一条兼顾城市经济发展、文化建设、健康提升与社会进步的全面发展路径,而他们不约而同地将文化摆在越来越重要的位置。进入 21 世纪以来,全球各大城市都展开了自己的城市文化发展战略布局。十几年间,尤其是 2008 年世界金融危机以来,文化产业成为了伦敦、纽约、巴黎、洛杉矶等一系列国际大都市的核心救市举措。文化领域的竞争,已成为国际大都市之间竞争的重要内容。2017 年 12 月 15 日获得国务院批复的《上海市城市总体规划(2017—2035 年)》,将上海的城市性质确定为国际经济、金融、贸易、航运、科技创新中心和文化大都市,彰显出上海参与国际文化竞争的决心,这就要求上海必须制订符合自身特点的文化发展战略。

已有的包含国际比较的城市文化相关研究,多聚焦于形态学上的

[①] 基金项目:国家自然科学基金面上项目(51778427)。朱揆,男,博士,上海同济城市规划设计研究院有限公司城市开发研究院,研究方向:城市规划历史与理论,城市规划管理,城市开发与城市经济学;侯丽,女,教授,博士生导师,同济大学建筑与城市规划学院,研究方向:城市规划历史与理论,规划管理与法规,城市开发与城市经济学,土地使用规划;李敏静,女,博士研究生,同济大学建筑与城市规划学院,研究方向:城市开发与城市经济学,城市住宅开发。原载于《城市建筑》,2019 年 10 期。

空间对比,以及对国外文化发展策略的简单借鉴,而未能清楚地解答许多深层次的问题:对于不同的国际文化都市而言,什么是塑造其文化内涵和文化空间特征的主要因素?它们在文化发展战略上的差异是什么原因导致的?本文藉参与浦东文化设施专项规划之基础,选取伦敦、纽约和巴黎作为与上海进行比较研究的对象,尝试从历史演进、制度变迁和国际比较的角度,解释不同城市文化发展路径的内在逻辑。

一、对标城市文化发展对比

(一) 基本情况对比

与上海相似,伦敦、纽约和巴黎都是著名的国际文化都市和具有全球影响力的世界城市,也是本国经济实力最强的城市。这四座城市都拥有强大的金融业和先进的生产性服务业,是世界级的生产要素配置中心。其中,纽约和伦敦的人口都接近900万人,大巴黎地区人口约为1 200万人,上海则达到2 400万人以上;它们的人口结构比较接近,劳动人口占比都在60%至75%之间,劳动力资源充足。这四座城市的居民普遍接受过较好的教育,其中伦敦接受过高等教育的人口占比高达60%,纽约、巴黎和上海接受过高等教育的人口也在1/3以上;与之相应的是,三座城市的人均年收入都明显高于本国的平均水平,其中以伦敦(38 537美元)最高,上海(22 473美元[①])最低(见表1)。

当然,这四座城市间也存在差异。从建设历史来看,伦敦作为英格兰首都,繁荣贸易城市的历史超过500年,是名副其实的历史文化名城;与之相似的是巴黎,这座城市从6世纪开始成为法兰西王国首

---

① 该项数据为城市平均工资水平。

都;而纽约和上海都比较年轻,分别只拥有约 300 年和 200 年①的兴建历史。从国内首位度来看,伦敦和巴黎分别是英国和法国国内无可比拟的第一大经济体,而纽约和上海则各自有数量不等的国内竞争对手。

表 1　伦敦、纽约、巴黎和上海基本情况统计表

指标	伦敦	纽约	巴黎	上海
城市总人口	9 006 352	8 622 698	12 246 200	24 183 300
2018 年 GDP(亿美元)	7 312	12 100	6 692	5 165
劳动年龄人口	595 974	5 492 659	7 258 943	13 726 500
劳动年龄人口占比(%)	66.2	63.7	59.2	56.7
接受过高等教育的人口占比(%)	56.0	36.2	40.4	42.9
人均年收入(美元)	38 537	34 099	29 723	22 473

资料来源：世界城市文化论坛官方网站②,《上海市统计年鉴》,大部分为 2017 年数据

(二) 文化设施及使用情况对比

从文化设施的保有量上来看,上海已接近且部分超越了伦敦、纽约和巴黎等世界顶级文化大都市的水平。其中,上海市在艺术类设施方面处于劣势,博物馆、剧院、大型音乐厅等八项统计指标中的三项落后于其他三个对标城市;在公众文化类设施方面则优势明显,公共图书馆数量与伦敦相当,书店数量则领先于三个对标城市。有趣的是,上海在视频游戏厅以及夜总会、迪斯科及舞厅的数量上大大超过其他三个对标城市,体现出上海在较为现代文化设施方面的优势(见表 2)。

---

① 此处指上海开埠的历史。
② 世界城市文化论坛官方网站数据来源较多,难以逐一罗列,详见 http://www.worldcitiescultureforum.com。

表 2 伦敦、纽约、巴黎和上海文化设施相关指标统计表

设施类型(个)	伦敦	纽约	巴黎	上海
艺术类设施					
博物馆	192	142	297	120
艺术画廊	478	1 475	1 142	770
电影院	163	98	312	314
电影银幕	911	374	1 107	765
剧院	270	637	836	33
大型音乐厅	10	16	16	4
非专业舞蹈学校	236	682	2 038	—
公众文化类设施					
公共图书馆	352	207	1 047	312
书店	360	814	1 251	3 800
历史遗产类设施					
历史遗产或历史建筑	20 557	34 000	4 115	2 049
世界文化遗产	4	1	4	0
其他设施					
酒吧	3 615	2 113	4 316	2 693
餐厅	18 110	26 697	44 896	59 250
米其林星级餐厅	72	72	121	30
视频游戏厅	44	32	11	797
夜总会、迪斯科及舞厅	339	498	173	1 330

资料来源：世界城市文化论坛官方网站,《上海市统计年鉴》,大部分为2017年数据

相比于数量,文化设施的使用情况更能反映不同城市在文化发展方面的优势项。在博览方面,伦敦均以微弱优势超过巴黎,二者排名前五的博物馆或艺术画廊接待游客数量分别为2 596万人次和2 480万人次,也高于纽约的1 600万人次和上海的931万人次；在电影方面则正好相反,巴黎以5 520万人次略胜伦敦的4 064万人次,近年来电影市场急速扩张的上海以8 306万人次的数据显示出远超二者的电影

市场规模。在戏剧方面,上海同样正迎头赶上,剧院年入场人次达到1 034万人次,已经超过巴黎[1]。

在文化设施的使用上,上海在以电影院和图书馆为代表的公众化设施方面,使用效率多高于对标城市。最典型的例子是公共图书馆的使用。上海的公共图书馆数量(312处)略低于伦敦(353处),约为巴黎(1 100处)的27%,但上海公共图书馆借出书籍数量达到了8 724万册,远高于伦敦的3 120万册和巴黎的2 840万册(见表3)。

表3 伦敦、纽约、巴黎和上海文化设施使用情况统计表

设施类型/使用数据	伦敦	纽约	巴黎	上海
艺术类设施					
博物馆(个)	192	142	297	125
排名前五的博物馆或艺术画廊接待游客数量(人次)	25 960 648	16 000 000	24 802 175	9 313 940
剧院(个)	270	637	836	33
剧院年入场人次(人次)	15 094 573	13 790 000	7 233 067	10 340 000
电影院(个)	163	98	312	314
电影院年观影人数(人次)	40 642 000	—	55 203 761	83 060 000
电影票房(美元)	1 057 900 034	—	467 241 829	986 545 772
公众文化类设施					
公共图书馆(个)	352	207	1 047	312
公共图书馆借出					
书籍数量(册)	31 200 000	—	28 400 000	87 241 500
人均借书数量(册)	3.46	—	2.31	3.61

数据来源:世界城市文化论坛官方网站,《上海市统计年鉴》,大部分为2017年数据

(三) 文化活动对比

从文化活动的数量来看,纽约在音乐、出版、舞蹈等方面均表现得最为活跃。巴黎拥有最多的电影节和节庆活动,伦敦则仅在电影发行方面占优势。

不论从数量还是质量来看,上海的文化活动与世界顶级文化城市还有差距。与伦敦、纽约和巴黎相比,上海在音乐、出版、舞蹈、电影、节庆活动等方面的文化活动在数量上,均处于劣势:上海每年音乐表演数量仅有伦敦的1/4,纽约的1/6,巴黎的1/5;舞蹈演出数量仅有伦敦的1/10,纽约的1/24,巴黎的1/6。最有趣的反差体现在电影领域,上海在电影院和银幕数量略逊于伦敦和巴黎,远超纽约,且在电影市场行情火爆的情况下,每年公映的电影数量仅为伦敦的1/3左右,巴黎和纽约的1/2左右;电影节数量仅为2个,远逊于伦敦(53个),纽约(57个)以及巴黎(190个)(见表4)。

表4 伦敦、纽约、巴黎和上海文化活动数据统计表

活动类型	伦敦	纽约	巴黎	上海
每年音乐表演数量	22 828	36 192	31 375	6 130
每年现场音乐表演	1 056	453	452	—
每年剧院上演戏剧场次	32 032	30 576	51 070	26 140
每年国内发行书名号	173 000	304 912	103 534	21 517
每年舞蹈演出	2 236	6 292	1 651	258
每年国内电影公映数量	821	718	693	304
每年国外电影公映数量	368		334	100
电影节	53	57	190	2
节庆活动	197	263	475	21

数据来源:世界城市文化论坛官方网站,《上海市统计年鉴》,大部分为2017年数据。

(四) 文化空间对比

伦敦、纽约、巴黎和上海都有文化设施集聚区,且该类集聚区通常

分布于市中心,是城市的标志性名片。在空间布局方面,四座城市的文化设施均呈现出"带状"或"带状+中心"聚集的态势。

伦敦的文化活动机构整体呈组团式分布,其主要文化设施多沿泰晤士河沿岸"带状"聚集(见图 1);巴黎的主要文化设施沿"凯旋门—卢浮宫—巴士底歌剧院"的城市轴线和塞纳河"带状"聚集(见图 2);没有河流穿越的纽约在曼哈顿岛中心的中央公园周边形成了文化设施高度聚集地区(见图 3),在环中央公园约 12 平方公里区域内,聚集了大量博物馆、剧院、美术馆和图书馆;其他主要文化设施沿纽约百老汇大街"带状"聚集。上海也表现出类似的特征,但与伦敦、巴黎这两座同样有河流穿越城区的城市不同,上海的文化设施并未沿黄浦江两岸聚集,通过历次总体规划逐步确立的,由浦西的"人民广场—南京东路"轴线和浦东的"世纪大道—新上海国际会展中心"轴线组成,垂直于黄浦江的城市主轴线,才是上海市重要文化设施聚集的轴线[2-4](见图 4)。

有趣的是,尽管空间布局方式十分相似,但若排除人为归纳的因素,事实上只有巴黎和上海的文化设施确实是沿事先设计的城市轴线布局的。伦敦和纽约的文化设施,尽管的确呈现出聚集态势,但其围绕的所谓轴线或中心,却非人为设计的城市轴线——泰晤士河是自然产物,百老汇大街也很难说比第五大道更像城市轴线。这两座城市的文化空间,更像是市场选择的产物。

二、历史与制度视角下对城市文化发展特征的比较分析

城市文化发展的结果可以被视为城市个人和集体政治经济行为的均衡,造成这种均衡的因素多种多样,而从制度角度切入,能够很好地解释城市间文化发展差异的原因。同时,制度本身也是国家和城市在一定历史时期内的均衡结果。从制度演进视角,能够描绘出不同制

全球城市：文化维度与国际经验

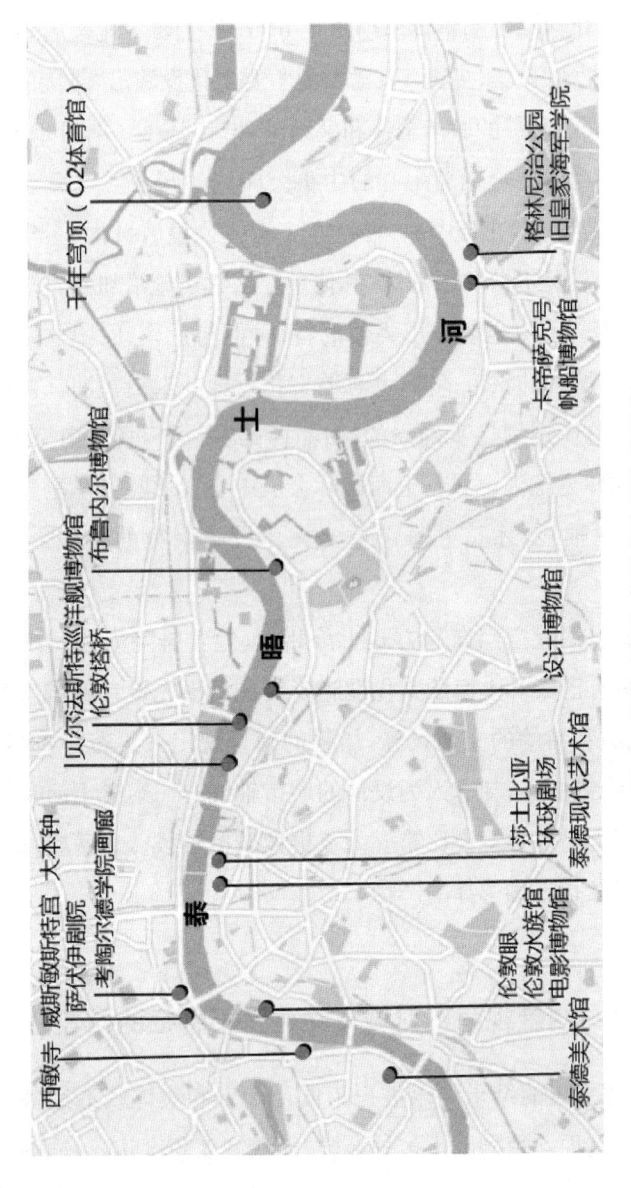

图1 伦敦重要文化设施空间布局特征

（图片来源：作者自绘）

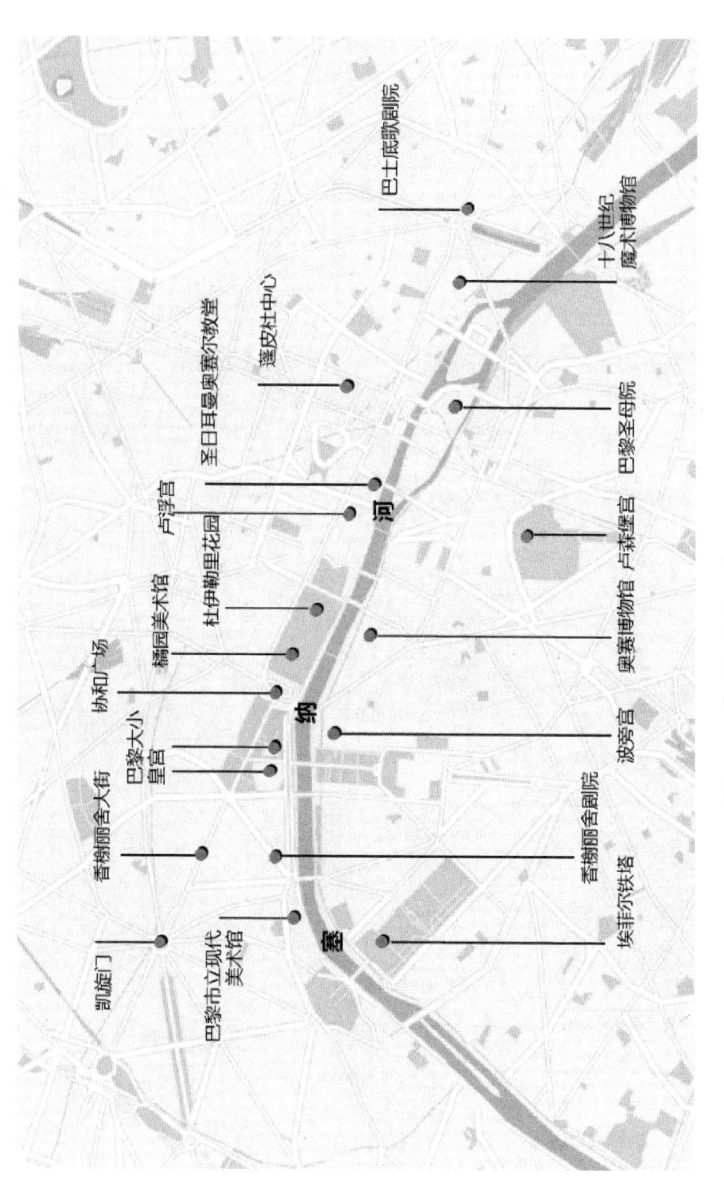

图 2 巴黎重要文化设施空间布局特征

（图片来源：作者自绘）

图 3 纽约重要文化设施空间布局特征

（图片来源：作者自绘）

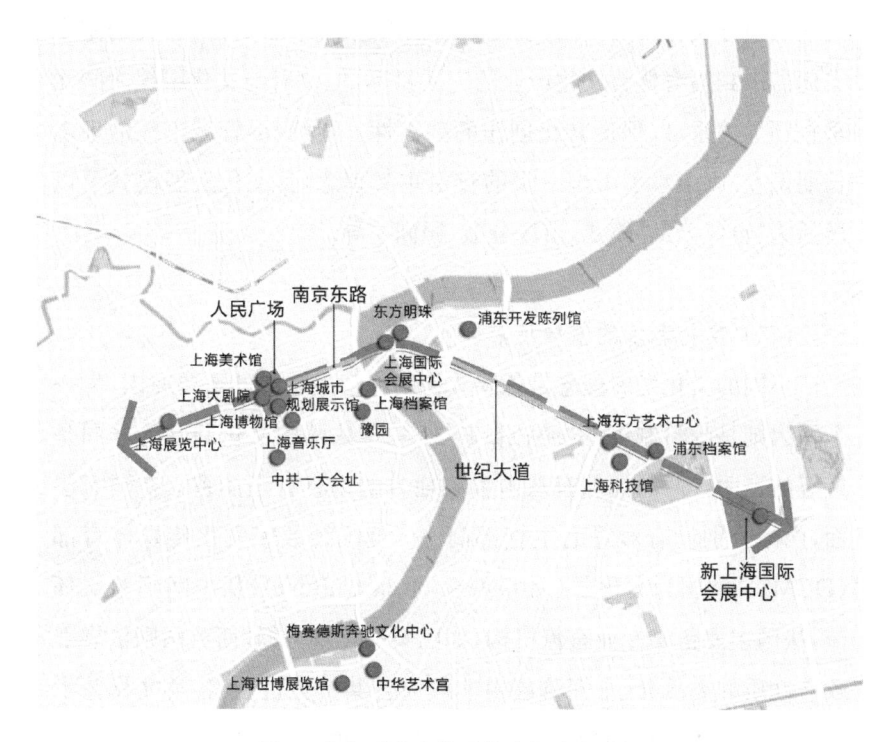

图 4 上海重要文化设施空间布局特征

（图片来源：作者自绘）

度的发展路径和制度断裂的关键性节点，从而更好地解释制度形成的原因[5—7]。这对于上海选择符合自身特点的文化发展战略至关重要。

（一）文化发展理念差异

总体来看，巴黎、伦敦和纽约代表了资本主义体制下三种典型的文化理念，分别对应着福利主义、中间路线和自由主义三种政治理念。

巴黎的文化发展是典型的政府主导的福利化模式，其政府首先将文化视为公民的基本权利，倾向于将公共资源大量用于普惠性、公益性的文化生产和消费。伦敦采取了中间路线，即政府引导，企业、团体、非营利组织等机构共同参与的文化发展模式。政府通过规划和资助政策引导文化发展方向,主要依靠私人组织实现从保障公民的基本文化需求到培育优势文化产业的广泛目标,但政府与文化组织之间无垂直领导关系,以保证文化创作的独立性。纽约(尽管城市政治理念长期偏左)则秉承了美国一贯的自由主义理念,其文化发展模式可以概括为"自保公助"模式,市场分散,民间主导。

(二) 文化制度的差异及影响

不同的文化发展理念是各国文化制度产生差异的重要原因,另一个原因则是政治制度的"路径依赖"——英法两国文化制度的异同是最好的证明。两国都拥有从国家到地方的垂直管理体系:在国家层面,两国分别设有对等的主管部门——英国为数字文化传媒体育部(DCMS),法国为文化部(Ministère de la Culture);从中间到基层环节,法国主要依靠专业官僚机构,如巴黎文化事务局,而英国则依靠准政府性质的委员会(中间阶层由非政府公共文化机构、各类文化艺术委员会和地方政府组成),包括英格兰艺术理事会、工艺美术委员会、博物馆和美术馆委员会等,主要负责分配文化经费;基层文化管理机构由英格兰的10个地方艺术理事会和苏格兰艺术委员会、威尔士艺术委员会及北爱尔兰艺术委员会组成,主要负责使用文化经费。与法国的垂直管理不同,英国的三级管理体系职责紧密联系,但各自独立,相互之间无垂直领导关系[8]。此外,英国地方政府还有权设立非常设文化机构,例如伦敦市政府的文化发展高级顾问团体——文化战略组织(LCSG)。该组织拥有25名固定成员,代表了伦敦各区域的文化机构,扮演文化部门的代言人,监督并向市长办公室表达文化部门所面临的挑战和需求。巴黎和伦敦市政府均有制定文化政策的权力,并长期利用文化政策引导城市文化发展——巴黎市政府从2001年开始每年发布《文化政策》,伦敦也不定期发布《文化战略》和《文化都市》报告。

英法两国文化制度的相似性源于相似的历史背景——二者都曾

是欧洲首屈一指的封建君主制强国，官僚政治体系由来已久，差异则源于不同的制度断裂点。法国文化的皇室庇护传统可追溯至路易十四时期，制度上的垂直管理长期存续，但同时，作为欧洲大革命的爆发地，自由、平等、博爱等理念深入法国的文化理念之中。法国文化制度的关键性断裂时期为20世纪60年代，即戴高乐总统时期。戴高乐总统于1959年成立法国文化部，提出了文化民主和文化自主的文化政策方针，被历届法国政府奉为圭臬[9]。"所谓文化民主，指文化是每个公民应该拥有的基本权利，无论是资本、市场还是权力都不能对其进行垄断……而文化自主则指国家在战略层面维护本国文化的独立性，推广本国文化产品的国际化，抵抗全球化带来的文化多样性的丧失——'这实质上也是文化民主在国际社会的推广'。"[10]因此，巴黎将"引导所有公民均等地享有文化资源"视为理所当然的目标，并为此在文化产业的生产与消费两端投入大量公共资源，在支持专业和业余艺术家创作更多文化产品的同时，通过政府补贴降低文化资源的准入门槛（例如下调夏特莱剧场学生票价至20欧元，将每年8月的电影票价下调至3欧元，将大部分文化设施对欧盟国家的全日制学生免费开放等）[11—12]。文化理念上的福利化和平等化，使巴黎的文化经济效益明显低于其他对标城市，在戏剧和电影方面尤其突出。文化管理上的专业化，以及长期中央集权的历史，则可从壮观的人工轴线聚集的文化设施上窥见端倪。

对英国而言，光荣革命是历史上第一个制度断裂点，促使其进入了基层自治的制度路径，进而使英国长期采取放任自由的文化制度。直到1940年，英国才成立了第一批半官方的国家级文化管理机构——英国音乐艺术促进委员会和国家娱乐服务联合会，前者于1946年改组为大不列颠艺术委员会，成为执行政府文化政策的重要机构。1980—1990年是英国文化制度的第二个断裂点，自撒切尔改革之后，英国文化发展进入私有化和商品化路径，引发了大量关于私人或艺术家过多干涉公共资产管理的质疑。1992年,国家政府将原本分散在六个部门的职能进行整合,成立了第一个官方的国家级文化管理机构——国家文化遗产部,并于1997年改名为文化传媒体育部(DCMS),但仍然遵循文化自由的传统,实施"一臂之距"的管理模式。总而言之,伦敦的文化制度介于自由市场化和福利平等化之间,但更偏于自由市场化,其文化产业的效益也介于巴黎和纽约之间。

美国采取"自下而上"的管理模式,各个城市的制度各不相同。纽约市文化行政部门名为"纽约市文化事务部"。该部门的职责被定义为"支持和增强纽约文化生活"。其首要任务是确保纽约市5个行政区内的所有非盈利性文化组织能够获得充足的公共资金支持,最主要的资金支持来自于纽约市文化发展基金(CDF)。2014年,纽约市文化事务部共支出预算1亿5 600万美元,其中绝大多数用于支持各种类型的非政府文化组织(NGCO)和非盈利性文化组织(NPCO)。此外,纽约市文化事务部还负责为各类非盈利性文化组织提供信息支持。他们与众多的合作者和文化基金拥有良好的沟通机制,能够帮助非盈利性文化组织联系,如全美艺术联盟、全美博物馆协会、艺术与文化媒体国家联盟等国家级文化艺术组织,或者诸如演员基金、纽约艺术基金会、文化资源信托等艺术服务基金,抑或是艺术经理人、纽约市商务服务中心、纽约市非盈利组织协调委员会等技术或专业支持机构[13]。该机构唯一涉及的物质性文化设施管理的职责是"提供市属大型文化设施的修缮服务"。相比行政权力不高、职权范围狭窄的官方文化行政部门,2015年纽约市拥有4 224个非盈利性文化组织,该数字在过去10年间增长了54%①,显示出纽约非盈利性文化组织蓬勃的生命力。在纽约的文化事务组织中,非政府文化组织(NGCO)和非盈利文化组织(NPCO)扮演着重要角色。他们负责联系文化公司、

---

① 数据来源:《纽约创意经济发展报告》(*NYC creative economy report 2015*)。

艺术团体或个人、社区、剧院等不同社会和经济组织,发起和组织文化活动,推动纽约文化事业发展。自由主义理念和市场导向的发展模式,使纽约文化一直保持着高度产业化和商品化特征,拥有更高的经济效益。相比于文化权利,纽约市政府更倾向于将文化带来的就业视为保障公民福利的重要指标。在这方面,2013年文化产业为城市提供了近30万个就业岗位,占全市就业岗位的8.6%[①]。

作为文化商业化的城市,伦敦和纽约与巴黎之间差异还体现在文化空间上。这两座城市都没有如同巴黎一般壮观的人工城市轴线,文化设施沿泰晤士河和百老汇大街的聚集,更像是基于交通和经济原因的市场选择,而非政治决策的结果。

三、国际经验对上海文化发展战略的启示

作为社会主义国家,中国天然倾向于文化福利化理念。文化发展战略应以满足公民的基本文化需求为前提,但同时,中国特色社会主义市场经济体制也要求在保障社会福利的基础上追求文化发展的经济效率。相比于伦敦的中间路线,上海的文化理念更偏向于"政府主导的二元化模式",即政府利用公共资源提供普惠性、公益性的文化服务,同时积极引导和促进市场提供专业性、盈利性的文化服务,二者各成体系,双轨并行。在管理制度方面,有集权传统的中国采取与法国相似的专业化垂直管理模式,上海市政府所设文化机构职权范围包括多达63项行政审批。与英法不同的是,中国还建立有从中央到地方的文化类专业委员会,例如文学艺术界联合会(简称"文联")、作家协会、音乐家协会等,并且这些委员会与政府关系密切,可以说与政府间存在隐性的垂直管理关系。

---

① 数据来源:Economic Modeling Specialists International (EMSI) database, Bureau of Labor Statistics.

(一) 上海文化发展特征

以强政府为核心的官方和准官方组织同盟合作的文化管理模式，以及以保障公民公平享有文化权利为首要任务的文化理念，是上海文化制度的核心内容。其现状文化发展特征，例如重视公众文化设施建设、世俗文化设施优势明显、文化经济效益较低、专业性文化设施缺乏、文化设施沿人工轴线聚集等，都是这种文化制度的必然结果。

国际对比清晰地显示出上海在公共文化发展上领先世界，成绩惊人，仅以面积最大、乡镇最多而开发建设最晚的浦东新区来看，现有除文保设施以外的385处文化设施中，公众文化类设施就达到了201处，①其中包括了79处街镇级—社区级文化活动中心、35处街镇图书馆和68处文化广场，街道、镇和社区的基本文化设施实现了全覆盖，所有公众文化类设施基本依据本地居住人口布局。同时，所有的文化设施均与公共交通联系密切，70.4%的设施位于轨道交通站点1 000米范围以内，与轨道交通站点距离超过1 500米的设施仅占22.6%，且大多位于郊区乡镇和街道。这充分体现了上海的文化发展理念——致力于使所有市民都能够公平、便利地到达和使用文化设施。

上海的劣势集中在专业性、盈利性文化设施和文化活动的数量和质量，以及文化的经济效益上。上海缺乏精细分类的专业性文化设施，缺乏具有世界级影响力的文化活动，在文化产业效益上有待提高。

(二) 关于上海文化发展战略的建议

符合上海客观情况的文化发展战略，应当是在现有文化制度的框架下，提升与顶级文化都市间的竞争力，这需要上海在保持公共文化发展优势的基础上，在文化商业方面取得新突破。

---

① 街镇级、社区级文化活动中心由于部分在规划、建设中，且资料来自各乡镇，无统一统计口径。该数据为实地调研数据。

1. 完善文化设施体系

上海首先应加强硬件设施建设,补足文化设施体系中的短板,打造更为完善且精细分类的文化设施体系。遵循市场规则、借助市场力量是完成这项工作的最佳选择,但对于小众文化设施的补贴,对于构建完整的文化设施体系也是必不可少的。

2. 培育非政府文化组织

非政府文化组织包括非官方性质的专业艺术委员会,直接生产文化产品的创作团队以及为创作团队提供信息、财务、管理等外围服务的组织。从国际经验来看,非政府文化组织往往是高效率的文化供给者或文化供给的支持者,它们的数量和活跃程度,直接影响到文化市场的繁荣程度。通过政策、税收、财政补贴等优惠措施支持文化组织,尤其是非盈利文化组织的发展,是上海提高文化软实力的重中之重。

3. 挖掘传统文化潜力

上海拥有 2 500 万人的庞大文化消费市场,如何发掘这一市场的潜力是当务之急,在这方面,法国"文化自主"的经验是很好的借鉴。中国拥有长达数千年从未间断的文化传承,底蕴之深厚超过世界上任何一个国家。我们应当坚信"中国的才是世界的",树立文化自信,依靠传统文化参与国际文化竞争。上海应充分利用自贸区的优势,推动中国文化走出去。一方面,对于传统文化、地方文化和特色文化的发展需要给予保护、支持和补贴;另一方面,应鼓励优秀的民族文化作品通过上海的平台向世界传播。

四、结　　语

"文明,特别是思想文化,是一个国家、一个民族的灵魂。"上海要在 2050 年全面建成卓越的全球城市,就需要与其他全球城市一样,建立有特色的文化竞争力。现有的文化理念和文化制度已使上海在公共文化发展上站在了世界前列,全面深化改革则将为上海在文化商业方面的突破提供新契机。上海应当在"文化自信"和"制度自信"的基础上,努力成为中国文化的世界级展示平台。

参考文献

[1] Bloomberg Philantropies. Mayor of London. World Cities Culture Report. http://www.worldcitiescultureforum.com/assets/others/WCCF_Report2015_FINAL.pdf,2016.

[2] 王颖莹:《上海国际大都市文化设施发展策略与实施建议》,《规划师》,2014,30(01):17—20。

[3] 郭淳彬:《上海文化设施布局规划研究》,《上海城市规划》,2012(03):33—37。

[4] 王荻、张冠增:《上海市文化设施空间布局对比研究》,《城乡规划》,2013(02):85—97。

[5] Alexamder E.R. *Institutionalist Perspective on Planning.* in N. Verma. Institutions and Planning. Elservier,2007.

[6] Hall P,Taylor R. "Political Science and the Three New Institutionalisms*." *Political Studies*,1996,44(5):936—957.

[7] Posner A R. "Between Power and Plenty: Foreign Economic Policies of Advanced Industrial States."//" Italy: Dependence and Political Fragmentation." *International Organization*,1977,31(4):809—838.

[8] 李悦:《英国文化政策演变及现状》,《艺术评鉴》,2016(03):32—33。

[9] 蒋慧:《巴黎公共文化服务体系的构建》,《复旦大学》,2013。

[10] 杨辰、周俭、弗朗索瓦丝·兰德:《巴黎全球城市战略中的文化维度》,《国际城市规划》,2015,30(04):24—28。

[11] 查正亚:《法国"文化例外"原则的政治分析》,西南交通大学,2014。

[12] 邓文君:《民族文化认同危机意识下的法国文化政策嬗变机制研究》,《情报杂志》,2017,36(12):29—33。

[13] 黄锐:《美国文化资助体系研究》,上海社会科学研究院,2006。

第四部分

全球前沿

全球城市、韧性城市与智慧城市：前沿综述

金方廷

"全球城市"(global city)、"韧性城市"(resilient city)和"智慧城市"(smart city)不仅是当代城市发展中经常出现的概念，在未来一段时间内也将会对世界范围内城市发展产生持续的影响。除了世界各地多个主要城市仍将在很长一段时间内围绕"全球城市"的概念展开竞争之外，在经历了2020年"新冠肺炎疫情"之后，"韧性城市"和"智慧城市"的理念日益受到瞩目。全球范围内的流行疾病使人们更为深入地思考城市如何应对和抵御风险的问题，疫情暴发的事实将极大地丰富人们对"城市韧性"的思考和认识；与此同时，出于疫情隔离的考虑，许多城市动用智能技术作为城市管理的主要手段，数字化、智能化工具在城市管理中的广泛使用，不仅极大地改变了当代城市生活，也将对城市文化发展带来不可预计的影响，正是疫情促使"智慧城市"的理念得到了广泛的推广和实践。综合上述观察，前沿综述部分针对近几年从文化视角对"全球城市"(global city)、"韧性城市"(resilient city)和"智慧城市"(smart city)等概念所展开的研究，展开具有问题导向和现实关怀的研究述评。

一、文化与城市韧性：全球案例

2020年新冠肺炎疫情在全球范围内暴发，疫情暴发激起全球知识

界的剧烈反响,在城市研究领域,学者们纷纷注意到了"韧性"(resilience)的概念,并围绕"城市韧性"(city resilience)和"韧性城市"(resilient city)展开了一系列切中时代关注的讨论。"韧性"一词源于拉丁语"resilio",指的是"回复到原始状态"。在2020年疫情暴发之前,"韧性"概念在城市研究领域已经几经发展:最初,"城市韧性"研究主要关注的是灾害风险治理,很少涉及社会系统层面;随后在2013年,洛克菲勒基金会启动了"全球100韧性城市"项目,2016年第三届联合国住房与持续城市发展大会提倡以"城市的生态与韧性"作为核心议题[1],由此"城市韧性"成为了城市规划领域和城市可持续发展研究的研究视角和分析工具。

"城市韧性"指的是"以增强城市在承受扰动时保持自身功能不被破坏的能力为主要目标,从而提升城市应对扰动的可控性"[2],而"韧性城市"则指的是"针对所有突发的和缓慢发生的、预期的和意外的灾害,能够就预防和应对灾害进行评估、规划和行动的城市"[3]。伴随着疫情这种席卷全人类的大规模灾难事件的发生,使得"韧性"这个新兴理念得到了更为广泛的使用。与此同时,另一个重要的后果则在于,当人们在2020年以后讨论"韧性"主题,似乎更容易让人直接联想到如何抵御流行疾病这种特殊的城市灾难风险。由于大多数新冠肺炎病例发生在城市地区,持续展开限制性措施控制疫情,对全球各地城市带来了前所未有的挑战[4]。可事实上谈及城市的"韧性"并不限于疫情的语境,甚至也不单单适用于探讨灾难情境下的城市建设,"韧性"这个概念的使用可以更加广泛,包括了经济学、社会学、地理学、生态学等等,且在不同的学科视野下被赋予了多种概念定义[5],从而也就决定了"城市韧性"问题可以从多个角度进行深入的研究和阐发。

在学术与时代的交叉点上,"城市韧性"就此成为了当下前沿城市研究中的关键词。鉴于城市经常面临着自然灾害、环境污染、能源短缺、经济压力、城市衰退等多种冲击和压力,城市在各种突如其来的自然和人为灾害面前,往往表现出极大的脆弱性[6],"城市韧性"不仅延续了城市可持续发展问题讨论的核心论点[7],在新冠疫情席卷全球的时刻,"城市韧性"也注定成为学者们预见性地探讨后疫情时期城市复兴问题的重要概念。

与其他领域从"应对危机"的预见性视野使用"城市韧性"这一概念不同,从文化视角讨论这一问题,则更着眼于文化对于城市韧性的建设性意义,"文化领域的韧性发展不是简单复原,而是更高层面上的'弹回'"[8]。很难想象将文化用于防灾会如何,但文化却能给灾后的城市带来精神上的提振与洗礼。文化对于巩固市民对城市的信心、认同与归属感有着不可替代的作用,在这个意义上,文化可以被视为激发城市内在活力的引燃剂,为城市韧性和城市的可持续发展提供了社会层面的保障。

发达的城市文化可以显著地提升城市社会水平和城市生活质量,这一点在过去几十年间提倡以文化主导的城市更新运动中得到了充分的实践论证。以往的研究表明,文化或指导行为的信念和态度,在塑造一个国家公民的价值观方面发挥着重要作用,随着越来越多的城市开始制定城市复原力计划,评估文化在这些计划中所扮演的角色具有高度的现实意义[9]。

围绕"城市韧性"和"韧性城市"建设的主题,本书这一部分选择了多个具有代表性的前沿国际城市的案例研究,分别从不同侧面回答了文化如何推动城市韧性的巩固和重建。

(一) 全球化时代的城市灾害与城市韧性

Tim Prior 与 Florian Roth 在其 2013 年发表的《全球城市的灾害、韧性和安全》(*Disaster, Resilience and Security in Global Cities*)一文中,站在全局视野指出,考虑到城市灾难问题,全球城市的复杂性可能是一把双刃剑[10]。一方面,全球城市具有一系列特点,如人口密度高、民族异质性强、人口不断迁移、基础设施系统复杂等,这些都会增加城市面对灾害时的脆弱性;另一方面,大多数城市环境在经济生产和分配、人类生活和社会发展方面具有相当大的优势,这些都可以用来大大降低灾害风险和脆弱性。然而,剩下的一个问题是如何组织这些分散的资源和服务,使得城市系统为重大灾害做好准备。虽然各种风险之间的联系越来越紧密,但应对城市风险的政治和行政责任往往分散在不同的机构中,这些机构难以找到共同的职责来应对这些风险。为了找到适当的机制来规划和管理全球城市的灾害治理,所有相关行为者必须密切合作,以便制定各种办法,充分利用城市复杂性带来的机遇,同时减轻复杂性所带来的负面效应。

(二)雅典:国家债务危机背景下的城市韧性建设

自2008年以来,由于希腊债务危机引发了剧烈的社会经济危机,雅典经历了重大震荡,暴露了雅典城市发展的薄弱环节和城市未来将会面临的长期压力。然而,雅典市视危机为机遇,认为过去希腊遭遇的社会经济危机同样揭示了城市的基本实力和隐藏的社会、人力资源。2017年,雅典发布了《2030年韧性战略》(Athens Resilience Strategy 2030)[11],建立了一套长期聚焦城市韧性的规划方案,期待雅典能反思、学习并积极落实丰富、强有力且具有包容性的系统,不仅使人们的生活水平得到提高,而且使人们的生活质量得到改善。该战略由四个支柱组成,包括65项行动和53项支持行动,其中有16项与艺术和文化有关。2018年《雅典城市文化韧性报告》同样强调文化对城市韧性的重要意义。

总体而言,雅典面临严重的国家债务危机之后,明确提出应该通过顶层规划、培训教育、合作互助等措施,有效组织、整合城市各类文化资源,最终通过文化建设来提升城市韧性,应对未来潜在危机[12]。

（三）都灵："福特主义"城市的文化更新与城市韧性

Alberto Vanolo 于 2015 年发表的文章《福德主义城市和创造性城市：意大利都灵的演变与韧性》(*The Fordist City and the Creative City：Evolution and Resilience in Turin，Italy*)聚焦意大利最具代表性的"福特主义"（Fordism）工业城市都灵，都灵在汽车工业陷入衰退、福特主义出现危机的时候，选择了以文化为主导的城市更新方式[13]。文章使用"韧性"的概念分析了都灵从福特主义的工业城市逐步演变的过程，通过关注城市社会经济基础中可替代部分的演化模式，可以发现当地经济文化和实践的多样性与应对冲击和转型的能力之间存在的协同作用，由此构成了一种城市韧性。此外文章还强调多元均衡的视角，把都灵视作包含了"福特主义城市"和"创意城市"等明显对立的城市类型的典型，认为这种城市具有一种混合的潜力，凭借着创意和路径依赖型增长之间的相互作用，产生了工业文化城市的混合形式。

（四）伦敦：人群移徙与社会融合如何影响城市韧性

城市文化的主体是居住在城市中的人，也就是城市的市民群体。在世界范围内，城市往往集聚了一代又一代前来定居的移民，因而城市也通常是一个将移民转变为常住民的独特场所。Mary J Hickman 和 Nicola Mai 从移民与社会融合角度对伦敦城市韧性作出的观察正是着眼于此，《移徙与社会融合：评估伦敦的地方韧性》(*Migration and Social Cohesion：Appraising the Resilience of Place in London*)一文旨在了解城市中的"前代移民"（previous immigrations）是如何被看待和感知的，并思考其对于当代移民的影响。文章尝试探索英国六个地区内新移民和常住人口的生活，尤其关注移民的分层历史和历史上构成的散居空间，即多种文化以千差万别的方式得以碰撞的空间，以及它们对英国制定社会干预政策的关系。

文章突出了理解社会凝聚力的重要性,而社会凝聚力通常来自于有关归属感、义务感和身份的当下叙事的塑造/重塑。社会的异质性源于社会、地理的流动以及多文化接触空间,这种叙事提供了社会异质性在不同地方和层次上的管理方式,包括全球的、民族的和地区的尺度。

(五) 东京：疫情危机下的社会资本与韧性社区建设

日本专修大学的今井海蒂(Heidi Imai)和庆应义塾大学的 Yao Ji 正在进行中的最新研究名为《社会资本、创新与地方韧性：危机时期的东京街区》(Social Capital, Innovation, and Local Resilience: Tokyo Neighbourhood in Times of Crisis)[14],以正在经历各种转型的成熟城市东京作为对象进行研究,论证社会资本和创新如何帮助建立有韧性的社区。文章主要探讨了两方面的主题：社区及其社会资本和社会创新在积极应对变化方面的潜力；社区在包容性城市治理中的作用。这个研究聚焦的案例是位于东京中东部的台东区南部的五个小街区,从以下三个方面作了深入探索：①在社区层面存在什么样的社会网络和互动；②居民如何为街区振兴和社区认同做出贡献；③作为对新冠肺炎疫情的直接反应,所研究的地区在危机时期出现了哪些社会创新实践的具体案例。

这项研究采用了混合的方法,特别是通过对一系列独立企业主进行深入访谈,揭示了长期居民和新来者之间的动态关系,因为他们正在就共同的身份进行谈判,而这种共同的身份继续影响着东京一些最古老街区的现在和未来。研究结果表明,良好的城市治理需要借助对地区潜力的更好理解,基于地方的社会资本建设,以及地方第三部门正在出现的新的社会实践,如志愿者经营的行业组织等,这些组织在维持非正式网络方面至关重要,可以替代更传统的邻里团体,将不同的社区成员联系、沟通和联系起来。

（六）新加坡："全球城市"话语与持续增长的城市韧性期待

新冠肺炎疫情暴发之后，聚焦具体城市韧性问题的研究开始增多，然而新加坡学者衡奕匡（HENG, YEE-KUANG）比较早地在针对新加坡的研究中颇有预见性地指出了建设全球城市背后必须承担的"全球风险"问题。他在《全球风险时代的全球城市：新加坡不断发展的脆弱性论述》（*A Global City in an Age of Global Risks: Singapore's Evolving Discourse on Vulnerability*）一文中指出，新加坡独立后的领导人认为，新加坡的脆弱性在于面积狭小、资源匮乏、脆弱的民族和谐及独特的地理战略位置[15]。在这种情况下，新加坡试图通过国际物流和贸易流动成为一个全球性城市，在成为全球经济的核心节点的同时，也增强了新加坡的战略意义，提高了大国对其生存的兴趣。然而，由于新加坡作为全球城市的瞩目地位，其所面临的流行病和金融危机等迅速蔓延的全球风险也越来越引人注目。

衡奕匡认为，在高度全球化的状态下，随着新的脆弱性的出现，新加坡成为"全球城市"的雄心壮志中暴露出明显的悖论。文章通过对政策制定者的声明和演讲进行话语分析，揭示了其中频繁出现的主题，那就是：当今新加坡的脆弱性与新加坡持续繁荣所依赖的全球海洋、航空和金融流动有关，支撑其全球连通性的关键基础设施——机场、海港枢纽和金融中心——会在不知不觉中传播和输入全球风险，如流行病、大规模杀伤性武器扩散、金融风险和恐怖主义融资等，从而为新加坡如何看待城市脆弱性问题、增强全球城市的韧性增加了一个新的维度。

不难注意到，"文化"作为一种视野深度地参与到各种有关城市韧性的研究之中。这些全球城市案例反映了不同的城市经验，但却显示了全球城市发展过程中的一些共性问题，归结起来主要有两个方面：

首先是当代的城市功能转型给城市带来韧性考验。上述全球城市案例中，雅典、都灵和新加坡分别代表了两种不同的城市功能转型的形态。随着技术发展，全球各地的城市均面临着去工业化的问题，去工业化往往伴随着内城衰退，于是国际社会上普遍重视通过文化和创意产业重新激发城市活力，也就是以文化主导和实现原工业化市镇的复兴。都灵和雅典均有意通过文化实现城市功能的更新，文化被认为是城市发展陷入僵局时的重要替补方案，通过文化建设，不仅可以提升城市韧性、应对未来潜在危机，当地经济文化和实践的多样性也能有效应对城市转型时期的种种问题。与都灵和雅典聚焦城市自身发展不同，新加坡所关注的则是全球化时代的新挑战，即当一座城市已经成为具有全球影响力的都市时，超越城市容受能力的诸多"全球问题"必将成为对这种"全球城市"的韧性考验，于是在建构城市发展话语时，必须有意识地兼顾到"全球城市"不同寻常的城市韧性难题。

其次是文化对于构建城市居民共同体的黏合效应正在日益得到关注和重视。人们越来越明确地认识到，城市并非一日形成，城市居民在时间上分批次地先后来到城市定居，人群移徙与社会融合对于城市韧性有着非常重要的影响。大型都市普遍存在着"前代移民"和"新移民"之间的矛盾，但城市移徙恰恰决定了城市的市民构成，而一座城市的文化底色也往往与城市居民的结构有着直接的关系。从上文提到的针对伦敦和东京的研究中可以看到，如能弥合已经定居城市的"常住居民"和新近定居城市的"新移民"之间的文化鸿沟，在新、旧居民中培植对定居城市的认同感和责任感，进而推动城市居民充分参与街区和城市的管理活动中，便能有效降低城市内部的社会性风险，从另一个方面增强城市的韧性。

最后，城市的管理水平和管理方式也可以视作广义"城市文化"的一部分。当全球化时代的城市面临更大的韧性挑战时，城市管理者如何充分调动城市的一切资源应对灾难风险，也成为从侧面评估一座城市是否具有"韧性文化"的重要考量。

二、全球城市与地方多元文化

"全球城市"(Global City)的概念最早由 Cohen 于 1981 年提出，之后萨斯基娅·萨森(Saskia Sassen)在 1991 年进一步提出建构"全球城市"的学术概念，可以被视作是"全球城市"概念的来源。与之类似的"世界城市"(World City)概念则在 1889 年就由德国学者哥瑟(Goethe)提出，二者在内涵上略有区别，"全球城市"更多就经济层面而言，"世界城市"的定义则不仅包括经济层面，还包括了文化和政治层面的涵义[16]。

值得注意的是，在传统的定义和研究中，谈及"全球城市""世界城市"，通常关注的是某个城市在世界经济、贸易、物流体系中是否已经占据了举足轻重的枢纽位置。与此同时，文化作为经济、社会发展的主要内在驱动力已成为国际共识，文化维度的指标和排名越来越得到国际社会的重视，国际大都市之间的竞争越来越趋向于城市文化软实力的竞争[17]。例如在一系列评价世界各大城市发展水平的评估体系中，在科尔尼管理咨询公司(A.T. Kearney)发布的《全球城市指数及最具潜力报告》(Global Cities Report)中，"文化体验"的指标占到了15%的比重。由英国发布的全球化与世界城市网络节点整合能力评价(Globalization and World Cities，简称 GaWC)更加关注金融、会计、广告、法律和管理咨询等五大行业在城市中的发展，以衡量一座城市是否具备全球资本服务的能力与潜质。日本森财团发布的全球实力城市指数(Global Power City Index，简称 GCPI)在涉及文化的指标中，也更倾向于包括旅游设施、游客吸引力和国际往来等方面的内容。

在今天，"全球城市"的内涵已经发生了巨大的变化，城市从容纳商品流通的贸易中心演变为主导资本和信息流动的金融、信息、科技中心。在新的交通和通信技术推动"第三次全球化"浪潮中，"全球城市"如何在发展过程中突出城市个性、避免落入"同质化"发展模式的陷阱,日益成为城市研究者所关注的问题。从理论层面来看,"全球城市"的理论模型来自于解释纽约、伦敦、东京等城市获得世界影响力的形成机制;然而在实践层面,在全球城市高度竞争的格局下,许多发展中国家城市习惯于对照发达国家城市,视这些城市为"全球城市"的理论模型,以模仿的方式树立自身建设"全球城市"的发展愿景。这种建立在模仿、对标基础上的"全球城市"建设显然更有利于国际资源的引入,但也给城市的发展带来了一些普遍存在的社会、空间、政治方面的问题[18]。在其中,由于"全球城市"模型过于雷同而使城市陷于同质化发展轨道,显然是突出且普遍存在的现象。

总结我国40年快速城市化的成就得失,可以看到,在城市化成果丰硕的同时,也带来了许多新的问题:"片面地追求空间、土地、人力资源及规模效应的经济开发活动,对城市形态、城市文脉、社会结构关系等造成了不可挽回的损失,城市风貌的同质化、传统文化基因的断层化和乡土社会结构的破碎化日益严重。"[19]在这个意义上,城市的地方文化资源是否得到充分的挖掘,将城市的文化潜能转变成标记城市特征和辨识度的源泉,以及城市文化发展如何助力建设全球城市的愿景,就成了观察当代城市、分析不同城市发展潜力的重要指标。在城市文化形象和城市品牌营造方面,我国与世界先进城市之间仍有较大差距[20]。在城市形态、管理形式、主导功能日益趋同的大背景下,城市的文化差异凸显着城市的独特风貌,通过勾勒城市文化肌理,用文化铸就城市生活空间和城市性格,便有可能消弭城市发展同质化所带来的诸多问题。

2017年,中共上海市委、上海市人民政府发布《关于加快本市文化创意产业创新发展的若干意见》,明确提出要为建设"四个中心"和社会主义现代化国际大都市、迈向卓越的全球城市提供强大产业条件。2018年,上海市政府公布《上海市城市总体规划(2017—2035年)》,明确上海到2035年要基本建成卓越的全球城市,成为令人向往的创新之城、人文之城、生态之城,具有世界影响力的社会主义现代化国际大都市,为上海未来发展描绘了美好蓝图。结合世界各地城市的案例,在今日探寻城市文化建设与全球城市愿景之间的衔接点,因此具有鲜明的现实意义。

(一)"欧洲文化之都":打造城市文化多样性的品牌机制

在世界范围内,因日益增长的相互联系和人力资源的流动性,城市之间常常产生激烈的竞争,而应对这种竞争的方法之一则是采用以文化为主导的城市复兴策略。如何在推行一种可行的城市发展策略的同时,有效地塑造城市的辨识度和差异性,在这一点上,欧盟的经验值得借鉴。

欧盟理事会于1985年推出的"欧洲文化之都"(European Capital of Culture,简称ECOC)的评选被认为是一项推动城市文化复兴的有效举措,Nataša URBANČÍKOVÁ撰写的《欧洲文化之都:它们的个性是什么?》(European Capitals of Culture: What are their individualities?)一文便有意从获得"欧洲文化之都"称号的城市中评估它们的文化差异性,探讨具有欧洲地区影响力的城市如何在推进城市建设的过程中发挥自身文化特色,从而在整个欧盟范围内探索多元城市文化的可能性[21]。

"欧洲文化之都"计划的最初想法是要创造一个对所有欧盟公民具有吸引力的文化品牌。在最初几年,获得奖励的都是一些欧洲重要的文化中心和各国首都,如雅典、巴黎、阿姆斯特丹、柏林和佛罗伦萨等。直到1990年,格拉斯哥利用"欧洲文化之都"项目有效改变了工业城市的形象,将文化政策作为城市转型的一种方式,并产生了在欧洲范围内具有持续性的影响。此后,"欧洲文化之都"计划开始慢慢改变对城市的选择,关注城市如何为了实现经济可持续发展的目标,在欧洲层面进行合作的同时，广泛建立地方网络，并打造新的文化管理结构。随着"欧洲文化之都"的评选活动成为城市发展的工具，该项目越来越强调文化和社会经济对城市和更广泛地区的影响。对于许多城市来说，参与该活动代表着在欧盟崭露头角、重塑城市文化品牌的一种前景。

受"欧洲文化之都"项目的影响，城市文化多样性体现在欧洲最重要的文化中心（如佛罗伦萨、巴黎）和具有历史文化遗产的小城镇（如阿维尼翁、帕特拉、萨拉曼卡）的城市定位之中。在过去30年里，"欧洲文化之都"作为一项公共政策举措的突出贡献在于，把文化作为一种经济驱动力，文化不仅仅是艺术和文化产品的消费，还要求市民的积极参与，从而提高城市内部的社会凝聚力和多种文化之间的对话。

（二）首尔：混合式的公共空间与新都市文化的形成

在当今的城市景观中经常可以看到各种商业和公共功能的灵活混搭，这一点在亚洲人口密集的全球城市中体现得尤为明显。Ekaterina Shafray 和 Seiyong Kim 以韩国首尔的咖啡馆作为混合式公共空间案例，从城市设计类型学的角度对首尔的公共咖啡馆和咖啡店进行分析，探讨了在全球城市中构建一种新型城市"混搭"文化的可能性[22]。

对于亚洲城市而言，咖啡是一种舶来品，因而围绕咖啡所形成的城市文化在一定程度上包含着"国际化"的元素。韩国首都首尔是全世界咖啡馆密度最高的城市之一，Ekaterina Shafray 和 Seiyong Kim 主导的这项研究注意到了咖啡馆的空间特质，一般来说，咖啡馆的位置靠近城市主要功能建筑，通常其空间布局紧凑且体现着使用者的喜好，在咖啡行业高度竞争的格局中，咖啡馆反而成了可以容纳创新设计方案的绝佳场所。这项研究从微观层面研究了一幢包含五层空间结构的专业咖啡馆的实例。除此之外，从宏观层面看，文章还研究了咖啡馆的可用性特征与其地理位置之间的关系,例如在大学校园附近、明洞的商业和娱乐区以及汝矣岛的办公和商业区,咖啡馆的空间布局总是与该地区的主要用途相适应。

这项研究着重介绍了七种类型的咖啡馆如何与其他项目相结合,显示了新型城市文化的创造者在竞争环境下所发挥出来的独创性,同时也表明了作为全球性城市的首尔,其城市空间的功能日益混合化,并在这种混合式公共空间的基础上衍生出形成新型城市文化的可能性。

(三) 东京神乐坂:全球本土化(Glocalization)与社区营造运动

在日本,一些学者借助日语词"土着化"(dochakuka)发展出了"全球本土化(Glocalization)"的概念,这个概念同时表述了全球化(globalization)和本土化(localization)的协同与抗衡,"体现了全球网络与本土社会力量此消彼长的互动过程,亦即全球性和本土性相互适应与联结的过程"。

由中国和日本两地学者共同撰写的研究《微观情境视角下日本社区营造运动的全球本土化分析》("Globalization-based Analysis of Japanese Community Building Movement from a Micro-context Perspective") 于 2020 年发表于《景观建筑前沿》(*Landscape Architecture Frontiers*)刊物[23],文章从微观全球化视角出发,选取东京神乐坂的社区营造为例,考察了在社区营造过程中话语实践的创新,来探究日本社会在全球本土化过程中所表现出来的复杂性和驱动力。文章首先从词源学的角度阐释了"全球本土化"的概念内涵,之后通过具体微观情境来理解全球本土化这一概念,认为这是社区营造研究中全面理解本土社会全球化进程最适宜的分析框架。

文章选取的案例聚焦日本东京市的神乐坂(Kagurazaka),由于神乐坂较好地保留了大量街巷中的神社、旅馆和传统工艺品商店,这一地区现在是日本传统文化景观的代表,因而神乐坂给人提供了身处由社会、历史以及文化交织而成的复杂空间中的体验。文章认为,在神乐坂社区营造的推进过程中,受全球化影响的地域社会协调发展的经验尤其值得关注,"全球化产生的问题不仅迫使人们重新审视自己的生活环境,同时也唤起人们对本土生活方式的重视",这使得当地居民形成了强烈的恋地情结,最终使神乐坂在1988年被划定为社区营造示范区。之后这一地区的社区营造又经历了几个阶段:

(1) 1991年,神乐坂地区居民和商户成立了"神乐坂町营造会",推广神乐坂地区独特的"路地"文化。

(2) 1994年,"神乐坂町营造会"颁布《社区营造宪章》。

(3) 1997年,"神乐坂町营造会"与神乐坂商会推出街道改良计划,规范了神乐坂街道空间的建设。

同时,在"神乐坂町营造会"的发起下,这一地区开发了许多在地的文化保育活动,将这一地区成功地塑造成具有文化品牌效应的文化街区。最终在2009年,神乐坂町营造会成功入选由日本联合国协会联盟举办的"未来遗产运动计划"。

"社区营造"(community building)是以地域社会现有资源为基础,通过多元化协作使人居环境逐步得到改善,从而提升社区活力的一系列活动。日本的"町"(machi)既是社区营造的基本单位,也是传统街区的计量单元。文章指出,"以町为单位的社区营造的核心便是从非官方、非专业的民间维度对地域社会共同认可的价值取向和生活方式进行衡量",目的是使在这一区域内的居民形成"颇为明确的文化及社会集体心理意识"。在这个意义上,神乐坂以全球化为契机规划了原有的社区公共资源,增强了社区参与全球化的能力,因而神乐坂并非全球化过程中的被动接受者,而是积极的参与者。像神乐坂这样的社区没有选择在全球化进程中"营造"新的东西,而是"对现有的事物进行仔细琢磨以使之脱胎换骨",从内部真正激发本地活力。

文章对于全球化所带来的同质化问题有一种颇为乐观的观点：
"商品、服务和观念的全球化并不意味着文化差异会在大规模的同化作用下消失,世界上不同地区的人群正以多种多样的方式应对着全球化的影响。"从神乐坂的案例可知,在日本发生的社区营造运动可以代表"全球本土化"的一种形式,它包括两方面的交互作用,证明本土文化与全球化进程可以实现双向互动：一方面是话语实践的"调适转换",即当全球趋势渗透至某一具体社区时,其话语方式会有选择性地被重新定义和调适,从而形成适应社区的新的本土文化；另一方面则是话语实践的"整合创新",即地域社会在全球化的压力下主动采取因地制宜的调和措施,使不同文化或社会群体中的话语元素不断进行选择、阐释及重组。

(四) 基辅：被全球化"改造"的前社会主义城市

许多东欧国家正在发生着后苏联城市空间的重大转变。城市正在避免集中的城市规划和设计,并实施许多学者在乌克兰的城市中所观察到的新自由主义城市化机制。在抛弃了苏联时期的城市规划方案之后,乌克兰的城市一方面受到来自商业权贵的压力,另一方面则又缺乏国家层面的城市战略,这使得以基辅为代表的乌克兰城市在应对持续变化的时代里尤为脆弱。由 Olena Dronova, Stanley D. Brunn 撰写的研究《新自由主义全球化进程是如何改造了基辅的节点地区》(*How Neoliberal Globalization Processes Are Transforming Kyiv's Nodal Areas*),将基辅的节点地区作为分析结构性变化的焦点,分析了基辅城市由于新自由主义的影响而导致的城市功能和空间的转变[24]。

这项研究展现了城市节点特征如何被塑造的过程。该研究确定了 44 个节点地区,并根据其社会和文化价值划分为六种转型类型,又选取了老基辅(Staryy Kyiv)、波迪尔(Podil)和佩切斯克(Pechersk)

进行地区个案研究。文章指出，这些位于基辅中心地带的区域由于高度审美的建筑、近在咫尺的绿地以及丰富的文化与自然景观，应具有巨大的发展潜力。但在今天，这些地区的主要文化功能日益丧失，空间被购物中心和娱乐中心所占据，充满了酒店、停车场、临时建筑、户外广告和未经许可的贸易设施。

在包括乌克兰在内的原共产主义国家里，全球化的冲动通常被施加在一些具有特征的城内区域，这些区域的许多特征被认为是前一个时代的遗留物。这种复杂的拼凑强化了城市景观的转型，同时也带来了如何保持城市吸引力的问题；在社会政治方面，乌克兰实现了从严格监管和指令性规划到竞争性商业环境的不完全过渡。对像基辅这样的原社会主义城市而言，整体看来，在城内的大多数节点地区，文化、审美、代表和交流等功能正在被商业、服务和交通用地等所取代。由于其特殊的社会和历史意义，一些节点地区正在获得更多的文化和象征价值，但在实践中可以看到，对原有功能的替代考虑不周而常常产生一些负面影响。

全球化对许多城市而言，既是挑战，也是想要去迎合的发展契机，甚至"全球化"本身就蕴含了一种城市发展的价值导向，促使越来越多的城市试图突破现有的区域性影响力，争取在国际竞争格局中获得令人瞩目的位置。在近期所见的数篇相关研究中，不约而同地关注到了在当今全球化格局中塑造城市独特文化的可能方案，然而这批研究也浮现出一种普遍的焦虑，那就是担心全球化所带来的普遍主义发展逻辑正在日益吞没地区自身的特殊性，从而寄希望于用文化的方式来保护、维持、塑造和守护地区自身的特殊性。在这个意义上，全球化以及力争成为"全球城市"的普遍发展愿景，成为了讨论建设城市特有文化的时代语境。

上述文章有的关注到宏观层面的城市整体文化建设和文化形象

塑造。例如一些欧洲的小城镇在"欧洲文化之都"项目的影响下，努力挖掘城中的历史文化遗产，因而在全球城市同质化的今天，准确地确立了自身的城市发展定位。但并不是所有城市的文化发展都如此乐观，像基辅这样的前社会主义城市就因为种种原因，始终面临着"全球化"浪潮对城市发展带来的负面影响，城中富有文化特色的节点地区不仅未能维持原有的风貌，反而当这些地区的文化、审美等功能被商业、服务和交通用地所取代时，城市正日益丧失其应有的文化发展潜能。也有些研究更关注微观层面的实践，例如聚焦东京神乐坂地区的研究就把这一区域的发展定义为日本进行"全球本土化"（Glocalization）与"社区营造运动"的优秀成果，而围绕首尔咖啡馆的研究则更关注城市空间功能混合化的特点，试图由此探讨在当代城市混合空间基础上发展出新型城市文化的可能性。

来自不同地区的案例展现了世界各地的城市应对"全球化"的选择、态度和方案，从中大约可以将不同城市应对"全球化"的态度归纳为以下几种：①全盘接受全球化对城市发展的影响，甚至不惜抹掉城市固有的文化特征；②打造城市特有的文化形象和文化辨识度，从而在更大地理范围内（比如在全欧洲范围内和全球范围内）凸显全球化时代的文化多样性；③不认为全球化时代必然会对城市本土文化造成冲击，反而相信本土文化自身的价值可以更好地促进全球化时代的城市发展质量；④努力争取在宏观和微观层面融合全球文化和城市本土文化。然而，从上述案例研究可知，不同城市针对"全球化"和"全球城市"的不同理解，将会带来完全不同的文化建设的理念及主张，而当全球城市与地方文化的多元发展同其他城市发展问题相叠加时（如城市更新），这种关乎城市文化建设的探讨与论述，将在大的时代背景中展现出更为重要的意义。

三、智慧城市建设的文化反思

"智慧城市"(smart city)最初是在1990年提出的一种新型城市发展理念,又称为智能城市、信息城市或虚拟城市。一般认为,智慧城市的核心是以一种更智慧的方法通过利用以物联网、云计算等为核心的新一代信息技术来改变政府、企业和人们相互交往的方式,通过建立新型网络系统从各种来源收集越来越多的数据,并利用这些数据来改善规划、升级基础设施、跟踪和加强运营,以较低的成本对包括民生、环保、公共安全、城市服务、工商业活动等在内的各种需求做出快速、智能的响应,提高城市运行效率,为居民创造更美好的城市生活[25]。

进入21世纪之后,"智慧城市"的理念在世界各个国家的各大城市中得到了推广和实践。2004年,韩国信息通信部提出"U-Korea"战略,尝试用无线传感网络把韩国所有资源数字化、网络化、可视化、智能化,随后在2009年韩国又在此基础上提出了U-City综合计划,目标在于实现可随时随地提供交通、环境、福利等在网服务的城市。2006年新加坡也启动了"智慧国2015"计划,试图将新加坡建设成以新一代信息技术为基础的经济、社会发展一流的国际大都市。欧盟和日本也在2009年制定了包含发展智慧城市在内的智能产业发展规划。在美国,"智慧城市"的概念主要由IBM公司提出,在2008年全球性金融危机的冲击下,IBM首先提出的"智慧地球"新理念,被世界各国作为应对国际金融危机、振兴经济的重点领域。2014年,纽约市与IBM合作提出了"数字纽约计划"(Digital NYC),目的是打造世界范围内领先的数字城市[26]。在我国,科技部在2010年发布了包含"智慧城市"的"863计划";紧接着,上海市和深圳市分别在2011年和2012年提出智慧城市建设规划;2013年,住建部公布了全国首批智慧城市试点。

当信息技术发展、全球化升级以及全球范围内的城市化进入新阶段,所有这些变化必将对世界城市发展产生重要而深远的影响。同时,为了提升城市竞争力,许多城市都将智慧城市作为城市发展战略的一部分。因而,研究全世界各地智慧城市理念的实践情况,并衡量和评估"智慧城市"在全球各地的"落地"状况,成了近期多篇文献共同关注的主题。这里所选取的城市案例不局限于世界发达国家和地区,因为与包括纽约、哥本哈根在内的世界知名的"智慧之城"相比,发展中国家的城市实践,或许更能反映出智慧城市建设的普遍困境。除此之外,智慧城市很难仅仅依靠政府的推动来实现,相反,智慧城市的理念如要成功"落地",需要向社会和企业征集、购买大量可供建设智慧城市所需的基础设施及服务,因此考察跨国技术企业对智慧城市这一概念的提出和发展的影响,也是颇为值得关注的问题。

(一) 用文化弥补智慧城市概念中的缺陷

Zaheer Allam 和 Peter Newman 撰写的《重新定义智慧城市:文化、新陈代谢和治理》(Redefining the Smart City: Culture, Metabolism and Governance)一文,关注到"智慧城市"的定义和实践过程中过于突出技术支持而忽视文化等其他方面的问题。文章指出,智慧城市的概念尝试用信息化和数据化的手段实现城市治理的目标,然而这种理念非但并不新颖,而且从一开始就处在争议之中。尤其在当代,智慧城市的理念通常与提供技术支持的大公司有直接关系,它"被视为本质上是不同跨国公司在信息、通信和技术(ICT)领域的品牌战",这也是联合国在提出未来城市愿景时没有使用这一概念的主要原因。

智慧城市往往代表着信息、通信和技术(ICT)产业,其中恰恰没有考虑到城市有其自身的价值、历史和文化遗产。因而当代的智慧城市概念及实践中,大量的注意力和资金都集中于最先进的信息通信技术上，这样可以收集以供实时分析的大数据，从而引向知情决策。这种偏向的问题在于，一旦技术被容许作为一种独立政策来改造城市的未来，那么包含了这种技术改造的城市历史就会出现问题。在这个意义上，这篇文章尝试提出一种新的智慧城市定义框架，其中包含新陈代谢（metabolism）、文化（culture）和治理（governance）三大支柱：智能城市的新陈代谢使人们更好地了解物质流向，并可能成为在家庭层面引入新的智能技术的途径，帮助解决气候变化、交通、回收等大量环境问题，同时提高宜居性和经济效益；城市的文化和历史属性，为当地社区和游客创造了独特而特殊的城市区域，文化也可以成为再生经济增长的特殊驱动力；智能治理影响着城市的经济发展，而信息通信技术需要成为提高包容性的总体方法的一部分，同时为城市提供变革的机会。由此作者认为，文章"拟议的框架提供了一个超越信息和通信技术的智慧城市的另一种愿景，使其成为城市创造未来所需的价值观的一部分"，从而弥补了现有"智慧城市"概念和实践中所存在的缺陷。

（二）捷克：智慧城市实践中的障碍

Martina Janurova、Marketa Chaloupkova 和 Josef Kunc 共同撰写的研究《智能城市战略及其实施障碍：来自捷克的经验》（*Smart City Strategy and its Implementation Barriers：Czech Experience*）一文旨在确定、分析和评估捷克共和国在制定和实施智慧城市战略过程中所面临的障碍[27]。这项研究包括了理论假设、针对可持续城市和智能城市的环境分析，以及对负责智能城市战略实施的利益相关者进行结构化访谈等内容。研究主要就捷克的三座城市进行案例分析评估，分别是首都布拉格、布尔诺（Brno）以及 Zlín 市。其中布拉格和布尔诺都发布了智慧城市的规划战略，而 Zlín 市目前还没有实施智慧城市的战略，但在城市生态系统中运行着许多智慧项目。

研究发现，捷克进行智慧城市实践中遇到的障碍可分为外部和内部两类,外部障碍主要包括立法受限(由国家政府或欧盟制定)、资金限制和城市的有限权力,内部障碍则有官员拒绝参与规划过程和对政治代表性的依赖,除此之外,还存在智慧城市领域专家短缺、政治动荡、与现行法律衔接不畅、官僚主义等问题。有鉴于此,文章最终建议的措施主要集中在各城市之间加强交流、推动立法改革和提高公众意识上。

(三) 发展中国家的智慧城市实践:毛里求斯的经验

毛里求斯政府在 2015 年的预算中提出了"13 个大型项目"(thirteen mega projects),其中包括 8 个智慧城市和 5 个科技园区,以此来促进经济发展,推动毛里求斯在区域和国际上的竞争力。这一项目依据毛里求斯现在的发展状况制定,其目的在于促进和缓解毛里求斯的生活方式、创造就业机会、推动建筑等基础建设领域的发展。这些城市的设计将是环境友好型,并将在生产电力的同时有效利用水和智能现代交通,以缓解该国目前面临的交通拥堵危机。

由三位本土学者 Muhammad Ridwan Sahadut、Mohammad Hashim Bundhoo 和 Pierre Clarel Catherine 共同发表的文章《在毛里求斯建立智慧城市:需求、挑战和机遇》(*The Establishment of Smart Cities in Mauritius:Requirements,Challenges and Opportunities*)在总结其他国家和地区的智慧城市建设经验之后,以毛里求斯为例系统地分析了智慧城市在发展中国家实践的愿景[28]。从现阶段毛里求斯的智慧城市建设来看,政府确实正在从国家利益的角度推动一系列智慧城市的建设和发展。鉴于世界各地已经有许多成熟的智能城市案例,例如巴塞罗那、桑坦德等,毛里求斯可以充分借鉴他国的经验,而不需要从头开始摸索这项事业。但文章也指出,除了需要进一步探讨构成智慧城市的基本要素,以及这些要素如何在现有的智慧城市中得到实施,毛里求斯也需要考虑如何利用这些理念在发展中国家建设智慧城市，这意味着毛里求斯应当根据本国的需求来制定自己的计划，吸纳更为广泛的社会参与和群体创造，让所有利益相关者表达自己的意见，从而使智慧城市真正满足所有市民的需求，最终使得毛里求斯能够成为非洲大陆努力实现智能化的宝贵范例。

（四）大型跨国技术企业支持下的"智慧城市"建设

尽管这一事实经常为人所遗忘，但"智慧城市"从一开始确实是一个由产业界首先发起的概念。Donald Mcneill 的研究《全球企业和智能技术：IBM 与城市的衰减》（*Global Firms and Smart Technologies: IBM and the Reduction of Cities*）指出，鉴于 IBM、西门子和思科等大型企业大张旗鼓地推动，"智慧城市"的技术、政策和实践的发展连同概念传播，现已成为当代城市治理的重要内容。该文系统探讨了 IBM 所提倡的"智慧城市"概念如何变成了一个影响力巨大且无处不在的概念，以另辟蹊径的方式揭示了智慧城市概念形成和发展的背后，大型技术企业在其中发挥的决定性影响力。

这项研究指出，智慧城市对应于 IBM 公司面临的三个战略问题：如何最大限度地利用其所存储的知识，并确保劳动力成本所带来的显著附加值？如何为这些知识构建新的部门和地域市场？如何将这些知识的对象——城市——加以减少、标准化和简化，成为可扩展的商品？对应于 IBM 公司所面对的发展困境，IBM 制定了从亏损的计算机硬件制造商向信息技术咨询公司发展的战略方向，这样一来，重要的收购、与城市合作和研发在这个过程中起到重要作用。文章还论述了 IBM 如何构建起城市和市政服务的市场，当市场的拓展叠加上营销、建模和可视化操作，IBM 成功地向其城市政府客户出售了专有软件包、咨询服务和硬件等商品，最终看起来减少但事实上是简化了城市存在的诸种问题。

通过 IBM 这个例子，文章作者敏锐地意识到，尽管从企业层面看,"智慧城市"对 IBM 而言是一项能够迅速帮助其摆脱战略发展困境的有效方案,但当这一概念在全球得到广泛应用时,不会有人计较城市存在的问题是否真的通过"智慧城市"方案得到了解决。更重要的一层变化在于,很可能智慧城市的未来不再掌握在城市市政部门或城市市民手中,而将日渐掌握在少数几家供应"智慧城市"建设所需基础设施和服务的全球科技公司之手。

随着智能通讯技术的迅猛发展,通过数字化技术手段、依托大数据平台实现对城市的高效管理,已经成为世界多个主要城市的明确战略主张。于是许多研究关注智慧城市理念如何在实践中与一个城市已有的文化、政治气候相融合,这对于其他地区展开智慧城市建设无疑颇有借鉴意义。尤其是来自发展中国家的城市实践经验,对于许多发展程度相当、有意展开数字化建设的城市而言,或许更具有针对性和参考价值。

在中国,2020 年的"新冠肺炎疫情"使得"互联网+"生活成为常态,以健康码和无接触办公为代表的数字化疫情防控方案,无意中使得智慧城市建设在疫情需求的刺激下得到了极大的推动。然而,这种在疫情期间得以深入推动的数字化防控和城市管理技术,却日益暴露出许多不得不注意的局限性。

首先,以"智慧城市"为代表的数字化城市建设似乎总是刻意忽略文化等软实力要素在城市发展中的意义。经由技术改造的城市生活习惯将极大地改变一座城市的文化生态,因而有必要探讨技术与文化能否在智慧城市的理念中相互兼容的问题,文化在何种意义上可以丰富智慧城市已有的理论想象,以及在大量城市开展智慧城市实践之后,是否会加剧城市发展的同质化问题,这些都是未来值得思考的方向。

其次,由于 2020 年"新冠肺炎疫情"之后大量引入技术手段实现

"非接触"的城市管理,在让城市生活愈发"智慧化"的同时也暴露出许多问题,其中最具代表性的问题就是"数字难民"问题。在人口日益老龄化的今天,不会使用智能手机的老龄群体非但无法享受到数字化所带来的便利,反而因此在这个高度数字化的社会中成为城市的"边缘人"。2020 年 11 月,针对这一问题,国务院办公厅印发了《关于切实解决老年人运用智能技术困难的实施方案》,然而在可以预见的未来,"智能化"与人口老龄化仍将是中国城市数字化发展过程中始终面临的矛盾。

最后也必须注意到"智慧城市"本质上是一套建立在新型通讯技术手段之上的城市治理构想,它可以有效地推动信息获取、使用和制度协调的同步化,但智慧城市建设必须吸纳一整套数字化技术的基础设施和人力成本。因而"智慧城市"理念的最初推动者并非城市管理者或研究者,而恰恰是以 IBM 为代表的一批掌握了数字化城市发展技术的大型科技跨国公司。对城市的管理是否会日益削弱为一种对于数字技术的控制,从而逐渐削弱了"人"与社会在城市管理中的"存在感",这将成为智慧城市建设背后始终存在的隐患。

参考文献

[1] 赵瑞东、方创琳、刘海猛:《城市韧性研究进展与展望》,《地理科学进展》,2020,39(10):1717—1731。

[2] 臧鑫宇、王峤:《城市韧性的概念演进、研究内容与发展趋势》,《科技导报》,2019,37(22):94—104。

[3] Urban Resilience Hub. https://urbanresiliencehub.org/what-is-urban-resilience/,2021-03-11.

[4] Urban Resilience Hub. https://urbanresiliencehub.org/2021/03/04/learning-from-cities-towards-economic-recovery-and-resilience/,2021-03-11.

[5] 赵瑞东、方创琳、刘海猛:《城市韧性研究进展与展望》,《地理科学进展》,2020,39(10):1717—1731。

［6］《用文化创新推动"韧性城市"发展》,《解放日报》,2020-10-27(015)。

［7］赵瑞东、方创琳、刘海猛:《城市韧性研究进展与展望》,《地理科学进展》,2020,39(10):1717—1731。

［8］《用文化创新推动"韧性城市"发展》,《解放日报》,2020-10-27(015)。

［9］Cilk, Madison. "National Culture and Urban Resilience: A Case Study of Resilient Cities." *Consilience*, no. 22 (2020): 18—30.

［10］Prior, Tim, and Florian Roth. "Disaster, Resilience and Security in Global Cities." *Journal of Strategic Security* 6, no. 2 (2013): 59—69.

［11］City of Athens. Redefining the city: *Athens Resilience Strategy for 2030*.2017.

［12］詹一虹、龙婷:《城市韧性视角下城市文化空间参与城市危机应对的探索》,《理论月刊》,2020(07):90—99。

［13］Alberto Vanolo, "The Fordist city and the creative city: Evolution and resilience in Turin, Italy, City." *Culture and Society*, Volume 6, Issue 3, 2015:69—74.

［14］Heidi Imai, Yao Nancy Ji. "Social Capital, Innovation, and Local Resilience: Tokyo Neighbourhood in Times of Crisis." *Asian Scudies IX (XXV)*,1(2021):283—313.

［15］HENG, YEE-KUANG. "A Global City in an Age of Global Risks: Singapore's Evolving Discourse on Vulnerability." *Contemporary Southeast Asia* 35, no. 3 (2013):423—426.

［16］倪鹏飞、沈立:《新型全球城市假说:理论内涵与特征事实》,《城市与环境研究》,2020(04):28—42。

［17］荣跃明主编:《上海文化发展报告2020 新时代的上海文化发展》,上海:上海书店出版社,2020。

［18］汤伟:《模仿和超越:对发展中国家"全球城市"形成路径的反思》,《南京社会科学》,2021(02):60—67。

［19］范建红、梁肇宏、赵亚博、金利霞:《资本、权利与空间:日本社区营造的经验与启示》,《城市发展研究》,2020,27(01):102—109,124。

[20] 郑晨予、范红:《中国三大城市的品牌影响力及其差异化研究》,《江西社会科学》,2020,40(10):199—209。

[21] URBANČÍKOVÁ, Nataša. "EUROPEAN CAPITALS OF CULTURE: WHAT ARE THEIR INDIVIDUALITIES?" *Theoretical and Empirical Researches in Urban Management* 13, no. 4 (2018): 43—55.

[22] "A Case Study of Hybridization Patterns in Seoul's Coffee Shops: Toward a New Urban Culture." in *The International Journal of Architectonic, Spatial, and Environmental Design*, Volume 11, Issue 2. 2017: 27—37.

[23] Zhou, X., Cheng, Y., & Kubota, A. (2020). "Glocalization-Based Analysis of Japanese Community Building Movement from a Micro-Context Perspective." *Landscape Architecture Frontiers*, 8(5), 32—45.

[24] Dronova, Olena, and Stanley D. Brunn. "How Neoliberal Globalization Processes Are Transforming Kyiv's Nodal Areas." *Urbani Izziv* 29, no. 2 (2018): 96—110.

[25] 巫细波、杨再高:《智慧城市理念与未来城市发展》,《城市发展研究》,2010,17(11):56—60,40。

[26] 何宗耀著:《新型智慧城市建设现状 技术与研究》,北京:北京邮电大学出版社,2018。

[27] Janurova, Martina, Marketa CHALOUPKOVA, and Josef KUNC. "SMART CITY STRATEGY AND ITS IMPLEMENTATION BARRIERS: CZECH EXPERIENCE." *Theoretical and Empirical Researches in Urban Management* 15, no. 2 (2020): 5—21.

[28] SAHADUT Muhammad Ridwan, BUNDHOO Mohammad Hashim, CATHERINE Pierre Clarel. "The Establishment of Smart Cities in Mauritius: Requirements, Challenges and Opportunities." *Proceedings of the Second International Conference on Data Mining, Internet Computing, and Big Data*, Reduit, Mauritius 2015.

比较城市学：打造都市理论的新地理与新文化

原载：International Journal of Urban and Regional Research 40, No. 1(2015)：187—199.

作者：Jennifer Robinson，伦敦大学学院地理系。

面对日益增长的全球化城市研究的兴趣，需要有适应于全球化时代的城市理论，为此学界已经表露出十足的理论热情，尝试提出新的概念或是发展新的理论实践来系统思考进入 21 世纪的城市。詹妮弗·罗宾森(Jennifer Robinson)在 2015 年在《国际城市和区域研究杂志》(*International Journal of Urban and Regional Research*)上发表了《比较城市学：打造都市理论的新地理与新文化》("Comparative Urbanism: New Geographies and Cultures of Theorizing the Urban")一文，主张采用"比较"的理论建设方法。在这篇影响深远的论文中，作者明确反对学界常见的"普遍化"的理论研究方法，认为在全球化时代如果只是将已有概念和理论以掩耳盗铃的方式"覆盖"在世界其他地区的城市实践上，无法从全球化时代的城市发展中真正汲取城市研究所需要的素材和给养，而学界在城市研究过程中有意在城市案例中"控制差异"的做法，也遭到了作者的猛烈抨击。作者提出,应从不同的背景中建立理论,与多样化的城市产生共鸣,从而加深对不断扩大的城市和城市化进程的新理解①。这篇文章在方法论上主要有三个方面的突出贡献:"提出了一种基于城市本土实践进行比较的新方法和新类型""提出了一些哲学思考的思路,以重塑理论化所适用的范围和风格""指出了比较主义的新方法,以用于支撑可修正的城市理论从世界任何地方起步的可能性"。

显然全球化时代的城市发展对城市理论提出了新的挑战。正如作者所说的那样:

全球城市化地理中心的转移、城市居住形式的多样性以及城市化进程对世界越来越大的影响,使得许多城市学家提出了对城市理论进行更新的必要,表明现在处于一个应对城市作为"不可靠的研究对象"(an unlikely object)的时刻,它的边界也许比以往更加模糊,表明这个传统的城市研究对象在面对"地球"性的城市化进程时可以说正在消失。此外,新的理论观点表明,需要以新的方式来思考城市的性质。

提出普遍化理论的学者们认为,城市研究的新观点可能来自不同的城市语境之中,从而对相对普遍的理论化进程产生干扰,建议今后的城市理论只使用已经给出的概念。种种现象表明,进入 21 世纪以来,学术界围绕城市理论不断掀起的浪潮背后,实际上隐忧四伏。尽管发展城市理论的城市资源、素材越来越多样化,然而在大量理论关切涌向后殖民主义和"全球城市"的方案之中,这种理论发展的趋势有

---

① Robinson Jennifer, "Comparative Urbanism: New Geographies and Cultures of Theorizing the Urban," *International Journal of Urban and Regional Research*, Volume 40, Issue 1, p. 187—199.

可能取代前一个时代的理论主导方法，或者使从前宏大和普遍化的理论议题被进一步窄化，变得不再具有普遍意义。更重要的是，当过往的理论框架、理论想象力难以应对全球化时代都市理论的更新，对"理论"和"理论化"本身的反思也就被提上了议程。

为此，作者在开篇段落中指出："在寻找新的方法来进行更加全球化的城市研究时，关键在厘理清理论化的范围和起点以及理论的文化。"作者明确表示，为了更为全球化的城市研究在方法和概念上得以立足，城市理论学者应该既富有成效地使用现有的理论，同时又能接受从世界任何地区的城市发展中获取开放的灵感。这意味着，进入21世纪的城市理论需要一种尊重差异的、开放的理论实践文化，这样才能够为在世界任何地方开启概念化的理论发展提供有力的基础。因而在这篇文章中，作者的观点是，应对全球化时代城市理论发展的需要，应该在都理论的"理论文化"（theory culture）和"理论过程的地理属性"（the geographies of theorizing）两方面作出批判性思考：

> 我认为在理论文化方面有一些重要的问题需要讨论，这将促进更加全球化的城市分析：我们能否促进理论文化，对自己的定位和灵感来源保持警惕，对向其他地方学习持开放态度，尊重不同的学术传统并重视理论思想的可重复性？理论过程的地理属性也很重要。在关注目前所有这些概念的地域性的同时，对来自其他地方的想法持开放态度，这就提出了一些具有挑战性的问题，即一些概念的特殊性或应用范围有限。一些概念的特殊性或有限的应用范围，以及在多大程度上，在许多不同的经验中用其来思考是有效的——其上限是，提出一个普遍的城市化理论。

作者认为比较城市学（comparative urbanism）所具有的开放性给她以启发，并为其思考这一问题提供了"与其他地方一同思考"

(thinking with elsewhere)的方法论和哲学基础:"新的概念可能会从任何地方开始,关于城市本质的老旧话题则会被扬弃或拒绝"。这种方法的优势在于,容许从任何城市开始概念化的工作,并从一系列广泛的语境中吸取经验,同时承认理论工作的在地性(locatedness)。比较研究的方法可以帮助汇集不同案例的共同特征,或者将工作聚焦于处理来自大量城市文本的重复案例之上。作者呼吁应该多思考变化和重复,而不是在理论探索中不断去控制变量。由此,她提出了一种理论建设的策略:"通过跟踪城市之间的众多相互联系和重复的事例,构成比较和设计'自然实验'(natural experiments)的理论建设策略,对创造新的理论文化和地理环境大有希望,可能有助于产生更多全球性的城市研究工作。"

作者在撰写《普通城市》(*Ordinary Cities*)一书时就曾经注意到,在非洲南部从事研究工作的城市研究者在那里发现了与芝加哥城市经验的共鸣,包括大规模和多样化的移民,以及移民投身工业和城市的就业转型等。但因为在发展主义(developmentalism)之后,城市理论越来越多地被划分为对较富裕和较贫穷城市的分析,作者所期待的那种试图在全球(globalizing)范围内展开的城市理论的比较试验,还未来得及被经典化,就已经遭到抛弃。但即便如此,作者始终相信,这种比较研究的方法,仍然是跨越城市多样性的思维活力的迷人记录,比较分析揭示了现有城市理论的缝隙,这种理论的缝隙正是从非常广泛的城市的不同经验中获得了灵感。

最近几十年间,建立在马克思主义政治经济学基础上所掀起的城市理论革命,如今在许多方面已经构成了城市研究的阐释基础,在这一过程中,学者们很早就担心经典马克思主义城市理论在形成过程中,或许没有充分参考世界各地的城市经验。但是在一系列的比较实验中,学者们注意到,世界经济相互依存度如此之高,在高度全球化的语境里,必须将比较富裕的大都市和较为贫穷的城市放在同一分析框架内,在相同的分析框架中,同时思考两种经济发展状况完全不同的城市。为此作者指出,弗里德曼(Friedman)和沃尔夫(Wolff)在1982年的开创性研究拓展了霍尔(Hall)对世界城市的描述和认识,这两位学者相信,对不同城市的共同特征和变化的思考,与将世界各地的城市通过相互联系纳入分析同等重要。因为众所周知,世界城市有许多共同的特点,在世界的核心和半边缘地区都可以找到,包括经济结构调整、贫民窟、激烈的政治抗争等等,而这些共同特点不仅由资本主义全球经济时代的经济、政治和意识形态所塑造,它们也反过来塑造了这个时代的经济、政治和意识形态。城市在世界中所扮演的角色并不单纯由功能所决定,而是同样伴随着政治行动和抗争,框定研究城市的方法使人们认识到,虽然马克思主义的城市分析批评了资本主义制度下所塑造的城市生产的阶级关系,但这种分析并没有将城市与塑造世界经济的更广泛的历史进程相联系。于是弗里德曼和沃尔夫利用世界系统的观点,来探讨世界城市如何成为世界经济空间衔接的关键点,也即"研究特定世界城市地区的关键变量,在于这些城市与世界经济的融合模式"。

在这个意义上,理解任何城市的关键就在于,必须认识到"全球化进程既促成了城市化和一系列城市化的结果,同时由城市化和城市化的后果构成了全球化进程"。自此以后,城市研究就没有再回头,全球化进程与城市化的相互促成关系被认为是理解一切城市的关键。然而,世界经济的一体化与对全球城市的介入,为全球范围内的城市调查开辟了道路的同时,它们也根据具体理论研究对象的有限范围,系统地设定了可比性(comparability)的界限。这意味着,以同样的条件来研究处于世界经济半边缘地区和中心地区的广大城市的机会,很快会被对极少数的"全球"城市或相对更广泛的一系列"全球城市功能"以及更为分散、但在分析上相当狭隘的高级生产者服务活动的关注所削弱,因为后者被认为是协调全球经济的重要手段。批评者和倡导者都将各种不同的城市语境与这一系列富有成效的理论努力进行了对话，但由于政策部门和研究者对"全球城市"这一特殊类别的兴趣，以及对世界城市特有的过程和特征的相对狭隘的描述，从根本上使城市研究失去了更为丰富的批判性潜力。

现有的理论趋势是将不同城市放在一个相互关联的全球经济中一起进行思考，伴随着这种趋势，城市学家们很多时候刻意地去创造比较的视角，从而推进对城市进程的理解。然而，作者指出，过往的研究方法恰恰严格限制了在这种比较思考中可以被吸引和纳入的城市范围。尤其是，虽然将世界各地城市纳入一个共同分析框架的方法早已确立，但在与其他城市的比较中，有一些城市却始终没有被纳入。思考城市之间的相互联系，或不同城市之间的共同特征，都是已经被确定的研究方法，可是这两套做法在允许进行比较思考的城市范围的选择上却极为有限。然而这一切正在发生变化，随着城市研究中后殖民主义批判视角的再度出现，在城市内部和城市之间思考城市化的多样性结果的方法已经得到确立，这就迫切要求学界进一步在方法论上明确"在城市的世界中思考城市"(to think cities in a world of cities)的意义。

对此作者认为"城市研究亟需建立一种欣赏并促进理论出发点多样性的理论文化"。因为关于城市研究的学术成果作为整体正在迅速变化，中国学者正在越来越多地记录和思考当地城市的非凡发展，空间上分散的发展状态、地方政府官员发展城市地区的扩张激励以及地缘政治上雄心勃勃地想要展现其全球存在感的国家计划，已经创造并形成了一个新的城市理论思考的中心。《国际城市和区域研究杂志》的编辑们反映，来自该地区的学者或撰写该地区文章的比例越来越高，但期刊对来自北方和西方机构背景以外的学者所提交的论文的拒绝率却最高，其中的重要原因在于，批判性城市研究的"理论文化"所产生的期望。作者相信，如果说扩大城市研究的论辩范围，意味着非西方的学者必须被迫使用西方的分析概念,否则就无法获得国际发表渠道,那显然是一件令人失望的事,因为将中国、非洲等地区新兴城市的发展经验引入当下的城市思考中所产生的成果,已经得到了很好的证明,说明这些地区理论化和基础研究的机会和需求都极为旺盛。有鉴于此,主张保留现有理论的观点,不管这些理论曾经多么有价值、多么有效,都是很有问题的态度,至少,如果从其他地区的经验出发开始理论思考,便能暴露出这种想法和固有观点背后的狭隘性。

许多出色的概念和理论也许在其形成的环境之外也能进行富有成效的解释,例如 Turok(2014)对非洲城市经济发展的政策性评论借鉴了集聚经济的分析,被证明是有效的理论实践。但全球化的发展使得概念和理论的"到期时间"大大提前了。作者在此列举了几个例子展示了现有理论的局限性。Hernando de Soto 发表于 2000 年的研究就受到严格的政策建议的启发,注意到大量城市中所有权形式的多样性,包括传统的、集体的、非正式的、非法的和公共的所有权,以及为推进领土政治议程(和战争)的强制性暴力占有,意味着任何与城市土地相关的理论化都需要愿意重新思考出发点,并对自身的概念化范围进行限定。Bryceson 在 2006 年的研究则从再生产的基线出发,对非洲城市经济作了出色的描述,使人们注意到,在世界上一些最大的城市中,与资本主义积累相关的集聚逻辑,是在居民将城市生活作为繁殖身体、庇护家庭和服务邻里的平台之后过了很久才开始出现在城市舞台上。这也让人想起女性主义者的批评,她们指出,"再生产"是所有城市经济集聚潜力的基础,包括伦敦,在全球金融和服务部门强大的集聚压力下,繁衍生命的紧张是显而易见的。这就有证据表明,城市化并不一定支撑经济的活力,包括人类的繁衍。

有鉴于此,作者建议城市研究采取一种更为宽广的理论地理范围和更为开放的理论文化:

面对城市化结果的巨大多样性以及后殖民主义理论背景下的实用主义,建立一个普遍有效的理论是一个非同寻常的挑战,将一些地方和一些学术研究作为现有理论的纯粹数据资料是不合适的,这一切都意味着需要重新思考城市理论化的地理范围和文化。城市语境的多样性,以及本地和外来学者对解释和探究城市意义的渴望,以及全球城市化的快速结构变化,意味着任何21世纪的城市理论化都必须对批评、争论、扩展和延伸持开放态度。

所以作者认为,眼下是城市研究理论化转折的关键时刻,围绕城市理论的研究可能需要一场彻底的突破。更具体地说,特别是在一个研究对象像"城市"这样有差异的领域,理论化的基本要求必须是愿意根据新的经验重新思考,而这种新的经验一定需要广泛吸收新兴地区的城市发展成果。作者相信,比较研究始于试探并改变理论命题的雄心,过去比较研究的方法使得许多新概念被发明出来,并教会了城市学者如何将不同类型的城市背景纳入同一分析框架,学会利用其他地方的见解进行思考。在这个意义上,作者指出,理论生成的必要性是比较城市学的核心,而理论的意义和价值在于使学术对话超越单一案例的研究。所以比较城市学揭示了在理解特定主题方面进行真正理论突破的可能性,同时也为更广泛的对话提供了框架。比较城市学将有助于开发新的方法来理解一个不断扩大中的、多样化的城市世界,从诸多不同的起点来构建理论,也许才能与我们所面对的一系列城市化的不同结果进行呼应与共鸣。

对于比较城市学理论的阐发,作者有着非常清晰的理论反思意识。她注意到,理论所能使用的范围限制不仅源于城市理论的固有假设,也和准科学的方法论表述有关,因而作者有意识地进入到重新制定比较方法和本体论的工作中,以便将其更有效地运用于一个愈加全球化时代的城市研究之中。在这个过程中,作者发现将比较还原为其核心假设是有益的，这一步骤大大扩展了比较策略的范围，超越了在城市研究中占主导地位的传统的变量寻找方法（conventional variation-finding）或更为新颖的综合方法（encompassing methods），有效地将该领域核心的轻描淡写的"比较姿态"用于更精确的用途。与雄心勃勃的占主导地位的普遍化理论实践的作者们的声音相反——他们急于把"其他地方"作为证据吸引过来，渴望将"其他地方"作为证据来支持现有的分析议程，比较主义提出了一种灵活的理论实践。比较主义当然渴望参与现有的概念化，但更致力于通过多样性的城市结果进行思考，并对从任何地方开始理论化持开放态度。

在此一个非常重要的分析性变化，是放弃将准科学的严谨性应用于案例研究的无望努力，这种努力通常表现为研究者试图对城市间的差异进行控制。人为控制城市之间的差异，压低城市研究中的所谓"变量"，并不能真正塑造城市研究的科学性。在迄今为止的许多城市比较研究中，恰恰是案例之间的差异为概念创新和发明提供了依据。比较的做法可以在保持严格和合理的前提下，通过处理更多的城市结果来丰富城市进程的概念。出于对城市间研究中"控制差异"（controlling for variation）的不必要关注，案例选择的理由一直相当狭窄，迄今为止，它支持在狭窄背景下探索一套相对有限的狭隘理论概念，或许最为著名的例子是城市制度理论。通过扩大对世界上更多城市共同经验的思考视野，一系列更广泛的概念化可以在比较探索中发挥作用。例如通过关注跨国行为者在城市发展政治中的强大作用，以及探讨在许多不同的背景下，政府机构及其外部伙伴关系的治理安排的非正式性，将使制度理论国际化发挥更大的潜力。

概念本身不应该是被预先给定的，相反，概念本身应该是研究中仔细审查的对象。作者指出，概念可以有效延伸到什么程度，以及概念是否有一定的界限，通常是实践中需要分析的问题。因而关注概念的有限性，并且留意在不同背景下转换概念和现象的复杂性，是至关重要的，但保持"所有城市都有可能为城市研究理论的创新提供有用信息"的开放心态也同等重要。这再次证实了一个更广泛的观点，即比较模式的理论化必然是片面的，对多个出发点开放并且也要关注评估其自身的局限性。

有鉴于此，作者希望，这种对理论可重复性的承诺将激励培养具有谦虚和尊重的理论主体，不仅对批评持开放态度，也能注意到自己的局限性。所以城市学者要做的不是去控制差异和变量，将分析限制在彼此之间最相似的少数城市，而是把传统的方法论建议翻转过来，指出城市发展的共同过程或结果，作为可供比较研究的良好基础。同时作者受到德勒兹(Deleuze)的启发，认为城市比较可以被认为是"遗传研究"(genetic)，追踪重复的、相关的但独特的城市结果的相互关联的成因，作为比较的基础；或者是作为"生成研究"(generative)，变化的共同特征为产生概念性的见解提供了基础，这些见解得到了多重的、有时是相互关联的理论对话的支持，从而使全球城市研究得以进行。

在某种意义上，最需要的是重新开始思考与城市有关的比较。在作者的理解中，"比较"是一套广泛的"通过其他地方思考(城市)"的做法，它把不同的案例放在一起，通过构成的或自然的实验来启发概念化的思考。作者注意到，比较的思路相对于准科学的正式方法论，在发展一些新的比较方式以及将比较建立在城市的特定空间性基础上是有帮助的，特别是城市之间的重叠联系，这些联系形成了独特但往往是共同且重复的结果。因此，通过将案例研究放到更广泛的对话中来建立比较，新的城市比较分类法变得清晰可见，可以用于，甚至已经用于更多的全球性的城市研究。重要的是，案例不需要在地域上进行定义，而可以是任何类型的城市进程或结果，甚至是城市之间的流动和联系。

最后作者试想了三种比较城市学的前景：①在共同的特征或遗

传上相互关联的"重复实例"之间进行定制的比较;②追踪城市之间的联系,以了解不同的结果或比较更广泛的相互联系和扩展的城市化进程本身;③从特定的城市背景或地区发起独特的分析。除此之外,还有一些困难深藏在比较方法的本体论中,包括如何理解"案例"和"理论"以及它们之间的关系,背后其实指向了一些长期存在的哲学难题,如具体与抽象之间的关系、特殊与普遍之间的关系。对于这些问题的思考关乎被视为具有特殊性的案例的潜力,它可以传达或改变概念,而不是简单地复制现有的概念。

从这一点来看,罗宾森提出比较城市学的意图,是希望打破城市理论的固化思路,不应过分执着于过去一个时代积累起来的概念和理论,也不坚持任何一种关于"城市本质"的定义,而是通过吸纳更多来自世界各个地区的城市案例,拓宽对于"理论"这种思想活动的理解与认识,扭转城市理论思维无法适应全球化时代城市研究的现状。在她阐述"比较城市学"的时候,论述的落脚点一方面是"地理",另一方面是"文化",二者在不同的层面上展开,却意在处理同样的理论困境。全球化时代也是个城市化的时代,因而必须着重探讨理论研究的地理范围,她在文章最后提到,新的理论地理学可以改变"城市理论化的模式和风格",也即"从某个假定的城市学术中心发出来的权威声音,转而拥抱在众多城市理论研究对象之间所展开的对话,从而更加认可关于城市性质的临时的、适度的和可修改的主张"。除此之外,标题中所谓的"文化"其实更接近于一种学术文化,为此她强调,相比研究对象的选择,更重要的是"在城市研究中形成一种开放和尊重的理论生产文化",这样才能"应对全球城市学术的物质基础极不平衡所造成的破坏性后果"。

总而言之,城市研究对在"城市的世界"中理解城市的热情由来已久,说明在城市研究中通过城市经验的多样性来思考城市,已经成为学术界一个重要而持续的愿望。也许在罗宾森的文章中,"比较"是被摆上前台、着力提倡的研究方法,然而比起研究方法的转变,更重要的研究视域和研究思维的转变,在这个意义上,全球化时代的城市发展不仅带来了全新的、更为广阔的研究视野,同时也在冲刷着人们对于"什么是城市"这种最基本问题的认识方式。

(金方廷　编译)

当代城市概念的政治前提：全球城市、可持续城市、韧性城市、创意城市和智慧城市

原载：Planning Theory & Practice，19(2)：160—179.

作者：Tali Hatuka，特拉维夫大学地理和人类环境系；Issachar Rosen-Zvi，Michael Birnhack，特拉维夫大学布赫曼法律学院；Eran Toch，特拉维夫大学工程学院；Hadas Zur，特拉维夫大学地理和人类环境系。

城市理论的发达在一定程度上反映出当今全球城市化的另一面：世界各地的城市被反复放置在各种量表中进行扁平比较，而城市则必须不断地为争取人力和资本相互竞争才能实现自身更好的发展；城市与城市间形成了高强度竞争的格局，为了更好地在全球范围内的城市竞争中取得一席之地，许多城市正在不断寻觅最新的城市概念，这些概念一方面被纳入城市管理的话语之中，另一方面新的城市概念也激活了人们对城市未来愿景的想象。在层出不穷的城市概念之中，以下概念得到了最多的关注，并经常出现在世界各个城市的规划战略文件之中：全球城市(global city)、可持续城市(sustainable city)、韧性城市(resilient city)、创意城市(creative city)和智慧城市(smart city)。

"众多的理论都致力于造就全世界范围内城市的概念化(conceptualization)"，大量城市概念的使用，让城市规划在实践中也

呈现出高度概念化的情形。在由概念转向实践的过程中,应当有意识地去考察以下问题：这些城市概念中的哪些品质得到了广泛的关注？又有哪些品质在实践中被严重忽视？此外,这些概念是否彼此兼容？如果无法兼容,那么它们之间的差距在哪里？作为城市规划者,在使用这些概念时应该有怎样的考虑？有鉴于此,由特拉维夫大学的Tali Hatuka、Issachar Rosen-Zvi、Michael Birnhack、Eran Toch和Hadas Zur发表在《规划理论与实践》(*Planning Theory & Practice*)杂志的文章《当代城市概念的政治前提：全球城市、可持续城市、可持续发展、韧性城市、创意城市和智慧城市》("The Political Premises of Contemporary Urban Concepts: The Global City, the Sustainable City, the Resilient City, the Creative City, and the Smart City")尝试对上述种种问题进行回答[1]。

这篇文章的出发点在于,作者认为,所有这些被广泛使用的城市概念通常蕴含着不同的政治前提。这些概念的提出通常基于某种特定的对"城市"的理解,而概念所包含的对未来的展望中,也体现了非常清晰的发展观念——也就是说,概念本身具有明确的价值导向。在文章中,作者一一分析了上述五种城市概念背后所隐含着的价值观念：

一、"全球城市"(global city)

"全球城市"的概念已经发展为"世界城市"(world city)和"全球城市—区域"(global city-region)等语词,说明全球经济在各大城市之间正日益融合,以及城市在国家经济中发挥着新的作用。世界经济在多个层面上影响着不同的城市和国家,而从世界范围内看,城市经济地位之所以在今天上升到一个新的高度,实则是发达国家深层经济结构转型的结果。跨国公司的兴起,造就了对新型中间服务的需求,如银行、保险和会计等金融服务,法律服务,公共关系,咨询和软件编程等,这些服务往往由城市提供,于是一些城市不可避免地成为汇集战略跨境网络的金融中心,城市用自身拥有的物质和人力资源,弥补了跨国企业与各国具体情况之间的差距。

在学术文献中,"全球城市"的概念框架是作为一种"分析性的概念工具"出现的,它旨在捕捉一种"置身于城市之中及城市之间的超越民族国家关系"的新的全球经济形态,旨在"帮助更好地理解城市在新的经济秩序中所扮演的新角色"。按照"全球城市"的概念逻辑,通过评估特定城市与世界经济的联系,便能形成城市之间的发展等级——一些城市已经高度"全球化",而另一些则还不能发挥全球影响力[2]。

二、"可持续城市"(sustainable city)

"可持续城市"概念的前提是认为城市处于一系列全球环境挑战的最前沿,这一概念将城市作为更广泛的经济、社会和空间系统中的城市生态系统,"侧重于寻求人类活动与环境之间的平衡,以建立一种对生态更负责任的人类生存形式"。在战略规划中使用"可持续城市"的概念则涉及当代人和子孙后代的利益,强调发达国家生活方式的高昂代价,对此人类有义务采取行动减少环境退化,特别是来自全球气候变化的威胁。

三、"韧性城市"(resilient city)

"韧性城市"的概念包含在"风险社会"和城市环境韧性的防御性概念之中,把城市想象成一个"能够承受破坏性的自然和人为因素并从这些因素中恢复过来的实体"。在"911"之后,为了抵御可能的恐怖袭击风险,扩大国家安全和应急准备的制度架构深度地影响了世界各地的政策。这个概念突出了一些人类社区在应对大规模气候变化、恐怖主义、全球化经济等问题上的脆弱性,将这种危机意识延伸到具体的城市和地区,甚至是一些城市的某些贫困区域。2020年全球暴发"新冠肺炎疫情"之后,"韧性城市"概念持续得到人们的关注,大规模流行病也成为当代城市需要应对的风险之一。

四、"创意城市"(creative city)

当经济竞争力不再基于原材料或自然资源的前提,而是取决于吸引、培育和调动创意资产的能力,就产生了"创意城市"的概念。在提倡"创意城市"的城市规划中,"创意城市"的概念时常被用于吸引投资和"创意阶层"流动人才的号召工具,而许多城市建设"创意城市"的根本目的仍旧是为了促进城市的经济增长。

必须注意到,创意城市概念所依赖的创意产业具有一定的特点:围绕着以可变动的企业间网络和灵活的劳动力市场为标志的生产系统,当代创意城市才有可能被组织起来。除此之外很重要的一点在于,文化产业或创意部门吸引的都是年轻的、高天赋的"创意工人",由这些人构成的创意阶层不仅能创造收入,还能为城市更新、文化设施、娱乐和城市的生活方式作出贡献,从而吸引旅游、投资和流动的技术劳动力。

五、"智慧城市"(smart city)

"智慧城市"又称智能城市、信息城市或虚拟城市,这个概念相信科技是城市的核心特征,科技可以激发城市再生、提高城市效率,由此构想了一种利用尖端信息和通信技术(ICTs)、大数据分析和网络系统将居民与城市基础设施和城市服务进行数字化连接的城市。智慧城

当代城市概念的政治前提：全球城市、可持续城市、韧性城市、创意城市和智慧城市

市的核心是新型网络系统，这些系统从各种来源收集越来越多的数据，并利用这些数据来改善规划、升级基础设施、跟踪和加强运营，以较低的成本提供更好的服务。因为智慧城市提供了一种技术更新基础上的科学、客观、通俗和非政治的未来城市想象，所以许多城市当局着迷于智慧城市的理念，哪怕"这一理念基于一种技术乌托邦式的信念，即在应对城市化和可持续发展的挑战时，必须使用信息技术"。除此之外，"智慧城市深深地嵌入了新自由主义的意识形态和亲商的理念"，而且事实上，智慧城市的概念本身不曾提供清晰的空间愿景。

综合前文所归纳的论述，作者分别从"规范—理念""空间特征"和"社会配置"三个方面比较了全球城市、可持续城市、韧性城市、创意城市和智慧城市这五个城市概念（参见表1），将比较的结果以列表的形式予以展示。由此可知，《当代城市概念的政治前提：全球城市、可持续城市、可持续发展、韧性城市、创意城市和智慧城市》一文的研究角度既不是对上述城市概念的出现及发展作历时性描述，也不是用调查分析的方法去评估这些概念如何被植入实践，而是尝试确定这些城市概念的不同假设，以及这些城市概念理论中所反映的价值集合。由此作者指出：

> 所有概念都是在新自由主义的背景下出现的，因为城市是新自由主义产生和重构的核心。然而，正如尼尔·布伦纳（Neil Brenner）和尼克·西奥多（Nik Theodor）所指出的那样："虽然新自由主义渴望创造一个摆脱一切形式的国家干预的自由市场的乌托邦，但在实践中，它却急剧强化了国家干预的强制性、纪律性，以便将市场规则强加于社会生活的各个方面。"

同时作者也强调，从理论上看，尽管这些概念立足于新自由主义经济背景，但在政府和地方权力如何运作、如何看待城市居民等方面

存在显著差别，在这个意义上，这些城市概念如果想要在理论上真正"落地"，就必须与不同地区的政治、文化土壤相协调，于是可以认为，使这些城市概念付诸城市规划实践，实际上就是使新自由主义理念得以与不同地区的政治气候相融合的过程。

文章认为这几个城市概念从它们所反映的政治前提上可以分为三个类别：

① 全球城市与创意城市。全球城市需要从跨国企业网络当中汲取城市建设的力量，因而全球城市很容易逐渐"脱钩"于国民经济，从而在移民、环保、能源、交通等问题上与国家采取不同的，甚至背道而驰的政策方案。创意城市的逻辑与全球城市相类似，创意城市的概念同样将城市视作全球范围内具有竞争力的单元。同时，全球城市和创意城市这两个概念倾向于从社会经济地位的角度看待居民，向着全球城市中的社会上层及中上层倾斜，但却对社会下层产生了负面影响。

② 智慧城市。智慧城市有效地促进了信息和制度的同步化，一方面受到政府权力的约束，另一方面建设智慧城市也要求政府与城市中其他单位、组织、企业相合作，目的是让城市数据库变得可供利用。智慧城市代表了一种在政治上相对中立的倾向，作为网络城市支柱的信息通信技术具有参与治理的潜力；另一方面，作为智慧城市基础的新自由主义意识形态以及私有化的、消费主义驱动的城市愿景，却也意味着通信技术的使用并不总能带来新的城市发展机遇。

③ 可持续城市和韧性城市。这两个概念更深地嵌入到民族国家的政治经济背景之中，它们对地方、社区的关注趋同。智慧城市、可持续城市和韧性城市的概念都蕴含在政治现有的结构中，并依赖于同政府在经济上、空间上、制度上和政治上的合作。更重要的是，可持续城市和韧性城市的理念将居民视为城市发展和公共领域的重要推动者，二者都强调政府和城市对其居民负有共同责任。但是当这些概念演变为城市的具体实践，却可以看到，所有的城市概念都必须在现有的

当代城市概念的政治前提：全球城市、可持续城市、韧性城市、创意城市和智慧城市

社会、经济和政治力量中才能得到施展和运作。正如作者所归纳的那样：

> 首先不管这些关键性的差异概念，城市在制定社会政策、设计社会政策时，往往会同时包含几个概念。其次，虽然政策专家、政治家和商业人士反复使用这些术语，他们的使用往往是一种理想化的方式，喜欢思考一个城市或塑造一个城市的品牌。世界各地的城市都将这些概念作为宣传使用在他们寻求物质和象征性权力的过程中，他们对国家、政府和他们自己的国家和政府的态度也是如此。最后，规划者和决策者在城市中使用这些概念时，往往会进行调整，以适应城市的新自由主义经济和政治。这种调整往往是通过关注概念的规定性层面来实现的。因此，这些概念在实践中的使用并未实现其原有的意义或其规范思想，而是最终适应了一个城市的经济和政治气候。

当然这些概念在实践中存在着一些共性，例如从政府角度推进新型城市概念，最终就会强化城市发展与中央政府之间的联系。此外，这些概念都要求私营企业在实现新型理念的进程中发挥更大的作用。可是，社会力量的参与常常既是一种维持现有秩序的手段，也可以是一种灵活的政治工具。好比说，全球城市关注的是经济层面的参与，而智慧城市则鼓励能够实现广泛社会参与的基础设施建设，在可持续和韧性城市的概念中，个体参与被认为是为城市地方建设和福祉做出贡献的责任和义务。但不论如何，许多学者都指出，一旦开始践行这些概念，来自社会的参与就存在着被国家或地方政府滥用的可能性，至少更多的社会参与，一定可以促成地方社会对地方政府行为的认同。

这项研究尤为关注不同城市概念所内在包含的城市、政府与居民间的动态关系(参见表2)。研究显示，概念之间的差异在本质上不是

表 1 城市概念的核心主题

主题	全球城市	可持续城市	韧性城市	创意城市	智慧城市
规范—理念					
核心关注	经济：城市作为一个全球性的经济集聚体	环境—社会—经济：城市作为一个包含了人类、非人类和环境的生态系统	经济：适应威胁和风险的城市	经济：作为创新和增长的中心	信息：城市是一个复杂的信息和数据流网络
基本（政治）价值观	新自由主义，经济增长和资本开放流动	环保，应对生态危机	防御型城市，风险社会调整，应变能力	新自由主义，经济增长，竞争力	技术乌托邦，新自由主义，风险概念
倡导者	私营企业、公司、市政当局	联合国、环保人士、基层组织、非政府组织、专业人员	联合国，世界银行，各国政府，非政府组织	决策者，市政当局，创意阶层的成员	私营企业、跨国公司、政府、市政当局，联合国
空间特征					
城市形态	大都市	反扩张，支持城市化	反扩张，支持城市化	支持城市化	高效，基于信息和通信技术的基础设施
物理表现	综合性的大型核心城市；国际银行的指挥中心；设施丰富的娱乐中心；国际交通枢纽（海港和/或空港）；严重的道路拥堵；综合物流交通系统	紧凑性、密度、混合土地使用、多样性、被动式太阳能设计和绿化	物理系统（即道路、建筑物、基础设施、基于土壤、地形、地质和水道的通信设施）对自然环境成分和危害具有敏感性	市中心开发区，城市中的后工业区，密集的专业、互补公司网络，围绕美学生产的城市设计发展	互联互通，智能电网，技术服务和基础设施

当代城市概念的政治前提：全球城市、可持续城市、韧性城市、创意城市和智慧城市

（续表）

主题	全球城市	可持续城市	韧性城市	创意城市	智慧城市
社会配置					
社会资本	吸引高水平的社会经济劳动力，包括金融部门的高收入专业人员和服务部门的低收入人员	注重维护社区关系，经济福祉和社会正义，将其作为环境问题的基本要素	改善处境危险的弱势群体和整个社会的前景	吸引创意阶层作为发展和经济增长的源泉	发展社会资本，作为吸引所有利益攸关方参与智慧城市的手段
弱点	社会经济两极分化，贫穷的普遍性，贫民窟化问题	取决于政府投资与发展	取决于政府投资和发展	社会经济不平等，社会精英主义，"净化"的公共空间，排斥性空间，绅士化，中产阶级或低产阶级居民的迁移	超级监视，隐私减少，数字鸿沟增加，即那些没有技术连接的人得不到任何好处，却要承受相关的脆弱性和监视

327

表 2 城市、政府和市民之间的动态关系

	全球城市	可持续城市	韧性城市	创意城市	智慧城市
对政府和地方的定位	城市作为一个超越民族国家的独立经济实体	城市作为一个面临着特殊地方性挑战的重要单位；对内解决特殊的环境需求	城市作为一个脆弱的单位正面临着来自地方和国家的挑战；对内加强社区和城市系统的建设	城市作为一个经济实体，与其他城市争夺创意产业和经济资本	城市作为国内重要的政府实体，促进信息化和制度化的同步发展；对内，面向城市居民和服务供给者
对居民的定位	新自由主义的态度，以及以世界主义（cosmopolitanism）重构公民权（citizenship）的理念	以社区为导向，关注人的需求和价值；权威的机构负责改善城市，且要求市民社区参与其中	以社区为中心，当局负责在市民和社区参与下提高城市的韧性和稳定性	新自由主义态度是与部分城市商业的和空间相关的一小部分居民	注重当局与公民之间的直接沟通（电子政务）；加强公民的控制和城市服务的有效提供；城市服务的私有化；监督和数据收集

当代城市概念的政治前提：全球城市、可持续城市、韧性城市、创意城市和智慧城市

技术性差异，而应该被理解为是属于规范性和政治性的概念，并且在实践过程中，这些概念事实上可以影响到城市内部的权力关系。这意味着一个城市所采用的概念会对国家政府、城市及其居民之间的复杂动态关系产生影响。考虑到这些不同城市概念背后所蕴含着的政治前提，作者相信，所有这些城市概念很可能只是为新自由主义城市的发展提供了一系列折中的工具。

综上，这篇论文主要从两个方面展开了充分而细致的比较：①五种常见新型城市概念自身所蕴含的政治理念及价值导向；②新型城市概念在实践过程中所需要的政治前提，主要表现在城市、政府与居民间的动态关系之中。因而论文实际上试图探讨的是：究竟是新型城市概念最终在实践过程中"改造"了城市，还是具有不同政治生态的城市有选择性地"利用"了这些概念？看起来这可能是个相互融合的过程。城市概念本身的价值导向只是提供了一个可能的规范性框架，在不同城市的实践当中，如何在理念和价值上将新型城市概念与城市自身的政治、文化土壤相结合，这才是许多地方政府在实践层面最为重视的问题。

从某种意义上说，上面谈到的这些城市概念彼此之间其实不具有可比性，作者也很清楚地意识到了它们的区别："韧性城市、创意城市和智慧城市的概念往往更具有规定性，而可持续城市的概念则是基于规范性的理念，全球城市概念则是一种解释性的理论。"并且学者们在使用这些概念的时候，在世界范围内并不统一，有些概念在欧洲颇为流行，另一些则在美洲、亚洲得到广泛的实践。除此之外，像多元文化城市（multicultural city）、公平城市（equitable city）以及公正城市（just city）也是颇为值得研究的新型城市概念。

无论如何，这篇论文仍不失其启迪意义，在全球城市发展进入新阶段的今天，城市概念的广泛使用已变得稀疏平常，但很少有人注意到这些概念所隐含的价值前提；就这些概念在不同城市中"落地"的真

实状况,也仍需要更多的观察和评估。这篇文章清楚地说明了任何城市概念都不是价值中立的,只有对概念背后的价值观作充分的考察,才能更清楚的认识到,在使用这些概念建设我们的城市时,将会把城市的未来带向何方。

(金方廷　编译)

参考文献

[1] Tali Hatuka, Issachar Rosen-Zvi, Michael Birnhack, Eran Toch & Hadas Zur(2018). "The Political Premises of Contemporary Urban Concepts: The Global City, the Sustainable City, the Resilient City, the Creative City, and the Smart City." *Planning Theory & Practice*, 19: 2, 160—179.

[2] 如科尔尼管理咨询公司(A.T. Kearney)发布的《全球城市指数及最具潜力报告》(*Global Cities Report*)、英国发布的全球化与世界城市网络节点整合能力评价(Globalization and World Cities,简称 GaWC)都是比较具有代表性的比较全球城市的指标。

国家文化与都市韧性：
关于城市韧性的案例研究

原载：Consilience，no. 22：18—30.
作者：Madison Cilk，佛蒙特大学政治学系。

城市韧性是近一两年内城市研究中的关键词。由于气候变化、人口增长和全球化给世界各地的城市带来了新的挑战，城市为确保城市地区的稳定发展以及地方和全球的繁荣兴旺，必须发展物质、社会和经济等方面的韧性。随着越来越多的城市推出关于城市韧性的规划，评估文化在这些规划制定中所扮演的角色便显示出高度的现实意义。

2020 年《众意》(Consilience)期刊发表了 Madison Cilk 近期的一篇研究论文：《国家文化与都市韧性：关于城市韧性的案例研究》("National Culture and Urban Resilience：A Case Study of Resilient Cities")[1]，研究运用 Geert Hofstede 的文化维度理论，对来自全球 27 个国家的 71 个城市韧性规划作了定量分析，评估了国家文化，以及如何影响城市韧性规划工作，从而明确地将"文化"视为分析"城市韧性"问题的假定变量，系统地探讨了世界各个城市提出的韧性规划的背后是否存在着文化因素的影响。

文中采用 Meerow，Newell 和 Stults 在 2016 年就"城市韧性"提出的定义，认为城市韧性指的是"一个城市系统及其跨时空尺度中所有社会生态和社会技术网络在面对干扰时保持或迅速恢复到预期功

能的能力"。在考察了多种关于城市韧性的理论论述之后,作者明确地将"文化"假定为影响城市韧性制定规划的关键性变量:

> 城市韧性可能因文化背景不同而具有不同的定义。城市系统在文化背景下发挥着作用。由于气候变化带来的影响变得日益迫切,关键是要认识到城市韧性的规划并不是一刀切的,并且需要评估国家文化是否在其中发挥了作用。

为了更好地从文化维度评估国家文化对城市韧性的影响,作者采用了 Hofstede 的文化维度理论,将文化定义为"一种信仰、态度和价值观的体系"。文中援引 Hofstede 的过往研究表明,国家文化可以在多方面影响到一个国家的公民价值观,这意味着在社会如何应对各种挑战上,文化可能发挥着相当重要的作用。根据 Hofstede 和 Minkov 在 2010 年提出的理论,存在着六个文化维度指导着组织的运作方式:(1)权力距离(Power Distance);(2)对不确定性的回避(Uncertainty Avoidance);(3)个人主义与集体主义(Individualism vs. Collectivism);(4)男性气质与女性气质(Masculinity vs. Femininity);(5)长期导向(Long-term Orientation);(6)放纵与克制(Indulgence vs. Restraint)。每一个维度的具体描述如下:

类别	描述
权力距离(Power Distance)	
市民参与	描述公民如何参与决策过程的文字(搜索关键词:particip,公民,小组,利益相关者,参与)
对不确定性的回避(Uncertainty Avoidance)	
细节规划	阐述实现计划的具体步骤的文本,而不是模棱两可的文本

(续表)

类别	描述
个人主义与集体主义(Individualism vs. Collectivism)	
为城市作整体规划	描述城市将如何解决所有社区的问题,而不是主要解决富裕社区的问题(搜索关键词: inclusiv, access, 贫穷, vulnerab, neighb)
男性气质与女性气质(Masculinity vs. Femininity)	
公平分配资源	规定如何解决获得服务和设施问题的文本
对弱势群体的认识	介绍弱势人口及其问题的文本(搜索关键词: 渠道, vulnerab, neighb, equit, facilit)
长期导向(Long-term Orientation)	
长期适应战略	说明将造福后代的适应战略的文本
教育投入	介绍该市计划如何对市民进行城市复原力教育的文本(搜索关键词: 长期、未来、世代)
放纵与克制(Indulgence vs. Restraint)	
生活质量	阐述提高生活质量的努力的文本(例: 公园、社区发展中心)(搜索关键词: 质量,健康,向善,happ)

作者借助这套文化维度理论对全球 27 个国家的 71 个城市的韧性规划作了评估,其中有 61 个城市被列入"全球 100 韧性城市",还有 10 个城市没有名列其中。这项研究使用的基本评估量表如下:

低(0)	适度	高(100)
支持平等	**权力距离**	支持阶层分化
安于不确定性	**不确定性的回避**	不安于不确定性
集体主义	**个人主义与集体主义**	个人主义
合作、重视治愈	**男性气质与女性气质**	成就,重视权力
传统、抵抗社会变动	**长期导向**	长线思维、实用主义
满足的压抑性规范	**放纵与克制**	倾向于生活的质量

城市韧性规划与国家文化之间从整体来看保持着一种适度的关系,从案例中仍能看出一些有意思的信息:在丹麦、荷兰、瑞典和越南的城市计划中,城市复原力计划与国家文化之间的关系最强,这些规划有4/6的维度与他们各自国家的文化相一致。智利、中国、马来西亚、新加坡、韩国和英国的城市计划显示出次强的相关关系,有3/6的维度与他们各自的国家文化相一致。下列国家的城市韧性规划当中,有2/6的方面是相一致的,分别是澳大利亚、巴西、加拿大、哥伦比亚、法国、德国、印度尼西亚、墨西哥、新西兰、泰国、美国和乌拉圭;而阿根廷、希腊、印度、意大利和日本城市的韧性规划中只有1/6的方面是相一致的。从上面的归纳可以看到,丹麦、瑞典、荷兰和越南的文化似乎最能体现和代表其所追求的城市韧性的价值。其中,丹麦、瑞典和荷兰在政治、经济和地理上具有相似性,但越南被列入这一组,恰恰表明了这些相似性并不是城市韧性价值的唯一决定因素。与此同时,剩下的23个国家的分组情况也没有显示出二者之间明显的关系。于是这项研究从数据上看,结果是十分明确的:

> 由于所有的计划在每个维度上的得分都是一样的,这项研究表明,城市韧性有其自身的一套价值,而未必受到来自国家文化

的显著影响。

最终,这项定量研究的结果与预期的观点相反,各国城市制定的城市韧性规划似乎并没有受到来自国家文化的强势影响:

> 城市韧性规划的得分显示,每一个规划的文化维度均显示为零方差,说明这些规划在文化层面上的差异为零。每个城市的规划都表现出了低权力距离、更少的不确定性回避、低个人主义、低男性化、高长期性和高放纵性。换言之,这些城市韧性规划具有包容性和面向未来的特点,并将生活质量置于利润之上。
> 虽说每个城市的规划中至少有一个文化层面与其各自的国家得分相一致,但没有足够的证据表明国家文化影响了这些城市规划其韧性的方式。

这项研究看起来给出了一个消极的答案,却也揭示出城市韧性规划的理念在全球范围内存在着高度同质化的问题。因为城市韧性规划所怀抱的价值、理念往往自成系统,而独立于相互有别的国家文化,于是每个城市在指定城市韧性规划时,至少在理念层面的构想和目标是高度一致的。作者在分析和总结部分,就城市韧性规划与国家文化缺乏关联性的原因作了推测,他指出,在全球化进程深入推进的今天,全球化的实质已经变成怎样去塑造一个动态的跨国网络社会,在这个前提下,不仅物资、信息的国际流通在加速,全球化也极大地推动了文化的传播;或许与城市韧性有关的价值观念就是伴随着全球化进程得以传播的新型城市管理理念;当新观念、新理念在全球同步传播时,在一定程度上可以抵消国家文化的影响。

然而比城市韧性规划的设定更重要的可能是这些规划在各个城市中怎样被执行。Allemendinger 在 2001 年的研究表明,不同的国家文化将会极大地影响到规划的实施。所以，尽管所有的城市韧性规划都具有相同的韧性价值观，但在需要将规划付诸实施时，这些共同的价值观还是会被不同的国家文化所掩盖。

整体而言，这篇文献以定量研究的方式尝试评估"文化"与"城市韧性"之间的关联，而将视角聚焦于"国家文化"这个维度是否具体地影响到了城市韧性规划的理念。研究表明，全球各个城市颁布的城市韧性规划并没有受到国家文化的直接影响，从侧面证实了当今各大城市对城市韧性的理解不仅高度趋同，而且各个城市在制定韧性规划时还没有注意到城市文化的指导性意义。因此，当城市韧性已经成为城市管理"关键词"的今天，城市韧性规划是否真正顾及到了不同城市的文化语境，以及当代的城市韧性理念是否欠缺了文化维度的思考，就成了未来非常值得深入探索的问题。

然而这项研究仍旧有一些研究视野和方法论上的意义。最值得一提的是这项研究突出了"国家文化"的视野，而没有使用过去的研究中惯常使用公平、地方文化、治理等概念。突出"国家文化"的观察角度，说明研究者开始意识到"文化"可能成为影响制定城市韧性规划的关键性变量。然而更重要的是，以往城市社会学的研究重点在于揭示某个城市的特点或者不同城市之间的特点（characteristics of and between cities），这决定了传统的视角强调的是地方文化而非国家文化。但是这篇研究的作者却指出，强调"地方文化"的传统视角已经不再符合当代城市发展的实际，因为随着世界城市化进程加快，在技术发展的驱动下，城市之间的互联互通也日益频繁，这种变化使得城市社会和地方社会的粗糙区分变得不再有效。除此之外，超国家、超城市机构的存在以及这些机构在互联网上的互动联系，产生了一种足以超越空间界限的影响力；而成为超越国家的区域枢纽的这些城市，必须在新的平面和体系中迅速适应来自全球的动态和影响。所有这些外部条件的变化，都决定了应该使用更宏大的、跨地域的概念。

（金方廷　编译）

参考文献

［1］ Cilk，Madison. "National Culture and Urban Resilience：A Case Study of Resilient Cities." *Consilience*，no. 22（2020）：18—30.

智慧城市发展的动力和障碍

原载：Theoretical and Empirical Researches in Urban Management 14, no. 1: 85—110.

作者：Natalia Veselitskaya, 俄罗斯高等经济学院统计研究和知识经济学研究所; Oleg Karasev, Alexey Beloshitskiy, 莫斯科国立罗蒙诺索夫大学科学和技术预测中心。

2008 年是世界城市化进程中具有里程碑意义的一年,人类城市人口有史以来首次占到世界总人口的一半,预计到 2050 年,全球城市人口将达到总人口的 70%。不断涌现的特大城市不可避免地导致资源消耗激增,持续地对可持续发展提出更高的要求。与此同时,城市也已然成为国家管理体系中的重要元素,城市规划极大地影响到整体的经济和社会生活,也决定着全球环境的发展状况和前景。

在这个背景下,建设"智慧城市"(smart city)便成了当今世界解决城市可持续发展问题的一种较为常见的做法,在进入 21 世纪之后,全世界各个城市先后开启了智慧城市建设。不同城市的智慧城市方案有何不同,以及在这些智慧城市规划落地过程中所暴露出的各种问题,应该从具体的城市实践案例出发,并作一定的厘清。

由三位学者 Natalia Veselitskaya, Oleg Karasev 和 Alexey Beloshitskiy 于 2019 年发表在《城市管理的理论与实证研究》

（*Theoretical and Empirical Researches in Urban Management*）的文章《智慧城市发展的动力和障碍》("Drivers and Barriers for Smart Cities Development")就是这种基于城市实践案例展开的研究。这项研究假设不同城市案例之间存在的差异取决于各地的地理、历史和社会经济背景，通过对欧洲、北美洲（美国）、亚洲各地智慧城市进行比较，揭示了对"智慧城市"的界定在概念上的分别，进而分别从"驱动力"和"阻碍"两方面深入地分析各大洲城市案例所揭示的智慧城市发展的关键决定因素[2]。

文章的作者分别将巴塞罗那、夏洛特市、上海和东京视为欧洲、美洲和亚洲建设智慧城市的典型，采用案例研究法，探索上述城市的发展潜力，由此了解智慧城市发展的主要驱动力和阻碍。选择这四个城市作为典型主要基于以下考虑：巴塞罗那在城市环境现代化方面取得了显著成就，并多次获得"全球最佳智慧城市"的称号；夏洛特市是美国北卡罗来纳州的一个大型的工业、交通和文化中心，现在它正积极发展"智慧城市"的理念；上海不仅是中国、也是全世界最大的城市之一，它集全国最重要的工业、金融、商业、科技、文化中心于一身，同时也是世界最大的海港和中国第一个智慧城市；东京是世界上最早的智慧城市之一，并且成功地将这一地位保持了数十年。

为了确定究竟是什么因素促进和阻碍了智慧城市发展，这项研究主要从以下几个方面对不同城市的智慧城市建设作了考察：城市规划的原则、城市规划的参与者以及公私合作的实施机制。城市规划的原则被作者视为任何城市发展的重中之重，而城市规划的原则在智慧城市建设中也是最重要的。同时，参与城市规划进程的不仅有城市当局，还有公司、投资者和当地居民，他们的职能和所有权形式影响着城市发展计划和方案的实施效果，因此在针对智慧城市的研究中，城市规划参与者也应当被充分考虑在内。公私合作不仅可以发展国家机构和企业之间的关系，而且可以吸引更多的私人资源参与到国家管辖的领域,由此可知,智慧城市建设也需要公私合作战略的成功运作。

一、巴塞罗那的经验

巴塞罗那政府很早就意识到制订智慧城市战略的重要性,在2013年就明确提出了"智慧巴塞罗那"计划,愿意将巴塞罗那建设成西班牙第一个高科技城市,这项战略的目的是利用新技术促进经济增长、增加市民的幸福感。

"智慧巴塞罗那"的基本原则包含以下几个方面:建设城市的独有模式,重新思考城市系统问题而不仅仅考虑如何升级系统,建立与提供城市服务的合作伙伴的互动,鼓励为可持续发展进行长期投资,通过增加公共空间改善城市环境质量,通过物联网(IoE)和万物互联(IoT)改变城市组织,与其他城市加强合作。"智慧巴塞罗那"战略包括了三个方向:国际定位、国际合作和智能地方项目。截至2016年,在这一战略之下总共创建了24个方案和240多个项目。

根据Ferre此前在2014年对巴塞罗那市在智慧城市转型方面的相关利益方作出的分析,巴塞罗那就智慧城市方案和项目的实施存在着一个操作层面的规则:任何项目的直接负责人都是项目经理,他隶属于分管监控、业务和技术方面的负责人,后者管理着几个项目经理,进而管理着技术合作伙伴。城市规划的参与者存在于上述三级结构之外,有时可以对其产生决定性的影响。所以,外部环境对内部环境的影响来自两个方面:来自国家的影响(主要是巴塞罗那市议会代表)和外部参与者。巴塞罗那市议会通过控制市长、企业和服务部门、组织和公共部门机构的活动参与加泰罗尼亚首府的规划。

巴塞罗那的战略合作伙伴可分为三类:私营部门、研究中心和其他城市。目前,为了将巴塞罗那建设成一个智慧城市,已经形成了三种概念性的方法。

（1）与企业合作，建立智慧城市所必需的数字基础设施。

（2）通过倡议在地方和国际层面进行改造和合作。

（3）发挥城市作为"网络之网"（network of networks）的功能，连接起不同的城市网络，如能源供应、交通和技术等。

由此可知，巴塞罗那的城市发展战略不仅考虑到城市发展过程中的行政愿景，也广泛吸收了巴塞罗那居民的意见，这项战略旨在通过新技术建立中心与偏远地区之间的可靠沟通、改善生态状况，从而保证生活水平、社会和城市发展。综合起来，研究者将巴塞罗那在建设智慧城市方面的驱动和障碍总结为一张列表（表1），而巴塞罗那的智慧城市建设的优劣势大致如下：

> 巴塞罗那作为智慧城市的主要特点是包容性强，这项战略不仅由城市当局主导，其中也有普通市民、企业家、企业、研究中心和大学的积极参与。然而，考虑到这一战略背后的一系列问题，例如该计划将会造成的预算赤字、当地社区建筑成本的激增和信息不对称等高风险，可能会阻碍巴塞罗那未来的可持续发展。

表1 巴塞罗建设智慧城市的驱动和阻碍

驱动	障碍
结构性因素： ■ 游客涌入潜力大 ■ 巴塞罗那活动中心（Barcelona Activa）的活动 ■ 现代基础设施（El Prat 机场，巴塞罗那港，AVE 等） ■ 创新区 22@巴塞罗那（Innovative area 22@ Barcelona）	■ 公民、私人资本和政治精英之间的利益可能不一致 ■ 巴塞罗那的发展战略是"从上到下"制定的 ■ 紧缩的政策和城市活力导致土地租赁
战略导向因素： ■ 广泛实施通信技术和移动解决方案 ■ 发展公私伙伴关系	

二、夏洛特市的经验

目前指导夏洛特市发展的城市规划原则在调控主题上可以分成如下几个方面：

1. 发展和鼓励城市公共区域的扩张，如公园和休闲区、国家教育、交通通信等，这一策略在郊区的实施最为有效。

2. 城市实施积极的社会政策，重点是支持不同收入水平、不同年龄、不同机会的人。这一原则在社会住房建设中得到了积极的落实，包括低收入家庭的住房、适合几个家庭同居的住房以及外部援助。

3. 民间资本的合作和行政部门的努力。城市准备扩建舒适的购物区和广场，一方面为居民创造了更多的就业机会和休闲机会，另一方面也为企业带来了利润。

值得一提的是，在夏洛特市已经形成了一个成熟的政府结构（Marstall 等人，2010 年）。市议会是一个完全由选举产生的机构，拥有广泛的权力，由市长领导。市议会的主要职能是制定夏洛特市的进一步发展战略，选择目标和实现目标的手段。在夏洛特市形成智慧城市的过程中，正是市议会发挥了关键作用。

在智慧城市的概念中，夏洛特城市规划的主要参与者可以分为两类：一类是专门从事某一发展方向的人，另一类是行政部门的成员，即城市管理者的助手。夏洛特市共有四十多个部门，然而其中只有部分部门和分部在智慧城市项目的实施中发挥了重要作用，包括负责通勤和城际通信的部门、负责城市内交通基础设施发展的交通部、负责在管理、监控和分析系统中实施现代技术的技术与创新部、经济发展部和住房与郊区部。每个部门由一名主任及其经理领导，负责各自部门某些方面的工作。各部门的工作由城市经理的助理进行监督。城市管理部门努力提高员工的工作效率，贯彻"市政服务是我们的事业"

(municipal services are our business)的理念,为公众提供有竞争力的服务。

夏洛特市的另一个优势在于企业云集,《财富》杂志的前500家公司名单中,有292家公司在此设有分支机构。由于银行和金融机构的高度集中,夏洛特市已经是美国第二大银行和金融中心。在这种商业环境下,公私合作(PPP)的实践已经成为夏洛特市的传统,其优势在于通过增加停车场、公共区域、休闲区、街道重建等方式提高市民和纳税人的生活水平。

因此,夏洛特市在建设智慧城市方面有一系列值得借鉴的地方:

> 其城市规划的原则既涉及使城市得到改善的方向,如建立新的基础设施、发展交通系统、建设面向社会的住宅,也涉及这些项目的实施条件,如吸引民间资本、恢复历史风貌、爱护环境等。夏洛特市发展的关键驱动力是实施合理的社会政策,寻求破坏和建设之间的平衡,特别是关于城市公共区域的建设。值得注意的是,政府和公众的合作在城市发展中也发挥了重要作用。除了上述促成夏洛特市向智慧城市转型的因素外,还存在两个条件,其中一个机制是内部的、非正式的规划;另一个是外部规划,包括参观其他城市和系统性地寻找新知识。

当然,夏洛特市也有自己的困难。由于2008—2011年的经济危机,夏洛特市的发展陷入了困境,其在智慧城市中的领先地位受到质疑。除了经济周期性恶化所带来的问题,夏洛特市作为一个智慧城市,还存在一些具体问题:

① 该市面临的主要问题是种族问题、不平等问题(特别是在教育环境中,尤其在学校中尤为明显),以及来自拉美国家的移民问题。

② 与知识产权有关的问题,具体来说就是开放数据和大数据的

获取问题：是所有数据都公开还是部分信息可以隐藏？很多市民担心为提高市政服务质量而收集的信息会被公开或用于不规范的用途。

③ 安全问题，如何保护城市自动化系统（如交通灯或照明）免受未经授权的攻击？城市管理部门担心黑客攻击和访问管理服务器等问题。

④ 个人信息的保密问题。数据的匿名化应该是智慧城市系统的一部分。然而，当大部分城市系统实现自动化后，如何实现匿名化的问题仍未解决。

三、上海的经验

我国城市规划的实施是依据《中国城市规划法》进行的，该法根据社会主义现代化建设的需要，为确定城市规模、发展方向、实现经济目标和社会发展、实施合理建设制定了一系列规则；该法还兼顾了上海发展规划、新区的设立和已有区域的完善、城市规划的实施等相关方面。同时，在上海，目前实施城市规划管理的依据是2001年5月11日国务院批准的《上海市1999—2020年城市规划》，这项规划的主要规定是：对外开放、建立中心与郊区互动、社会经济发展、关注环境和保护历史遗产。

因此，研究者指出，通过分析上海城市规划原则可以得出结论：上海城市规划是自上而下进行的。这种体系既存在着缺点，也存在着好处。一方面，众所周知，公众在这一过程中的参与度相对较低，而在市场经济中，规划体系过于迟钝，于是规划通常很少考虑到区域间联系，也没有给出微观层面的细节；另一方面，总体规划是一个可以规范各区域行动的便利工具，以便"实现统筹发展"。

除此之外，上海建设智慧城市的时候也有一系列自己的特点。例如，在上海，开展城市规划的机构组织有很多，参与城市规划的组织数量超过此处所讨论的所有其他城市。最具有代表性的机构包括下列上海市政府的下属机构：上海市发展和改革委员会有 19 项主要职能，其中 10 项涉及城市规划；上海市规划和自然资源局也是市政府主要职能为城市规划的部门之一，主要负责工作房屋、土地、地质、矿产资源等方面的工作。尽管管理机构众多，上海始终是中国第一个从数量型经济发展转向高质量增长的城市，其中很重要的一个原因在于，大量企业通过商会与政府发生互动，得以参与到支持上海发展计划的项目中去，譬如上海自由贸易区就是这样一个项目。在这里，外国投资者获得了通向更多投资领域的机会，外国金融机构的设立程序也得以简化，在市场机制的基础上还提供了免费的货币兑换和汇率。另外，上海建立了一大批高科技园区，比如位于漕河泾的上海高科技园区。

综上所述，研究认为，上海作为智慧城市发展的积极特征可以综合为以下几个方面：

（1）城市中有设置发展载体的功能区。

（2）暂时还是目前中国资源价格（包括工资）最低的城市之一。

（3）上海是全国的金融和商业中心，这使得上海成为最富有的城市之一。

但在拥有这些驱动力的同时，也有一些因素阻碍了上海作为智慧城市的发展：

（1）上海的土地资源严重不足，任何建设都必须经过多方协调，这会影响和阻碍发展的前景。

（2）政府在土地问题上妥协的意愿不强。

（3）除了土地短缺外，上海在其他资源方面也颇为缺乏。

（4）规划是最"慢热"的工作组织方式之一，即便如此，覆盖超越 20 多年的规划仍是决定上海发展的主要文件。

四、东京的经验

东京是世界上最大的城市之一。就国内生产总值而言，大东京（城市本身及其首都圈）已经构成了"大区"。此外它也是世界人口最多的城市之一，根据统计门户网站 Statista 的数据，到 2020 年大东京将有约 3 830 万人口。

东京城市规划过程的主要参与者是城市发展局，而市政府、城市发展局、居民、能源公司、其他企业和非政府组织都参与了规划的实施。城市的总体规划描述了几个方面：

（1）城市空间规划：从长远角度确定城市未来的愿景，以及实现愿景的路径。

（2）城市的改造：涉及城市的重建。

（3）住宅区的发展政策：提高市民住房质量和承受能力的长期规划。

（4）提高抵御自然灾害能力的政策：城市和居民区的再开发，以提高公共安全水平。

东京的项目以节能、安全、环保、提高城市居民的流动性、城市流程自动化等为目标。除了东京之外，日本还有一些小型的真正的智慧城市，这些城市几乎完全按照东京的原则建设，这些居住区的规模通常不能称之为一个完整的城市，其中一个例子是位于东京附近的藤泽生态城，它是与松下共同创建的，面积约为 19 公顷，城市人口大约只有三千人。在不久的将来，类似的计划将在几个小城镇中普及，包括山本町、毛神市、石卷市等，当然这些城市都有大公司作为其赞助商和推动者，例如丰田、三菱、东芝、松下等。

除了来自这些小型城市的影响，东京建设智慧城市的另一个困扰是原定于 2020 年举办的夏季奥运会。原本为了举办这样的大型活动，城市的准备工作经常在利益冲突不断的背景下进行，奥运会需要投入巨额的资金,从主办方的角度看,这些投入在经济上未必能得到回报,而且奥运设施还往往不受当地居民的欢迎,去年在日本暴发的新冠肺炎疫情使得奥运会一再拖延,上述种种因素使得东京在奥运会上投入的资金可能无法用于实现智慧城市建设的既定目标。

但是,日本在一些方面仍走在世界前列,譬如说,日本仍然是"绿色"技术和解决方案的主要发源地,欧盟国家一直以来对日本的技术很感兴趣。研究者认为,欧盟国家的需求将刺激智慧东京和相关技术解决方案的发展,从而促进日本城市的可持续发展。

综合上述案例来看,这些作为研究案例的智慧城市有一些共同的优点。首先,这几座城市在城市规划上的共同特点在于,它们都很关注社会和经济发展、基础设施建设和环境保护,城市规划的目的也都致力于提高市民的生活质量。在巴塞罗那和夏洛特市,人们非常关注偏远地区的改善。然而在巴塞罗那,更多的资金用于住房重建和二次建设,而不是用于建设新的建筑物。在上海,正在采取行动建立市中心和郊区之间的基础设施连接。在夏洛特市和巴塞罗那,正在实施保护城市历史面貌的计划。在东京,城市规划的一个显著特点是改善频繁发生的自然灾害给市民带来的安全隐患。

其次,在上述智慧城市中也都有一定的机构从事城市规划,它可以是如东京市发展局那样的组织,也可以是一个庞大的组织网络,像上海就有着不同的中心、管理部门和委员会分管这方面事务。在巴塞罗那的城市规划中,发挥关键作用的不仅是城市当局,如市议会和智慧城市的负责人,还包括了普通市民、企业家、企业、研究中心和大学。东京也不断尝试建立居民、市政管理机构、企业和NPO之间的沟通。

最后,上述这些城市也都在不同层面上实施公私伙伴关系战略。这种做法在夏洛特市最为发达,公私合作在那里已经成为一种传统。而类似合作在上海虽然最不显著,但类似战略仍得到了成功的实施，在上海主要是通过特定贸易区实现了私营企业和政府间的互动。东京的公私合作与其他智慧城市的区别在于，在东京郊区已经开始形成由企业主导的小型智慧城市。在巴塞罗那，城市管理部门不仅与企业代表、研究中心和投资者合作，还与其他城市的市政当局合作。

巨型城市不可能无所依凭地成为高科技城市，因此城市当局需要与技术和服务供应商、基础设施运营商和许多其他私人利益相关者合作。智慧城市中一些最重要的事件往往是公私合作的结果，这绝非巧合。所以这项研究充分考虑了智慧城市建设的关键组成部分，如城市规划的原则和参与者、公私部门合作的实施机制等。综合起来，该研究以这些组成部分为基础，确定了上述智慧城市的主要发展驱动与障碍：

驱动	巴塞罗那	夏洛特	上海	东京
市民参与城市管理				
现代化基础设施				
广泛实施通信技术和移动解决方案				
外部规划				
资源的最低价格				
城市中的功能区				
国家金融和商业中心				
在能源效率和家庭自动化方面的成就				
欧盟对绿色技术的高需求				

(续表)

障碍	巴塞罗那	夏洛特	上海	东京
租地	■		■	
知识产权保护		■		
个人资料的保密性		■		
自动化系统的安全		■		
市民缺乏参与城市管理的机会			■	
资源缺乏			■	
规划是决定城市发展的主要文件			■	
市政当局、公民和企业的利益冲突	■			

因此，每一座智慧城市在发展过程中都面临着实现预期目标的动力和障碍。促进城市发展的共同因素是发达的基础设施、信息通信技术的广泛使用、市民广泛参与城市发展以及公私合作。在夏洛特市，最重要的驱动力之一就是其他城市的经验，而城市也乐于将这些经验运用到自己的环境中。至于发展的障碍则可以区分为以下几个方面：市政当局、市民和企业的利益冲突，信息安全问题——城市系统的自动化导致黑客攻击和数据被盗的风险增加。在巴塞罗那和上海，土地资源短缺的问题非常严重，这也是发展智慧城市时必须注意的问题。

总之，在全球开始推行智慧城市建设数年后，这项研究对该理念在各个城市的"落地"作了比较初步的评估。研究主要从城市规划、规划的执行者以及公私合作三个角度来观察实施"智慧城市"理念的四座城市。从我们对"智慧城市"的理解来看，单凭这三个角度所作出的评估显然是远远不够的。不过这项研究仍有一些案例自身的价值,至少,研究罗列的许多要点为今天在中国建设智慧城市提供了来自其他城市的经验和思路。尤其是像"智慧城市"这种高度依赖私营企业提供技术等支持的城市建设模式,本身就对城市管理提出了挑战——在对城市进行统筹规划的前提下,应尽可能地开放与私营企业的全方位合作,吸纳来自政府之外的广泛社会力量,才能在共同协作的基础上造就一座高品质的、使人民满意的智慧之城。

(金方廷　编译)

参考文献

[1] Veselitskaya, Natalia, Oleg Karasev, and Alexey Beloshitskiy. "Drivers and Barriers For Smart Cities Development." *Theoretical and Empirical Researches in Urban Management* 14, no. 1 (2019): 85—110.